# 大国院士

DAGUO YUANSHI

龙巧玲 ◎ 著

人民出版社

# 序

在市场经济发达的社会和信息爆炸的时代，面对种种诱惑，很多人因为愚见冲动，迷失了人生的正确方向，造成对自己和社会无法弥补的遗憾和悔恨，甚至失去了包括物质的和精神的宝贵人生财富。于是有人如盲人摸象，有人则萎靡不振，但更多有觉悟的人开始探求积极的人生意义，领悟人生真谛，追寻成功的脚步。

在这部书中，与读者分享人生经验的科学家们分别是国际著名的核辐射防护专家李德平院士，他是我国自己培养的科学家。李先生的科研学术成就以及科学思想和方法得到了国际公认，已成为国际著名的辐射防护专家，曾连续三届担任国际放射防护委员会主委员会委员。他从培养人才入手，使先进的辐射防护原理和方法迅速成为我国核工业打开安全之门的钥匙，使得我国的辐射防护科学发展一直能走在世界前列。核能专家、原清华大学校长王大中院士，他以高超的政治智慧和杰出的领导力将处在历史转折点的清华大学带入了一个新时代，王大中执掌清华十年也是清华大学走向辉煌的十年。原北京大学校长、国家自然科学基金委员会主任、著名物理学家陈佳洱院士，从二十一岁成为被誉为中国核科学摇篮的北京大学物理系助教开始，他便与加速器结了缘，长期从事粒子加速器的教学与科研工作，在加速器与束流物理诸多前沿领域中开展前瞻性研究，他是中国低能粒子加速器物理学的开拓者之一。担任国家自然科学基金委员会主任的陈佳洱，继承前任的优良传统，同时创造性地开展工作，他在国家中长期科学技术发展规划中对基础科学的战略研究作出了重要贡献，外表柔弱、内心刚强的陈佳洱兼具战士的勇敢与政治家的品质。国务院参事、原中国工程院副院长、著名的氢弹诊断理论和激光专家杜祥琬院士，他发展了完整而实用的系统核试验诊断理论，使我国在这一创新高科技领域进入了世界先进行列，为我国的核武器事业作出了重要贡献。在执行国家"863"计划中，他以战略家的眼光和胸怀将"863"激光技术主题调整到符合国家实际需要和科技发展的轨道上来，开创了我国强激光技术的可持续发展道路。在气候变化问题越来越国际化的今天，杜祥琬再次披挂上阵，成为中国气候变化问题专家，并因此走上国际舞台。还有"李四光地质奖"获得者、著名地震专家邓起东院士和 2013 年获得国家最高科技奖的张存浩院士。

以上杰出的科学家院士，他们的人生精彩都在于赋有深厚的中华文化积淀，爱国、敬业、诚实、守信，拥有忠诚、坚毅、敏锐、有担当的优秀品质，同时他们身上具有的科学研究精神和科学能力也是超强的，他们的人生、工作经历本身就是科学发展的体现，同时也是执行力的典范。他们的人生经历、科研实践，透射出我国科技发展历程的意义与价值，特别是对于科学的巨大奉献，还有他们独创和传承的科学思想和科学方法，是中华民族宝贵的财富。

在写作这部书时，除了弘扬和传播科学思想和科学方法外，作者还有一个心愿就是试图通过近距离访谈权威专家，用平实的语言，让"高大上"的人物走进普通人的阅读和生活视野，让更多人看到平凡中蕴涵着的伟大。

以上感言，权当作序。

中国传记文学学会会长

万伯翱

二〇一五秋于 花书屋

# 目　录

第 *1* 篇

第 **2** 篇

第**3**篇

## 享受辽阔：应用物理及强激光技术带头人

第 **4** 篇

**科学铁人：地震专家邓起东院士** ...................... 195

## 第 **5** 篇

第**6**篇

## 智慧之光：核辐射防护领域开拓者

王大中院士

## 附：王大中简历

王大中（1935——），河北昌黎人，中国科学院院士，核反应堆工程与安全专家，1994—2003 年担任清华大学校长。1958 年毕业于清华大学工程物理系核反应堆专业，1982 年在德国亚琛工业大学获自然科学博士，1993 年当选中国科学院院士。曾任清华大学核能技术设计研究院院长、国家"863"高科技计划能源领域首届专家委员会首席科学家、国务院学位委员会委员、国家核安全局专家委员会委员、北京市人民代表大会常务委员会副主任、中国科学院技术科学部主任、全国政协常委、中国核学会副理事长。现任清华大学校务委员会名誉主任。

# 第 1 篇

# 水木清华：核工程专家、教育家 王大中院士

　　清华园里的工字厅有一幅著名的楹联，上联是：槛外山光历春夏秋冬万千变幻都非凡境，下联是：窗中云影任东西南北去来澹荡洵是仙居。横批：水木清华。我曾多次流连于此，沉思与遐想为何要槛外山光？为什么是窗中云影？直到我开始走近曾经执掌清华十年的核能专家王大中院士，追寻他的人生历程，才有了拨云见日的感觉。

## 全面发展的中学时代

　　1949 年 3 月，天津刚刚解放，王大中作为初中二年级的插班生考入了南开中学。终于实现了他梦寐以求的理想。百年办学历史使天津南开中学形成了"爱国、敬业、乐群、科学、开拓"的校风，在范孙楼中的物理实验室，物理老师的谆谆教导和启发，培养了王大中对物理学的浓厚兴趣。那时候，性格沉静内向的少年王大

中在放学回家的途中，经常会从路旁地摊上买些破旧的电器零件，回家后自己关在屋子里装配出收音机、手电等一些小电器。南开中学的生活既紧张严肃，又充满活力与快乐，课余生活特别丰富多彩。张伯苓校长当年亲自给学生上"修身课"，让孩子们在实践中懂得"修身治国平天下"的道理。还亲自带着学生徒步到外地搞调查，想方设法历练学生的意志品质。学校鼓励学生们阅读各种书籍，包括武侠小说。学校还特别重视体育，要求学生既要学习好，又要身体好，50年代的南开中学盛行垒球等体育活动，几乎每个班都有垒球队，包括一些身体瘦弱的同学也组成了一支名为"大马猴"的垒球队强身健体，王大中就是这支队里的一员。南开的素质教育给学生们提供了一个全面发展的平台。

高中时代是青年人确定正确人生观的关键时刻。通过在南开中学的各项学习和政治活动，王大中逐步懂得了做人的道理，初步树立起革命的人生观。抗美援朝动员中，王大中也和很多同学一起报名参军参干，虽然最终由于年龄小未被批准，但这些经历不啻是一次革命的洗礼。在南开中学，在一些同窗好友的影响和帮助下，王大中加入了共产主义青年团。在共同学习和生活的日子里，同学之间、师生之间结下了真挚、深厚的情谊，令他终生难忘。他在南开中学度过了人生最难忘最宝贵的时光。学校优良的革命传统，严谨的治学风范，对学生德智体的全面培养，让他终生受益。王大中曾写下《南开育我，我爱南开》的文章，以表达对南开中学的依恋与感激之情。

1953 年夏天，王大中以优异的成绩考入清华大学。正是中学时期受到的"重视体育"的熏陶，使得王大中在大学期间一直积极参加体育锻炼，游泳、足球、棒球也有相当的水平。由于在中学有良好的基本功，顺理成章地成为了清华大学垒球代表队的主力队员。强健的体魄保证了他很好地完成了大学的学业。除了体育锻炼，他还热衷于艺术，也曾是学生舞蹈队的主力，难度很高的鄂尔多斯舞跳得极其出色。1956 年，为了发展我国的原子能事业，清华大学专门成立了工程物理系，从电机、机械、动能等专业中抽调若干名成绩优异的学生，爱好广泛，成绩优秀又积极要求进步的阳光青年，当时正在机械系念大二的王大中被抽调进入工程物理系，1956 年 5 月，21 岁的王大中加入中国共产党。

## 清华 200 号工程

1958 年 7 月，清华大学决定建立以反应堆为中心的原子能方面的教学、科研和生产联合基地。工程物理系反应堆工程专业师生开始设计游泳池式屏蔽试验反应堆。已是清华大学工程物理系助教的王大中边读在职研究生，边参加屏蔽实验反应堆的设计与建造工作。1960 年，清华大学原子能研究基地动工兴建，建筑工程编号为 200。那时世界核能的发展，也才刚刚起步，各国对核反应堆的研究非常保密，200号的研究工作刚刚开展时，无论人才还是科研条件都十分匮乏。物质条件更是捉襟见肘。研究所不仅没有先进设备，就连拿到的一套苏联参考图纸也不完整，缺少关键部分的计算与工艺说明书，再加上200号选址在北京市昌平区燕山脚下，深处北京远郊荒凉山区，生活条件十分艰苦。

1960年春天，清华大学参加这座反应堆建设的有200多人，包括讲师1人，助教10余人，学生100多人，平均年龄只有23岁半。他们住在帐篷或虎峪村老乡家中，在村里一座破庙露天开伙。首先自己动手从水库大坝修水渠通水，靠肩扛手抬修通从昌平到虎峪的第一条高压供电线路。接着就是挖地基，搞土建施工。从1960年冬到1963年的三年经济困难时期，建设人员逐渐减少，最少时只有20多人。1964年，国家经济形势好转后，大批建设队伍又开进工地，加紧施工和安装。在反应堆建设过程中提出了"寻难而进，勇于创新""尖端分解为一般，一般综合为尖端""部分多次试验，总体一次成功"的指导思想。建设者们立下了"用我们的双手开创祖国原子能事业的春天"的誓言。

由于屏蔽试验反应堆是我国第一座自行研究、设计、调试建成的核反应堆，涉及数十个专业领域，在上学的时候学的是理论课，当时反应堆这门课程并没有教材，所以只能从实践当中来摸索。他们寻难而进，正值年轻的他们初生牛犊不怕虎，敢想敢干，克服一切困难，先是必须分门别类地了解一个个系统，从1960年冬到 1963 年又是三年经济困难时期，大家都吃不饱，工作压力大，但王大中和他的同事们依然坚持着，从反应堆的基础施工，到反应堆设备的安装、调试，王大中自始至终地参加了整个反应堆建造的全过程，当时流行"革命同志是块砖，哪里需要哪里搬"，王大中就是这样一块砖。在建造过程中，由于设备供不上，王大中中途又被任命为当时设备组的组长，带着几名同学去跑材料，给各个部委的领导介绍反应堆的意义，请求各部门和单位的支持，这个给点材料，那个给点钢筋。在整个建堆的过程中，还经历了因为工人的操作失误造成的工程质量问题需要推倒重来和修复等问题，但正是在这样一个过程中，王大中和他的同事们的人品、意志、毅力、知识、学习能力、耐心、勇气，与人合作交流沟通的能力等都得到了全方位的考验和锻炼，也得到了全面的提升。一群年轻人，一颗颗火热的心，一腔革命英雄主义的豪情。在他们手中，200 号的科研工作很快有了雏形。回首当年，王大中形容说那是一段"既建堆又建人"的激情岁月。

从 1958 年开始到 1964 年，经过六年从无到有的攻关，屏蔽试验反应堆于 1964 年国庆前夕建成，王大中与同事们一起建起了清华大学的反应堆热工试验基地，先后建成高压水热工回路、液态金属热工实验回路、高温氦气热工回路以及核供热堆自然循环两相流实验回路等大型实验装置，建成的国内第一座实验反应堆———901 游泳池式屏蔽实验堆，为创建我国高等教育系统核能研究基地和发展反应堆学科作出了重要贡献。与此同时，在王大中主持下，还于 1964 年 9 月建成了零功率反应堆。

在建堆过程中，共突破技术难关 37 项，其中有几项是外国资料中未见过的，如铝制大水池壳防腐蚀大面积阳极氧化处理工艺等，同时自制仪器设备 67 种，建立专业实验室 11 个。反应堆建成后，接纳本校和哈工大、西安交大有关原子能专业的实习师生 900 多人。从此，200 号的名字就流传下来。因为这里不仅蕴藏着一段激情难忘的岁月，更传续着清华人自强不息的精神。而王大中在这里结婚生子，整整工作了 35 年。

## 820 工程

1969—1979 年王大中从事热中子增殖堆及高温气冷堆研究，任反应堆设计室主任，反应堆工程总体室主任。代号为 901 的屏蔽试验反应堆和零功率反应堆以及核燃料后处理技术溶剂萃取法等一系列科研成果的成功取得，特别是获得国家的高度肯定，让所有参加 200 号工程的人们一时踌躇满志、意气风发。然而乐极生悲，在 1966 年爆发的"文化大革命"中，清华首当其冲是"打黑帮"，王大中和很多清华的骨干教师都被打成了"黑帮分子"，清华 200 号的一些骨干还有清华其他各系的两三千师生，都被送到了江西鲤鱼洲"五七干校"劳动锻炼，当时鲤鱼洲没有先进的生产工具，设备落后；生活条件也都极其艰苦，对当时凶险猖獗的血吸虫毫无防备，很多老师因此得了血吸虫病，由于缺乏良好的卫生和医疗条件，有一位老师不幸因此而去世。

那段时间，清华校园派系斗争激烈，人心惶惶、人人自危，根本无人安心教学和科研。直到1968年，工宣队和军宣队进驻并掌管学校后，清华校园才开始慢慢恢复秩序。虽然核研院科研工作遭到了严重的破坏，但在极度困难的条件下，全院教职工并没有改变为祖国原子能事业而献身的初衷，在逆境中苦搏和奋争。因为在此之前两派冲突的时候，王大中的老师吕应中被抓走关起来，工宣队进驻后，就把吕应中教授解救出来，被工宣队保护性关押。在这期间，吕应中教授提出了我国钍资源综合利用的技术方案，1969年10月向中央呈报了《关于研究钍增殖堆的建议》。1969年11月，周恩来总理亲自批准，清华大学试化厂承担了利用钍建造增殖堆核电站的研究任务。

热中子增殖反应堆的原理是根据铀235可以裂变，而铀233也是可以裂变的，但铀233并不存在于自然界，因此科研人员希望可以利用钍的性能做成一个反应堆，使得这个反应堆一方面通过裂变产生热量、能量，同时又可以转化成铀233，这样反应堆里的核燃料就会越烧越多，从而实现增殖。当时提出这个概念还是很有前瞻性的，也是这个学科的技术发展方向，所以就定下了这样一个方案。当时这个反应堆的功率是一万千瓦，十兆瓦，发电发2.5兆瓦即2500千瓦。

在当时的形势下，这是个政治任务，要求限期完成，于是，还在鲤鱼洲劳动锻炼的王大中被召回，负责热中子增殖堆及高温气冷堆研究，并担任反应堆设计室主任，反应堆工程总体室主任。当时他绞尽脑汁，采取了第一个方案——熔融金属堆技术，后来不行，技术过不了关，就转成熔盐堆，干了两三年干不下去，转成高温气冷堆，又干了两年，这样820工程，经过三次重大的技术变化，最终还是没有攻克。其中的问题有很多，尤其是在建设过程当中，还犯了一个错误，就是在方案没有最后确定，关键性技术没有突破，同时就开始了土建施工，当时还讲了重要的带有保密性质的功能，都放在山洞里面，在核研院后山打了很大的山洞，工程下马以后也造成了很大的浪费。尽管这样，核研院教职工在进行这项任务的科研和设计过程中，还是付出了极大的努力，对我国钍资源利用的多种方案（熔融金属堆，熔盐堆，高温气冷堆等）进行了多方面的探索，取得了放射性尘埃扩散大气实验、预应力混凝土压力壳的研制成功等多项重大成果。但因总体方案难度很大，短时期难以完成，经国家计委、建委同意，于1979年停建。在总结这段工作时，王大中坦言：901这个反应堆，清华师生敢想敢干，知难而进，有了很大的科学上的收获，也有精神上的收获。而820工程则给了我们一个深刻的教训：这个教训就是在科研过程中，必须实事求是、必须尊重科学的客观规律。

## 学习德国

20世纪60年代后期起，国际上第二代核电技术发展成熟，使得核能真正进入民用阶段，到1978年全世界运行的核电站已经有两百多座，但是1979年3月28日，美国三里岛压水堆核电厂二号堆发生了堆芯失水而熔化和放射性物质外逸的重大事故。由于一系列的管理和操作上的失误与设备上的故障交织在一起，使一次小的故障急剧扩大，造成堆芯熔化的严重事故。事故发生后，由于公众对核的恐惧心理和缺乏基本的核安全防护知识，核电站附近的居民惊恐不安，约20万人撤出这一地区。美国各大城市的群众和正在修建核电站的地区的居民纷纷举行集会示威，要求停建或关闭核电站。实际上在这次事故中，主要的工程安全设施都自动投入，同时由于反应堆有几道安全屏障，包括燃料包壳，一回路压力边界和安全壳等，因而无一伤亡，在事故现场，只有3人受到了略高于半年的允许剂量的照射。核电厂附近80千米以内的公众，在这次事故中，平均每人受到的剂量不到一年内天然本底的百分之一，因此，三里岛事故对环境的影响极小。尽管这次事故并未产生严重的后果，但却迫使美国和西欧一些国家政府不得不重新检查发展核动力计划。

此时的王大中和同事们也正在积极地为曾经提出的高温气冷堆技术方案寻求突破，这个方案源于德国于利希核研究中心的新概念，当时该中心的研究人员提出了球床反应堆的新概念，王大中先是从资料上得知，并和同事们开始了一些有益的探索。到了1978年，国家实行改革开放，1979年，德国于利希核研究中心反应堆研究所的所长苏尔登（音）应邀来到清华讲学，通过讲学，该所和清华大学的核研所即史称的200号双方建立了友谊，苏尔登也非常希望跟中国合作，并在回国前就答应清华可以派学者去他们那里开展交流。

1980年夏天，王大中通过学校的选拔，获得了德国的洪堡奖学金以进修生的身份选入德国亚琛工业大学。到了德国之后，王大中先用了四个月的时间在歌德学院学习德语。1981年1月，王大中直接受教于球床高温气冷堆之父苏尔登教授的门下。一开始，导师给了他四个方面的题目，王大中用小半年的时间调研了这四个研究方向在德国的研究情况，考虑到美国的三里岛核反应堆事故，王大中认为核电站可能出现大事故，存在一定

王大中（右一）接待国际原子能机构专家来华考察

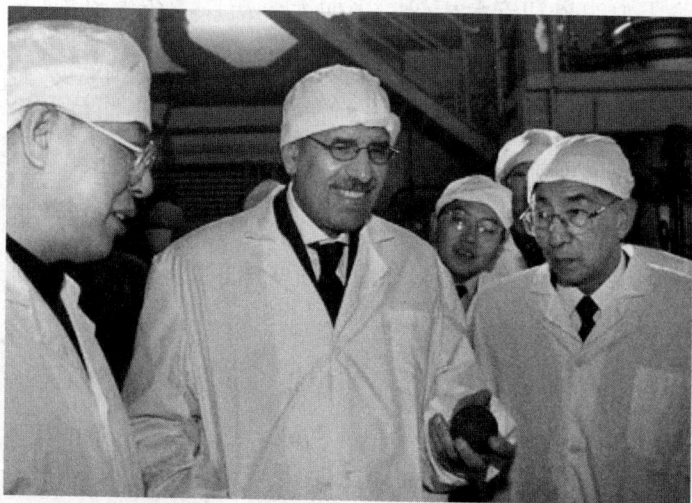

的安全性问题，于是最后选择了"模块式中小型高温气冷堆的设计和研究"。这个题目当时在德国还只是一个概念，就是西门子公司有一些反应堆的专家，提出的概念，做得比较小的反应堆拼在一起，一个反应堆大小只有二十万千瓦热度，可以发出来十万千瓦电，这个反应堆的特点，就是固有的安全性。正因为它当时还不是一个成熟的概念，在美国发生的三里岛核事故就是因为人的操作失误把反应堆烧毁了，幸亏外面有安全壳保护，反应堆的放射性产物没有往外泄漏，而提高反应堆的安全性，这是未来核能发展的一个主要追求目标，所以王大中最终选择的模块式高温气冷堆，一个安全性比较有保障的方向，就是它具备固有的安全性，不会发生重大事故。当然最初的设计就是这个反应堆的功率大小，有它的局限性。于是，怎么保持单个核电站固有安全性的同时，把这个功率扩大，就成了王大中当时需要面对和解决的问题。在准备研究方案的设计时，他提出要将单堆设计功率提高，仍保持固有的安全性的想法。中心的一位专家表示，这个问题他们已经研究多年却毫无结果，请他别再费劲，而王大中决心要攀一攀这个高峰。

他卧薪尝胆，夜以继日地从分析模块式高温堆的基本矛盾入手，开始做设计方案，一个一个地足足做了有上百个方案，最终大胆提出一种环形堆芯的新概念，将模块堆的单堆功率由 20 万千瓦提高到 50 万千瓦，并确保反应堆固有的安全性。他的这一突破性研究使中心的不少专家大为惊叹，被誉为德国"球床高温堆之父"的于利希核反应堆研究所所长苏尔登教授，一再称赞这一研究成果了不起。并经苏尔登教授推荐在美国、法国、英国都申请了专利，他用了一年零九个月的时间拿到了德国博士学位。

"模块式中小型高温气冷堆"的设计和研究课题的成功让王大中顺利通过了博士论文答辩，为我国第四代模块式核反应堆奠定了理论基础。王大中在高温气冷堆技术上的突破让他在德国一鸣惊人，德国的一些媒体以整版的篇幅争相报导。面对外国媒体的欢呼声，王大中并未因此而心满意足，相反他有些心情沉重，毕竟他看到更多的是中国的科研水平与科研条件与发达国家还存在着巨大差距，使他感觉到肩上的责任更加沉重。

## 5 兆瓦低温核供热堆

1981 年，王大中留学回国之后，并没有立即着手做高温气冷堆，而是应当时清华核研所吕应中所长的要求，协助负责 5 兆瓦低温核供热堆的建设，为了使得这个核供热堆能够在技术上、安全上和影响等方面取得一些进展，王大中建议，把之前建好的 901 游泳池屏蔽核反应堆适当提高一点温度，加一个中间回路，就可实现对整个核研所建筑供暖。王大中的建议得到了大家的认可，1981 年，核研院开始进行低温核供热堆概念设计，同年向国家建议开展低温核供热研究。同时自己动手改造屏蔽试验反应堆，于 1983 年冬至 1984 年春成功地进行了国内首次反应堆余热供暖运行试验，取得良好的效果，受到国家有关领导部门的重视，时任国家副总理的李鹏同志专程带领科技委等部委的领导去参观，后经国家科技委批准，清华大学获准建造5兆瓦低温核供热堆。

工程建设之初，王大中和他的研究团队首先进行了多方论证，当时参与设计建造的科研人员提出了两种技术方案，一种方案是用池式堆供热，另外一种方案就是一体化壳式堆。因为之前有820工程的深刻教训，王大中深知：一个工程如果方向没抓对，技术路线没确定，总体方案没确定好，这个工程越往后走问题会越多。经过了一年的周密论证，包括到国外考察，最后选定了一体化壳式堆。5兆瓦一体化壳式低温核供热堆的特点就是一体化的构置，所谓一体化构置，就是反应堆的蒸发器和其他的一些部件，都装在了压力

王大中与外国专家交谈

容器里面，这是一个新式的反应堆。它的第二个特点是全功率，因为反应堆里的水需要循环就得用水泵，而一体化壳式低温核供热堆与国内一般压水堆核电站不同的是这个反应堆靠水的密度差进行循环，因为水加热以后密度变轻了，经过冷却以后就变重了，形成了自然性，这样来把热量带走。再有一个特点就是采取了非能动余热排出，核反应堆出事故的时候并不是在裂变，是因为没控制住，没控制好，反应堆才会出事故。当然，这种概率其实很小。切尔诺贝利事件是非常例外的事情，是因为设计正好有一段时间是属于正温度效应，就是当反应堆进入这个温度区的时候，这个反应越激烈温度越高，温度越高反应越激烈，所以这样的话反应堆最后是爆炸了。但是多数的反应堆不是这样的，多数的反应堆是反应堆很快停止了裂变反应，但是在裂变反应当中，产生出来的放射性同位素会继续产生较小的热量，大概只有原来的整个反应堆输出功率的1%，很快就降到千分之一左右，而且到千分之一以下持续的时间很长，但是反应堆的功率密度特别大，即使反应堆裂变停下来，但如果不能迅速冷却，还是会引起反应堆的熔化，日本福岛核电站就是这样的。日本福岛发生了强烈的地震和海啸，导致核反应堆裂变，把所有的蓄电池和柴油机包括电力系统全部都摧毁，所以反应堆余热就没有排出去，这样反应堆就被烧化了。而当年，王大中和他的团队，正是因为吸取了美国三里岛事件的教训和出于安全性的考虑，科研团队还在中间加了一个中间回炉，就是热量不是直接供热的，不论是厂房供热，还是给其他建筑供热，都要经过中间回炉，它的压力是高于反应堆的压力，即使有泄漏，也只能是从中间回炉往反应堆里漏，不至于泄漏出去，由于有这些特点，一体化壳式核反应堆的安全性，被国际核能专家认为应该是属于超三代的核反应堆技术。

到 80 年代中期由于化石能源紧缺，核能的发展再次受到重视。1985 年，清华大学核研院低温核供热研究正式列入国家"七五"重点攻关项目。攻破关键技术以后，由王大中主持领导的 5 兆瓦低温核供热堆工程，于 1986 年 3 月开始兴建，1989 年 11 月建成并临界启动一次成功。该堆是世界上第一座投入运行的"一体化自然循环壳式供热堆"，是世界上第一座采用新型水力驱动控制棒的反应堆。它的运行成功，使我国在低温核供热堆领域跨入世界先进行列。该项目获国家教委科技进步特等奖，国家科技进步一等奖。一体化低温核反应堆非能动余热排出系统，在安全性上明显优于当时世界上运行的大部分核电站，该堆除完成一系列供暖实验外，还于 1991 年成功地进行了热电联供实验，1992 年成功地进行了核能空调制冷实验。至此，王大中成为我国核能科技领域杰出的学术领导者和带头人。1993 年，众望所归，他当选为中国科学院院士。1995 年 1 月，他和我国其他 23 位在科技领域作出重大贡献的著名科学家，获得香港何梁何利科学技术奖励基金首届颁奖大会颁发的重奖。在此前后，他还担任了国务院学位委员会委员、国家核安全局专家委员会委员、中国核学会副理事长和香港大学及香港浸会大学名誉博士。

## 10 兆瓦模块式高温气冷堆

为追踪世界科技前沿技术的发展，1986 年，在四位著名科学家的呼吁下，国家启动科技领域里的"863 计划"，王大中以他在专业领域取得的杰出成绩，当选为能源领域专家委员会的首席专家，和其他的七位专家一起开展规划我们国家的能源，特别是核能方面最先进的技术工作。10 兆瓦模块式高温气冷堆和快堆高热堆以及聚变堆一起正式被列入我国未来发展的先进的新一代核反应堆研究计划。然而就在这一年，苏联发生了灾难性的核事故——切尔诺贝利事件。该事件因工作人员操作失误，引起反应堆发生爆炸，事故导致方圆三十公里的地区遭受严重核辐射，并向全世界扩散，覆盖了整个欧洲，十天内就到了北美和亚洲，其中乌克兰、白俄罗斯、俄罗斯污染最为严重。世界核能的发展再次迅速转入低谷，但此时冷静、理智的王大中并没有因此动摇研究先进反应堆的决心。因为经验表明，每一次核事故对核能的发展带来了很大的影响，但是每次的核事故，也会促使人们特别是核能专家们吸取教训，进行深刻反思和检讨，以追求核电技术的更大进步和核电管理的进一步改进，从而实现核能的可持续发展。

他以科学家前瞻的眼光和政治家的胆识，敏锐地感到，我们的国家正处在现代化建设的高潮，未来对能源的需求是非常多的，而且一定会增长很快。王大中认定从长远来看，我国发展核能和核动力是必须的，但是，安全是核能发展的前提，也是衡量核能技术先进性最重要的指标。模块式高温气冷堆核电站具有固有安全性，系统简单，发电效率高，用途广泛，具有潜在经济竞争性，在国际上受到广泛重视，是能够适应未来能源市场需要的第四代先进核反应堆堆型之一，因此他对自己选择的技术发展方向坚信不疑。

1994 年 9 月 30 日上午 10 点，清华大学核研院里来自 30 多个国家的 60 多名核能专家和国际原子能机构的官员纷纷屏住呼吸，静静地察看着 10 兆瓦高温气冷实验堆开始的核安全演示。工作人员通过操作让核反应堆冷却剂循环风机停止工作，立刻反应堆向外传输热量的能力丧失了。要知道，核反应堆在停堆之后还会继续产生热量，而不是像锅炉熄火后便不再产生热量。这个热如果不加以冷却，反应堆就可能发生堆芯熔化、放射性外泄的严重事故，这也是核安全的最主要的技术挑战。循环风机刚一停止工作，报警声便刺耳地响起，中外宾客瞪大眼睛盯住显示屏上的变化，只见正常运行的曲线急剧下降，反应堆的热功率由 3000 多千瓦降为几百千瓦，最后反应堆发热维持在正常运行时的 1.5% 左右。这表明热量通过反应堆压力壳的表面自动散发到周围环境中，而不需要任何附加的冷却系统。核研院的这一实验展示了模块式高温气冷堆的一个最重要特性：在任何事故情况下，包括丧失所有冷却的情况下，不采取任何人为的和机器的干预，反应堆能保持安全状态。演示的成功，表明我国在掌握核电站的最新一代技术上取得了重大进展。

王大中基于扎实、稳妥的考量，希望自己的团队，通过努力一步一步掌握全部的核心技术、核知识产权。在"863计划"支持下，由王大中领导和主持的10兆瓦球床高温气冷实验堆于1995年开工建造。10兆瓦高温堆是综合性极强的工程项目，由20多个系统、几百个设备组成。这要求所有人员都要具备团队意识，全心投入，众志成城。在建设10兆瓦高温气冷实验堆的过程中，研究人员仍然秉承着求实的作风。无论是已在原子能领域耕耘40年的第一批开拓者，还是新来的年轻人，都以精益求精的态度投入工作，而200号自强不息的精神，更是代代传承下来。设计工作中的重大难题——反应堆物理理论计算，是由刚毕业的助教罗经宇带领10多个高年级学生从头学起而攻克的。反应堆计算中，首先要确定放进多少铀棒才能恰好维持链式反应，多了容易出核事故，少了无法运行。但由于反应堆的特殊结构，该项计算极为复杂，如此庞大的计算在国外非得依靠计算机不可，而当时的清华大学还没有这个条件。于是十几个年轻人排成一字长蛇阵，先按沿两方向变化的计算方法，用手摇计算器做数值计算。每次要算四五千个数据，每个数据要求用"巴罗表"（五位对数表）计算准确到第 5 位数字，工作量之大可想而知。他们便发挥才智，进一步创造了列表校核与相互检验的方法，做到了集体手算几千个数据不出一个错误。在大量计算的基础上，这批青年通过反复研讨，寻找各种数据之间的规律，最终集体创造出"原子反应堆三维计算图解法"，解决了反应堆物理设计的难题。

经过大家的刻苦攻关，10 兆瓦高温堆于 2000 年达到临界，2003 年发电。2006 年，国家制定了中长期科技发展规划，高温气冷堆和大型飞机等成为国家重点支持的 16 大专项之一，国家也批准同意在山东荣成建设一个 20 万千瓦两个模块的高温气冷堆工业示范电站。建设示范电站的目的是展示高温气冷堆技术的商用价值，为实现产业化打好基础，但之前美、德建成的两座示范电站，由于技术和非技术的原因，在当时的条件下，没有达到这个目标，后均被关闭；因而目前国内不少业内人士对高温气冷堆的安全性仍心存疑虑。面对种种困境，王大中和他的团队仍然"咬定青山不放松，立根原在破岩中。千磨万击还坚劲，任尔东西南北风"。坚信非能动的模块式高温气冷堆，是世界上最重要的核能技术发展方向之一。终于在 2008 年 2 月 15 日，国务院常务会议通过了高温气冷堆核电站重大专项总体实施方案。

天有不测风云，2011 年 3 月 11 日，日本发生里氏 9 级大地震，随后的海啸引发了福岛第一核电站发生爆炸，从而导致了核泄漏事故，核事故灾难后果，不可避免引起了人们对核能的恐惧，甚至会质疑其发展的必要性。因此人们更加关注核能的安全性，各国政府也高度认识安全是核能发展的生命线。而高温气冷堆固有安全性正是王大中和他的团队最初的目标，就是说即使发生了福岛的事故，没有电，没有水，反应堆还能保证安全。10兆瓦高温气冷实验反应堆在2003年1月实现满功率并网发电后，模块式球床高温气冷堆被国际核电界公认为21世纪新型核电站的首选堆型之一。这座先进反应堆的建成，使我国成为世界上为数不多的在研发了高温气冷堆技术方面取得成就的国家之一。

实际上，由于模块式高温气冷堆核电站具有模块单功率小、可以模块式组合的优点，不仅可以满足电网对不同规模电源点要求，能够成为一种全新的分布式电源和电网支撑电源，而且可以提供高温热源，用于制氢、海水淡化，以及满足石油热采、炼钢、化学工业过程、煤的气化液化等方面对高温工业工艺热的需求，减少石油和天然气的消耗。而正是由于它的固有安全性和种种优势，包括美国在内的发达国家已重新启动对高温气冷堆的研究和发展计划。正是王大中的睿智、坚定与勇气，使得我国的高温气冷堆的技术走在了国际前列。

王大中常常鼓励学生，做科研要有"十年磨一剑"的定力和韧劲，他已经带领清华大学核研院的好几任所长、院长，经过了三十多年坚持和不懈努力，不断突破、创新和完善高温气冷堆的技术，希望尽快排除种种障碍，实现科技成果产业化的梦想，为科技强国贡献力量。

## 校长生涯　制定蓝图

1993 年，王大中迎来了人生的一次重大转折，刚从美国 GE 公司参加学术报告回国的王大中被领导找去谈话，因为上级对校长另有职务安排，征求有关部门意见和经过学校校职工内部测评，希望王大中做好接任新任校长一职的准备。当听到这一消息时，当时的王大中心里颇感吃惊，因为在此之前，他虽然是清华的教师，已是卓有成就的核能专家并且多年担任了清华大学核研院的院长，但实际上他常年在远离学校的北京郊区，对核反应堆及核工程相关技术工作了如指掌，而相对学校的工作真是觉得心里没底，但革命同志是一块砖，哪里需要往哪里搬。既然领导和学校信任，王大中怀着十分忐忑的心情接受了这一安排。

自考入清华大学以后，王大中就与清华结下了一世情缘，他对清华的一草一木都有深深的感情。年届花甲之龄的他将要出任清华大学校长，深感自己的责任重大。他知道，素有"工程师摇篮"美誉的清华大学，不仅是中国的重点名牌大学，也是在世界上颇有名气的一所资深大学。清华大学的教学、科研在国内各大学中一直保持领先水平，多年来曾为国家培养出多位著名的科学家、学者和高级管理人才。当命运把自己推到这样一个重要的领导岗位之际，他不能有丝毫退缩的情绪，只有奋勇前行，竭尽全力带领全校师生员工把清华大学建设得更加出类拔萃，不同凡响。

清华大学校长王大中（左一）与北京大学校长陈佳洱签署联手创"985计划"一流协议

为了努力适应这个新的角色，做到心中有数，王大中首先花了将近半年的时间，在学校内部进行调研。那段时间，王大中骑着一辆破旧的自行车，频繁地穿梭于校园内，出入于各院系，与各院校的领导和教职工座谈，熟悉和了解情况。1993年年底，他又随教育部代表团到加拿大考察了一些学校。1994年1月，他被正式任命为清华大学校长。作为新中国成立后清华大学的第五任校长和清华历史上的第二十九届校长，走马上任时，王大中面对的是一张由校职工干部大会绘出的清华未来发展蓝图——到2011年建校100周年时，把清华建成世界一流的有中国特色的社会主义大学。摆在他面前的就是这个艰巨的任务，那么什么样的大学才能称得上世界一流大学，如何将清华真正的建设成为世界一流的大学呢？这是王大中需要回答的问题和面临的挑战。

上任后，王大中认真学习和总结清华的办学史，通过组成专门的研究团队，经过深入调查研究了包括哈佛、康奈尔、麻省理工以及美国AAU大学联盟在内的国内外近百所世界著名大学的教育实践和经验，不断地从中外历史上优秀教育家的教育思想、治学方略中汲取营养，逐渐明晰了清华建设世界一流大学的方向和步骤：在经济全球化的过程中，科技的发展与社会的进步对人类自身的发展不断提出新的要求，面对现代科学技术的发展趋势和中国现代化建设对高等教育提出的要求，清华大学要通过培养高层次人才、传承文化、知识创新以及维护社会价值准则，逐渐达到这些目标和要求。在新世纪新形势下，最后，王大中和他的团队在办学理念上达成了一致，确立了"一个根本，两个中心，三项职能"的办学理念："一个根本"就是明确人才培养是学校的根本任务，"两个中心"就是邓小平同志提出的国家重点高校既是办教育的中心也是办科研的中心，"三项职能"就是教学、科研和社会服务。将世界一流大学发展的普遍规律与清华大学的历史传统和特色相结合，制定出一个新的总体发展思路，归纳成九个字，就是要把清华大学建设成"综合性、研究性、开放式"的大学。

## 学校发展的路线图

目标已经确定，但接下来更重要的是如何实现？王大中还是感到了巨大的压力，上任几个月，他就累得病倒了，但即使在深更半夜，在北医三院破旧冷清的楼道里，王大中还在跟他的助手讨论着学校的发展思路。

自从他担任校长以来，每年年初，清华大学领导有一次"无主题讨论会"，说是无主题，其实是有主题的：和国外著名大学相比，和国内兄弟院校相比，清华在哪些方面"技不如人"？从建设世界一流大学的目标出发，清华还需要做什么？怎么做？谁去做？什么时候完成？……许多重大的决策就在这种找差距的过程中决定下来了。在讨论落实建设世界一流大学规划的有关工作时，他要求各级干部"创新、抓实、有序"。就是这样，在工作局面看似忙和乱的时候，他以清醒的思路和有序的安排把握住前进的方向。

当时，正逢全国高校的合并高潮，国内的几所学校领导都找到王大中，希望能合作建设综合性大学，虽然建设综合性大学可以有两种方式，一种方式是学校自身建设，一种就是合并的方式。面临两难选择的王大中十分清醒地认定，清华建设综合性大学的目的是源于清华诞生之日"培植全才，增进国力"的办学宗旨，在他这一任上就是要上水平，上档次，要提质增效，而不是为了规模多大。他回顾清华大学的发展历史，研究中国高等教育的现状，访问世界著名的高等学校；开出题目，布置任务，让清华21世纪发展研究院、教育研究所、政策研究室等多方投入，深入探讨。经过认真的研究和实践，认为我国作为发展中国家，可以充分发挥社会主义制度的优越性，集中力量办大事，建设一流大学；发展中国家建设一流大学，可以走重点突破、跨越式发展的道路。

在经过了深思熟虑后的王大中和他的团队果断决定，清华要依靠自己的力量建设综合性大学。同时，王大中也清醒地认识到：世界一流大学要有共性，更要强调个性，决不能完全照搬国外一流大学的指标与办学模式……他反复强调："我们建设一流大学首先是要为国家发展和民族复兴作贡献，要把面向国家的战略需求放在首位；同时要结合我国国情和校情，实现跨越式发展。"根据国家提出的全面建设小康社会的奋斗目标，王大中认真总结清华大学近年来的发展历程，谋划和展望今后的发展前景，提出了清华大学建设一流大学"三个九年，分三步走"的总体发展规划，得到了学校上下的普遍赞同：第一个九年，1994—2002年，调整结构，奠定基础，初步实现向综合性的研究型大学的过渡；第二个九年，2003—2011年，重点突破，跨越发展，力争跻身于世界一流大学行列；第三个九年，2012—2020年，全面提高，协调发展，努力在总体上建成世界一流大学。

## 精心布局

王大中常常引用一位古代先哲的话："不谋万世者，不足谋一时；不谋全局者，不足谋一域。"正如清华校歌的歌词唱的那样"肴核仁义，闻道日肥"，王大中特别善于从中华文化中汲取智慧的营养，以丰富和开拓自己的创新思维。历史上的清华学校一开始就推行德、智、体三育并举，要求学生全面发展，"造就一完全人格之教育"。即鼓励学生独立自主、全面发展，养成各种技能，提高综合素质，成为适应现代社会的国家公民。1923年11月初通过的《清华大学总纲》中强调"教育应特别奖励创造学习，个人研究及应付中国实际状况及需要之能力。"

清华学校大学部"以在国内造就今日需用之人才为目的，不为出洋游学之预备"为办学方针。1926年起规定学制4年，大学部改成四年一贯制正规大学。这年夏秋招生时，大学部已设有国文、西洋文学、历史、政治、经济、物理、化学、生物、工程等17个系。三四十年代，清华大学的文科曾经绚丽且耀眼，以梁启超、王国维、陈寅恪和赵元任为代表的四大国学导师开创了清华学派，成为独立学术精神的象征。

20世纪50年代院系学科调整后，清华成为多科性工业大学。在新中国建立之后的很长一段时间内，专业性大学较好地适应了中国工业化的时代要求和计划经济的体制。但随着中国现代化的进一步发展、市场经济体制的建立和完善，以及世界科学技术的进步和知识经济时代的到来，国家和社会对人才提出了更高的要求。这时，国家发展的需求和素质教育的要求，把高水平文科建设的题目摆到了清华大学的面前。王大中认为："在大学里，对学生的培养不仅是传授知识，培养能力，更重要的是提高他们的综合素质，而人文教育与科学教育的融合，是素质教育的重要内涵。"因此，为了适应国家现代化建设发展的需要，实现建设一流大学的目标，清华大学要按综合性布局调整学科结构。20世纪80年代以来，清华大学即开始对学科结构进行调整。于1984年成立了经济管理学院，于1985年恢复了理学院。面对新的历史发展机遇，王大中明

确表示："创建世界一流大学离不开高水平文科的支
撑。"王大中讲的文科，并不只是单指中文、外文、新
闻、艺术等文学学科，而是一个广义的概念，涵盖文
学、历史学、哲学、法学、教育学、管理学、经济学
七大学科门类。

在王大中的领导下，清华大学先后成立了人文社
科学院、法学院、公共管理学院以及新闻与传播学院。
1999 年，通过合并建立了美术学院。2001 年，又成立
医学院。学科范围涵盖理、工、文、法、经济、管理、
艺术和医学等领域。在王大中担任清华校长的十年间，
依靠当时国家的"985 工程"以及后续的"211 工程"
支持，制定了清华大学的"九五"发展计划，同时，按
照发挥优势、量力而行的原则，在学科建设上不求大求
全，而要突出特色。学科布局调整中，坚持以内涵发展
为主，尽量避免规模扩张，着重提高学科整体水平。走
出了发挥工科的优势，加快理科和管理学科的发展，做
好人文学科的布局，日后争取在生命学科有所突破的开
拓性发展之路，十年时间到他离任的 2003 年，清华大
学综合性学科布局基本完成。

## 建立理科特区

理科在清华大学有着特殊的渊源和辉煌的历史，理
科不仅是原创性研究成果的摇篮，而且是工科向纵深发
展的强大理论基础和支撑，一所好大学必然有赖于其理

科的良好发展。可是在当前世情国情下，如何结合学校的发展目标做出具有开拓性的工作，展现出新的局面，是校长王大中需要用心考虑的。王大中和他的团队在研究世界一流大学的特色优势和发展之路时，发现美国普林斯顿大学也就是培养了诺贝尔科学奖获得者华人科学家杨振宁和李政道的那所学校，有一个高等研究院的经验值得借鉴，在这里涌现了一个诺奖获得者科学家群体。于是，就设想在清华建立一个基础研究的特区，就像深圳特区一样给特殊的政策，请大师级的人来指导清华的年轻人，在一些基础研究热点、前沿的地方去争取突破。

1996 年，王大中亲自赴美国，拜访了著名物理学家杨振宁先生，向杨先生介绍了清华拟设立高等研究中心的设想，希望请杨先生来指导，将清华的基础学科带到世界最前沿。王大中对将清华建设成世界一流大学的决心和信心，让杨先生非常高兴，当即表示全力以赴地支持，而且把家迁到了清华，杨先生虽然没有答应担任清华高等研究中心主任，但他推荐另外一名出色的科学家，并且一直倾力掌管把握着办学方向。

1997 年清华大学高等研究院正式成立，它是清华大学新设立的基础科学研究实体。它的宗旨是：面向世界、面向二十一世纪，加强清华大学的基础科学研究；培养有创新能力的科学人才；开展国际学术交流与合作；逐步形成该校基础科学研究优势，推动学校理科建设，为建设世界一流大学作出贡献。高等研究院以"创新、交叉、综合"为研究活动的主导思想，倡导开拓性与科学首创精神。在数学、物理、化学和生命科学等学科以及相关领域中，选择对未来科技发展可能产生重要影响的并对探索自然规律有深远意义的问题为研究内容。近期的主要研究领域包括：统计物理、凝聚态理论、数学物理、基础数学、理论生物学、理论计算机科学等。高等研究院积极推动基础科学同其他相关学科的交叉、渗透与合作，促进清华大学学术水平的提高。随着高等研究院的发展和条件的改善，研究领域将逐步拓宽。遵循"精干、择优、流动"的原则，高等研究院积极招聘国内外的科学英才，保证人员结构合理和高活力、高效率。高等研究院将为研究人员提供优良的工作条件、宽松的学术环境和较好的生活待遇。新技术革命向科学界提出了一系列挑战性的新课题，也为二十一世纪的基础科学研究提供了新的机遇。

清华恢复理学院，带来了理科的快速发展，特别是以诺贝尔奖获得者杨振宁先生领衔的高等研究中心，以林家翘先生为首的周培源应用数学研究中心，还有生命科学领域的青年群体等，都使清华大学的理科以一种后发之势，向着高水平突飞猛进。

清华大学老校长梅贻琦曾说："所谓大学者，非谓有大楼之谓也，有大师之谓也。"王大中坦言，想要办一流大学，这些都是不可缺少的要素，而作为校长得用心思，下真功夫。他深谙其中的道理，可贵的是王大中能将其中的精妙在新的形势下继承并且发扬到淋漓尽致。

## 讲席教授

王大中担任校长之初，正是清华大学教师队伍青黄不接的时候，中青年骨干教师缺乏。要创办一流大学，师资队伍建设是关键环节。为了鼓励和支持学校中青年骨干教师的成长，在他的力主下，清华大学率先执行了教师岗位津贴制度，设立年度学术新人奖，进行了岗位聘任等一系列重要的人事制度改革，按照"一流、竞争、流动"的原则实施队伍管理；培养与引进结合，在"百名人才引进计划""骨干人才派出计划""骨干人才支持计划"等一系列培养和引进措施的支持下，成长起一批年轻的骨干，也吸引了一批学有所成的拔尖人才。一流的大学需要一流的学者来建设，清华大学为此推出"讲席教授"计划，在高校界掀起阵阵波澜。因为清华当年的办学经费并不宽裕，校内的教授生活都还比较困难，王校长就提出要让清华教授能够体面生活，而最重要的是怎么样把最好的教授吸引到清华来。当王大中把这个问题提出来在学校领导班子成员会议上讨论时，大家争吵到面红耳赤，后来，有校领导提出能不能借鉴国外的做法，在清华设立讲座教授，争取拿出一部分钱请来一些国际上知名的专家教授组成一个教授组来清华讲一年的课或者两年的课。"世界一流大学，无一例外都拥有一支高水平的师资队伍，特别是要有一批在世界上有影响力的学术大师"，这是王大中在不同场合不断强调的观点。尽管当时还有很多困难，但对于邀请世界上有影

响的大师来清华讲课，设立讲席教授的建议在一片此起
彼伏的争论声中，最终由王大中果断拍板，一锤定音。
美国工程院院士、美国普渡大学塞尔文迪教授受聘担任
清华新成立的工业工程系第一任系主任。他不仅成为清
华以年薪 10 万美元聘请的首位讲席教授，也是新中国
成立以来首位出任清华系主任的外国学者。时隔数日，
清华又一举引入由美国工程院院士、中国社科院和中国
工程院外籍院士何毓琦教授领衔的"讲席教授组"6 位
知名专家，大大增强了学校在控制领域的科研力量。对
此，王大中宣称清华设立讲席教授的目的就是为了推动
学校相关学科向世界一流水平发展，进一步提高人才培
养质量和科学研究水平。实际上清华并没有花很多钱，
很多华裔科学家都是满怀一腔爱国热情，来自哈佛大学
的何毓琦教授就组织一个团队，开启了工科第一个讲习
教授组，后来证明，这个讲习教授组对清华工科学术的
提高，有极大地帮助作用。美国计算机图灵奖的获得者
姚期智先生曾经两次做过清华的客座教授，通过跟清华
的接触产生了感情，后来姚先生全职回来，在清华理论
计算机领域发挥了很大的作用。国际公认的力学和应用
数学权威、天体物理学家林家翘先生也是通过讲席教授
最后也留在了清华。

对大师求贤若渴，对青年爱护有加的王大中说，引
进人才要做深入细致的工作，要有三顾茅庐、四顾茅庐
的精神。而对校内的青年教师，他也是爱护有加，努力
为他们创造良好的工作环境和生活环境，他会利用周末

休息日，到学校周围的部分正在建设的住宅小区走访了解情况，琢磨着如何改善青年教师的住房条件，把青年人的切身利益时刻放在心上。自1998年清华实施"百名人才引进计划"后，一批活跃在学科前沿的青年学术带头人先后加入了清华的行列。"一流、竞争、流动"正在成为清华教职工的普遍观念。公开设岗，竞争上岗，择优录用等一系列改革措施的实施，使清华大学师资队伍的年龄、学历结构正朝着良性的方向发展。今日的清华汇聚四方英才，为的是来日的清华桃李芬芳。王大中认为，培养人才始终是大学的根本任务。

## 优先发展生物和信息学科

要建成一流大学，就应该有若干学科能达到世界先进的水平，而且这些学科不完全是传统学科，应当是在国际上活跃的学科。如何按照当时"有所为、有所不为"的原则，让部分学科真正达到一流水平，到底优先发展哪些学科呢？这是当时考验王大中的一大难题，也是作为校长的王大中面临的又一个重大抉择，最终，王大中和他的团队选择了优先发展生物和信息。

随着科学技术的不断发展和社会进步，现有的信息科技与信息处理量爆炸性增长的矛盾，强力推动着微电子技术快速向纳米、分子以至更深的物质层次推进。未来信息器件在尺度、形态、功能以及运行方式等方面都酝酿着质的飞跃；而多学科渗透与交融，使生命科学成为酝酿科学突破的又一中心。NBIC：纳米（Nano），生物（Bio），信息（Info），认知（Cogno）四大领域的结合与汇聚，使得人类在纳米、分子的层次上重新认识和改造世界以及人类自身。身处科研前线的王大中自然能敏锐感觉到这些世界科技潮流的新形势。

始建于1926年的清华大学生物系，曾云集了多位学术大师。1952年全国院系大调整后，清华大学生物系并入其他院校，生命科学在清华园曾一度处于空白状态。历经32年的沉寂，清华大学于1984年恢复生物系，并更名为生物科学与技术系。当国家实施支持重点高校发展的"985工程"，清华大学准备投入6亿元到学科建设中，王大中决定拿出其中的五分之一来发展生命科学，继续支持和推进生物技术的教学和开展科学研究。对此，很多老的教授和院士们都提出了不同的意见，有的老师甚至质疑学校为何要把钱投到"nobody"（没有人）的地方，因为当时生命学科只有四十多个教师。大家都希望发展自己的学科，觉得生物学科是个新鲜的学科，还不能说它一定能够强，投入那么多钱有可能打了水漂。作为校长的王大中感到了其中的压力，但仍然坚持不动摇，他认定要在一些热点的有发展的学科上提前投入，强势推进，才能够将来在这个学科上占领制高点和保持领先，取得优势。实际上，这样的决定并非王大中一时冲动拍拍脑袋做出来的，而是经过了科学的研判，他说："善弈者，谋势，不善弈者，谋子"，这是他从古人对弈棋之道的经验性概括中找到的灵感。纵观世界各国，在经历了 20 多年理论和技术上的准备之后，生物技术确已走上了快速发展的产业化道路。如果说，70—80 年代生物技术还是以基础研究为主，那么进入 90 年代以后，全球生物技术已迈向产业化。随着人类基因组计划等各类生物基因组研究工作的展开，新基因不断被发现，新技术、新手段不断涌现，生物技术进入了大发展的新时期。从 90 年代中期开始，产业化的步伐明显加快。美国有生物技术公司 1311 家，欧盟有 584 家，日本有 300 家。1996 年全球生物技术产品的销售额已从 1993 的 70 亿美元增至 120 亿美元，发展生物技术已经成为发达国家和许多发展中国家政府科学研究的重中之重，政府研发经费的将近一半都用于生命科学及其相关领域。美国每年用于生物技术与医药领域的研发投入高达 1000 多亿美元，其中联邦政府投入 330 多亿美元。欧盟科技发展第六个框架计划将 46% 的研发经费用于生物技术及其相关领域。生物技术产业特点是几乎不受经济景气周期的影响，在医疗、农业和工业等领域，都充满了巨大的全球性商机。现代生物学研究发展的热点领域有：基因组学、生物信息学、抗体工程技术、组织工程学以及生态学等。二十一世纪生物技术将会对世界技术经济格局产生重要影响，生物技术产业将成为全球经济的支柱产业之一。生命科学和生物技术正在成为新的科技革命的重要推动力，由其引领的生物经济将引起全球经济结构的深刻变化和利益格局的重大调整。基因组学、后基因组学、蛋白质组学、干细胞技术、转基因技术、生物芯片技术等不断取得重大突破，使人类对生命世界的认识水平和改造能力正在发生质的飞跃。如果说信息技术极大地提高了人类的工作效率，那么生命科学、生物技术改变的就是人类自身并将有可能影响整个社会发展的进程。

与此同时，生物安全已经成为国家安全的重要内容之一。生物资源对各国都将具有高度的战略意义。发达国家利用技术优势对生物资源的抢夺进入了白热化状态，学术界把这种现象称为"生命专利圈地"。如果说 20 世纪拥有核武器就能有力保障国家安全的话，那么在新的世纪，就必须拥有防御生物恐怖的能力，才能保障国家安全，而科技的日新月异使得那些高瞻远瞩的政治家们必然谋求从改变世界观入手，树立起可持续发展的观念，尽快建立起可持续发展的政治、经济和技术体系，既要满足人类当前发展的需要，又不至于危害子孙后代的生存利益。追求经济发展与人口、资源、环境承载能力相协调的可持续发展模式，加强环境保护，合理、合适、恰到好处地应用 21 世纪生物技术，从而实现社会持续发展，让未来的天蓝地绿水清，子孙后代生活得更加舒心幸福。中国在生物技术和生物经济方面的不懈努力，不仅将直接惠及十三亿中国人民，也将为世界的和谐和人类的进步事业作出积极的贡献。

王大中坚信在自己的任期内，高度重视和强力推进生物技术的研发是基于对国际形势的清晰判断，也是清华大学学科发展和创建世界一流大学的内在需求。我国自七十年代末就开始了现代生物技术的研究。国家高度重视生物技术的发展，不仅纳入"七五""八五""九五"国家重点攻关计划，还被列为"863计划"之首，《中共中央关于制定国民经济和社会发展第十一个五年计划的建议》把生物产业与信息、国防工业作为高科技产业的三大重点。《国民经济和社会发展第十一个五年规划纲要》指出"培育生物产业，实施生物产业专项工程，努力实现生物产业关键技术与重要产品研制的新突破。"《国家中长期科学与技术发展规划纲要》把生物技术列为我国未来15年科技发展的五个战略重点之一。2004年6月，国务院还专门成立了"国家生物技术研究开发与促进产业化领导小组"，加强对国家生物技术及其产业工作的领导。

经过全体师生员工三十年的不懈努力，清华大学生物系在科学研究、学科建设和人才培养等方面都取得了长足进展，已发展成为我国最具特色和最有影响力的生命科学研究和教学基地之一。短短几年，清华大学生物系发展成为专业设置基本齐全，国内排名领先的院系，四十多位教师中现有五位院士。王大中为自己当年的坚守感到高兴。

自20世纪90年代以来，世界经济发生了巨大转变，以信息技术为代表的现代科学技术在这一转变中起了决定性的作用。正是信息技术和信息服务的突飞猛进的发展，加快了经济信息化的进程，极大地提高了劳动生产率，降低了能源和材料消耗。国际货币基金组织（IMF）的研究证明，由于科技进步和信息投入的增加，目前一个单位工业品所需原料仅为 1990 年的 2/5 左右；另据梅隆研究所测算，由于利用信息和相关技术，每 1 元 GNP 耗用的能量自 1973 年以来下降 1 倍左右。信息对经济活动具有显著的优化组合和强烈的替代作用，在现代经济发展中，被视为国民经济的倍乘因子。要实现经济发展的这一战略转变，就必须大力推进国民经济信息化的进程。这既是我国经济建设的战略任务，也是世界经济由物质经济为主导，向知识经济为主导发展的大势所趋。信息化的建设不仅能够带动一大批信息技术及相关高新技术的发展，促进信息服务业的成长，而且由于信息技术的庞大市场需求，也将刺激和促进社会经济、科学研究和技术的发展。信息大范围的高速传播，为社会经济的发展提供了广阔的空间。以美国为首的发达国家不惜斥巨资建设本国的信息基础设施，并将其作为抢占下世纪制高点的有力措施。作为一个负责任的科技工作者，作为一个担当民族复兴、国家富强大义的清华大学一校之长，王大中觉得除了积极争取，奋起直追，别无选择。

王大中坦言，由于各方面的局限，在自己的任期内，只有"有所不为，才能有所为"，而在这个过程当中如何做出正确的抉择，首先就是需要有前瞻的眼光；自己是搞核能的，并不懂生物和信息，所以还需要依靠优秀的学术带头人，这个带头人必须能全力以赴，熟悉和了解学科发展方向，同时又能够善于识别人才。作为一个校长，一个系主任往往很容易走老好人的道路，到时候开个会通过，然后多数意见是这样就这么做，习惯于人云亦云。而实际工作中，王大中常常是在没有了解事情之前，不会轻易发表意见，一旦做决定了也轻易不会动摇。

## 与企业结盟

对内加强与企业、地区、省市、高校以及研究院所的广泛合作；对外积极开展交流与合作，是清华为了建设"世界一流大学"的目标，努力实践开放式办学理念的重要抓手。为此，王大中和他的团队苦心孤诣地研究制订了一系列具体的措施和方案。他把知识经济时代带来的机遇和挑战摆到了清华人面前，号召清华人："历史的机遇不是经常都有的，我们要抓住机遇，迎头赶上。在这场新的较量中，清华要在知识的传播、创新和转化为生产力方面发挥更大的作用。"早在20世纪五六十年代，清华大学就与企业展开过合作，学校有与企业合作的良好传统，如今面临新的时代和新的机遇，如何把握当前掌握未来，需要我们有智慧有勇气有担当有能力，同时还要有合作的广阔胸襟。通过研究分析，学校与企业合作分成三个层次：第一是向企业提供清华的科研成果，这些科研成果有的来自于教师探索型的研究取得的成果，有的是承担国家的重大科研课题产生的成果，这些成果产生了以后，要积极地推动这些成果能够应用于企业；第二是接受企业委托的科技项目，或者与企业共同开展研究；第三是与企业或者社会资本合作，成立合资的企业，然后实现科技成果的产业化。不断完善学科设置，优秀的科研队伍，各个国家重点实验室和科研机构，为学校与企业的合作奠定了良好的基础。

制定合理的政策是发展的关键，为了鼓励和企业的密切结合，充分调动人们的积极性，制定出台了《清华大学关于促进科技成果转化的若干规定》《清华大学关于加强专利工作的若干意见》等一系列的方针政策，鼓励各个院系与企业建立针对某一技术领域的专门化的联合的科研机构；另外根据一些项目的特殊需求，学校允许一些教师短期到企业里兼职，允许教师们享受由于科技成果转化带来的一部分经济收益。这些政策明确地把促进与企业的合作，促进科技成果转化作为一种规则确定下来。在知识产权保护、促进专利成果转化方面，也作了许多积极的政策制定，从而有力地保障了科技成果转化过程中的一系列问题的解决。

完善的科研机构体系设置是发展的保障,清华大学形成了组织严密、分工明确的产学研合作体系,这些机构包括:清华大学科技开发部、清华大学与企业合作委员会、清华大学国际技术转移中心、清华科技园、清华控股公司。

清华大学科技开发部是由学校授权统一负责全校科技成果推广，签订和管理横向技术合同。纵向就是直接承担着国家的项目，比如科技部的"攻关"、"863"、"973"、发改委的项目、教育部的项目、信息产业部的项目等，这是来自国家政府层面的项目，叫纵向的项目。另外还有来自社会、企业和社会性质的研究机构，还包括海外的一些机构的项目，统称为横向的项目。科技开发部主要负责与全国各省、市、地区、企事业单位的横向科技合作和以清华大学科技成果为标准的一些科研工作。

清华科技园是清华大学产学研合作体系的重要组成部分，是清华大学部分成果转化和产学研合作的重要物理载体。科技园的建立为清华一些科技成果的转化提供了非常好的物理空间和软硬件的平台，同时也促进了入园的其他企业与清华大学开展产学研合作。由于它就坐落在清华校园的旁边，一些大的国外企业都非常积极地愿意把它的研发机构放在科技园里，和清华保持密切的联系。

1995年成立的清华大学企业合作委员会及时向企业提供国内外的经济和技术发展信息，为企业制定发展战略，经营管理技术创新，提供咨询服务，协助这些企业拓展国际合作的渠道和开拓国内外的市场，并且提供人才培训的一些服务。清华大学不断加强与企合委海内外成员单位的沟通、协调与服务，促进了双方在重大项目和平台建设的合作，并取得显著进展。

同时，灵活多样的合作模式使得清华大学与企业之间合作如鱼得水，从1996年开始，学校先后在珠三角地区、环渤海京津地区、长三角地区与省一级地方政府共同成立了深圳清华大学研究院、北京清华工业开发研究院、河北清华发展研究院、浙江清华长三角研究院4个研究院，与地市一级政府共同成立了10个产学研合作办公室，与政府合作建立了多项科技成果合作基金，清华大学还和一些非常有特色的地市级的政府建立了产学研合作办公室，建立了一些专项的合作基金，努力使清华成为高新技术的孵化器和辐射源。合作企业资助清华大学举办学生创新科技大赛，资助清华大学优秀学生和青年学者参与国外顶尖学术交流活动，并共建博士后科研工作站，共同培养高技术创新人才。

有着校长和北京市人大常委会副主任双重身份的王大中，时时把为首都经济发展服务作为学校的责任。清华大学和北京市科委共同组织了北京市政府、企业与清华大学百名教授、百名企业家的"双百双向"交流活动，成功实现了多项科技成果的转化。王大中组织清华大学有关同志提出的"对中关村高科技园区的建议"也得到有关部门的采纳和吸收。在创建世界一流大学进程中，清华始终坚持以人才培养为根本任务，努力使学校成为教育和科研两个中心，履行好教学、科研和社会服务三项职能。

## 紫荆公寓

清华大学紫荆学生公寓是用校花"紫荆"来命名的，紫色是清华的校色，而紫荆花即为紫色，正好与清华校旗、校色的颜色相一致。色彩学谓曰：紫色系由红，蓝两色混合而成。红色是火焰，蓝色是海水；红色是欲望，蓝色是理智；红是国色，蓝是西土的象征；红蓝相融就是中西文化的会通，亦是清华的历史与文化的象征。此外，紫荆花一直是人们寄托对故土亲情思念的指代物。由于清华大学早期是留美预备学校，学校培养的学生绝大多数要派出留洋，因而乡愁之恋尤其浓重。也许早期的清华人正是基于这点定紫荆花为清华校花的。紫荆花盛开在清华校庆日时节，又叫满条红或紫株，先花后叶，花形似蝶，盛开时花朵繁多，成团簇状，给人以繁花似锦的感觉。

紫荆学生公寓位于校园北部，总占地 28.4 公顷，总建筑面积 37 万平方米，是目前国内规模最大的现代化学生公寓，根据公寓区及运动场的划分为 6 个部分：绿色生态空间——本科生公寓区、文化交流空间——留学生公寓区、超越梦想空间——继续教育学员公寓区、科技创意空间——硕士博士生公寓区、紫荆物语——学生交流空间及永无止境——运动场地区。由于紫荆学生公寓规划设计的指导思想突出以人为本和校园建筑的人文特色，充分考虑学生生活的各方面要求，使每幢学生公寓单体都具有良好的生活条件，而

王大中（左一）到学生宿舍调研

这一切正是由于王大中团队运筹帷幄和不懈努力的结果。时光飞速的到了 2000 年，这时，清华在建设一流大学的路上已经探索了将近 8 个年头，王大中和他带领的团队励精图治、奋发向上，全校上下都折服于王大中校长稳健、务实的工作作风以及在他平实的语言之下跳跃奔腾的睿智和充满创造激情的个人魅力。为了实现伟大的理想和践行办学理念，清华教学和科研等各项工作都在有序地推进，并取得了丰硕成果。校园的基础建设也发生着巨大的变化：理学院楼、法学院楼、科学技术楼、科技园区等一大批富有时代气息的建筑拔地而起，然而一边是高楼林立，可另一边就是当时主要的学生公寓却是让人辛酸，这些早年的建筑大多年久失修，破旧不堪，缺乏必要的生活配套设施且大多远离教学区，和其他几个学校的宿舍混在一起，更糟糕的是没有一条像样的马路与学校连通，给学校的工作和学生们的学习、生活都带来很多不便，所以每次王大中去到校园东北部的学生公寓那边，看到到处一片凌乱不堪都会感觉心情沉重。

他深知，高等学校犹如一个小社会，学校中的每栋建筑，一草一木对于大学生健康品格的塑造都起着潜移默化的作用。因此，校园环境尤其是居住环境的优劣，对于学校的教育质量与声誉有着重要的影响。清华大学作为中国最著名的高等学府之一，清华学生学习比较勤奋，经常在宿舍、图书馆、教室之间三点一线生活，如果学校能够提供非常温暖，非常舒适，有充分活动空间住宿的条件，对于莘莘学子来说会是莫大的安慰，也有助于培养高素质人才，所以，王大中和他的团队下决心要创造条件改善学生们的居住环境。可是，当他们坐下来正式研究如何实施计划时，却发现有着大山一样的障碍拦在前面，因为那一片区域原本就是几所大学的学生公寓区，几个学校的学生混住在一起，当时的北京市有关部门正准备将这一片区域规划成大学城，等同于几所大学合建一个宿舍区，而且这个计划已上报有关的领导。但王大中却执意坚持要让其他学校搬走，由清华建自己的独立宿舍。他的理由很简单，就是宿舍建设的每一个细节都包含了清华教育的理念，清华至今已有近百年的历史，在长期的建设发展中它形成了自己独特的历史风貌和景观特色。新建的学生公寓是培养学生的重要场所，必须由清华主导。因为各方意见分歧大，工作一度处于尴尬局面，最后，经过王大中和他的团队不懈的努力和斡旋，化干戈为玉帛，最终同意接受王大中团队提出的条件。

费了九牛二虎之力说服其他学校宿舍搬走，争取到了独立建设宿舍的权利，可是更大的困难又摆在眼前，建宿舍的钱还不知道在哪？考虑到贷款利息和不可预见的费用，整个工程的动态投资约为 14.5 亿元。为了学生们有一个好的生活学习和居住的环境，也为了在建设世界一流大学的路上跨出关键的一大步，王大中决定勇敢地承担这个风险，他如履薄冰但却从容淡定地按下了自己的手印，整个工程的建设资金全部由学校向银行贷款。清华在校园东北海淀东升乡大石桥征地建设"紫荆大学生公寓区"，公寓区建设用地 28.4 公顷，设计建筑总面积 35 万平方米，工期两年半。

地拿到了，钱也有了，接下来是如何设计？如何建设？

首先就是设计，本来清华自身有很强的建筑学院和建筑系，但是王大中觉得像这么大一个建设项目，几十万平米的规划，还是应该通过招标比较好，而且也是体现开放式办学理念的最好证明，所以就紫荆公寓建设项目在国内实行公开招标，经过竞标和评委的审定，上海同济大学建筑设计研究院的设计方案，能够围绕清华精神把对学生的教育与激励渗透到其中，并以平面布局比较合理，道路网络四通八达、宽阔流畅，有三条大干道分别直通南校门、中央主楼西和中央主楼东，与校园原有道路完全对接；公寓区南部的运动场也与校园东大操场实现完美的对接。建筑物总体规划气势宏伟，高低错落，活泼大方，建筑物南低北高、中间低周边高。折线形的 7 层本科生楼、"W"形的 15 层研究生楼和 12 层的留学生及继续教育学员板式楼，这三大块功能清楚，使总平面的单体和分组布置清晰而有韵律。建筑外观色彩清新绚丽，灰白主色调，颇有江南水乡徽派建筑风格呈现于北国，这些明显优势最终获得专家评委的青睐。在紫荆公寓的两年半建设工期中，清华派专门的人员与工程管理公司联合一起当业主，始终掌控着整个建设的质量和标准。建成的紫荆学生公寓区，建筑设计平面引用了楼间绿地式的围合空间体系，注重规整符号的创新，立面设计强调新颖、现代又不失活泼的特色。为了使园林环境与建筑格调一致，把建筑物，街道空间，楼间花园，集中绿地统一考虑，使其构成一个空间的结构体。利用景观艺术手法对建筑进行修饰，使环境与建筑嵌合在一起。户外空间借助于精确再现的艺术造型，规则的铺装、路径，甚至植物色块，以及休闲的水景和砂石区，借助于材料和色彩的选择呈现出各场地的特色。紫荆学生公寓竣工后，极大地缓解了学校住宿压力，为学校的整体发展拓展了新的空间。

清华大学着眼于学生素质的全面发展，在积极改善学生住宿条件的同时也努力改善学生的学习条件。六教是学校迄今为止单体建设规模最大、设施最先进、空间最丰富的教学楼，也是学校争创世界一流大学的重要教学硬件设施。该教学楼位于清华大学主楼的西侧，建筑面积3.5万平方米，整个教学楼有115间教室（其中有70间多媒体教室），共6600个座位，在楼内可以实现无线上网，并且有网络信息点2500个与校园网连接。全部教室都安装有空调。在教学用房的设计中，充分考虑教室的视、光、声环境及室内生态环境的条件，创造功能完善、使用便利、空间灵活、适应性强的教学空间。

如果说宿舍和教学楼以及校园环境的建设体现了王大中的匠心独运，而对于清华食堂的改革，王大中可谓用心良苦。很多高校后期规划的时候是把食堂承包出去，那个时候，清华也可以按照当时政策将食堂合法地承包出去，当工作人员把承包方案提交讨论时，王大中给出了不予支持的答复，他观点鲜明、态度坚决，认为必须对学生的食品安全和健康负责，学校的食堂一定要自己办！但是我们要对学校的食堂做重大的改革，目的只有一个就是要让我们的师生能放心、方便地吃到可口的营养的美味佳肴。在一些持不同意见的人们那里，学校自己办食堂其实就是自讨苦吃，因为众口难调。但王大中还是固执于此，在他心里学生都是自己的孩子，祖国的未来，他不敢有半点闪失。尽一切努力确保学生的身心健康是作为教育工作者的天职，不然何谓"师道尊严"之说。

## 评估即诊断

在制定创建世界一流大学的宏图时，王大中和他的团队研究了像哈佛、麻省理工这样的顶尖大学，也对世界一流大学的群体进行研究，尤其针对一些后起之秀的一流大学进行了深入的研究。在综合考虑了各种不同的评价体系后，他们认为美国大学联合会（AAU）是一个可供选择的世界一流大学群体的参照系。AAU（Associationof American University）于 1900 年成立，是由美国高水平研究型大学组成的一个专业协会。经过一个世纪的发展，至今拥有了 61 所美国大学成员和 2 所加拿大大学成员。该协会以提升大学的学术研究和教育水平为宗旨。AAU 的成员有严格的入选标准，通过一个常设的"成员资格认定委员会"来考察和挑选入会的成员大学。在 AAU 的成员学校中，建校历史、学校传统、学科设置方面都各具特色。以美国的优秀大学群体作为参照系，从总体上研究这些一流大学发展的外部和内在原因，吸取他们的经验，尤其是研究和吸取一些新兴崛起的一流大学的办学经验。为清华尽早实现跻身于世界一流大学行列的目标显然有着重要的现实意义。

与此同时，王大中也清醒地认识到，清华在高速建设世界一流大学征程中必须正确处理共性与个性问题。世界上的一流大学都是各具特色的。从某种意义上说，正是由于独具特色的办学理念，才使其成为一流大学。一流大学的个性特征主要体现在时代内涵、国家目标和发展战略的差异上。美国正是在二战时期进行核武器和雷达等研制，冷战时期的大科学研究项目，以及70年代的高技术产业发展，造就了一大批一流大学。正如美国麻省理工（MIT）校长福斯特所说："MIT首先是一所美国大学，我们已经并将继续为美国做好服务。"可以说，为所在国家和民族作出突出贡献是一流大学的基本特征。在中国创建世界一流大学首先是要为国家发展和民族复兴作出卓越贡献。要把面向国家的战略需求放在首位，这是我国一流大学的首要任务，并由此而形成世界一流大学的中国特色。这种特色将体现在很多方面，如：要坚持正确的办学方向，培养德智体美全面发展的社会主义建设者和接班人，科学研究中要正确处理基础研究与应用、开发研究关系，师资队伍建设中处理好尖子人才与团队关系，学校管理体制上要贯彻民主集中制等。

为了检验清华大学在创建一流大学道路上的实践

成果，王大中请来国际评估专家，他们是长年旅居国外，谙熟海外一流大学教研情况、又了解国内背景的华裔专家，由此前参加过中科院物理所评估的美国人文科学院、美国国家科学院双料院士沈元担任组长，另3位是斯坦福大学教授沈志勋、香港科技大学教授沈平与诺贝尔物理学奖得主杨振宁。评估专家首先对物理系作了一次单独评估。厚厚的诊断结果出炉，每个问题都直指症结，而"系规划缺乏整体远见"更是一针见血。人才是发展的关键，于是以"Tenure Track（流动机制教授聘任体制）"为核心的全面体制改革就从评估后开始了。物理系进行国际评估试水后，产生了积极而深远的影响，以后清华大学又请来各领域的全球知名评估专家对全校的13个学科作了第一次全面评估。就是这样，在工作局面看似忙和乱的时候，王大中始终以清醒的思路和有序的安排把握住前进的方向。从1994年开始，清华大学"九五事业发展规划""211工程"整体规划和"建设世界一流大学总体规划"相继制定并实施；信息、先进制造、材料、生命科学、能源等一批学科群的建设为学科的联合和交叉创造了条件；理科、经管、人文社会学科的加强、法学院的建立以及与中央工艺美术学院的合并让人感受到清华迈向综合性大学的坚定步伐。

## 创新研究生培养的机制体制

学校的根本任务是培养人，王大中始终把人才培养工作放在学校工作的首位。他关心学生思想政治的成长，关心学生学业水平的提高，关心学生的全面发展。在这10年中，学校先后3次开展了教育思想大讨论，转变教育思想，更新教育观念，改革教学内容和方法，建立符合高素质人才培养的教育教学体系。

为培养学生获取知识、独立思考的能力、分析问题和解决问题的能力，王大中倡导大幅度削减学生的课内学时，增加学生拓展素质、发展个性的空间。为更高效地培养人才，王大中力主调整本科生的培养模式，于是产生了本硕统筹的学生培养模式。他曾说："清华大学有这么好的学生，学校有良好的教育资源，可学生培养却要用更长的时间，从某种意义上说，这是一种浪费。"他重视学生创新能力的培养，不仅从思想认识、措施办法上抓，而且还从分析学生思维方式的角度入手。他说，我国的教育主要是采用演绎法，有利于打基础和训练；美国的教育主要采用归纳法，有利于创新思维知识的综合运用，但系统性不够；而法国则把二者结合起来，一、二年级进行严格的基础训练，三、四年级偏重归纳法，我们应该认真研究他们的这些教学理念，要把清华严格的基础训练和培养创新能力结合起来，创出一条有我们自己特色的人才培养之路。在本科学制由5年调整为4年和全面推行本硕统筹培养方案的基础上，清华又将本科毕业总学分由200左右削减到170左右，给学生更大的学习自由，为提高学生创新能力、注重个性发挥提供了更大的空间。学校不止是只有办学功能，还要承担社会责任，为振兴中华民族作贡献。然而随着我国加入 WTO，如何提高我国科技竞争力的重要性愈显突出，国有大中型企业由于研发队伍严重不足，现有技术人才又缺少继续教育的机会，很难接触到先进的科学技术知识，严重地影响了企业的可持续发展。

经过十多年时间的试验和摸索，1997 年 4 月，国务院学位委员会正式批准设置了工程硕士专业学位。为使工程硕士教育健康、稳定、持续地发展，1998 年 12 月，国务院学位委员会和教育部决定成立全国工程硕士专业学位教育指导委员会，其职能为全国工程硕士教育的专家指导和咨询组织。清华大学时任校长王大中院士出任第一届主任委员，秘书处挂靠在清华大学。清华大学、西安交通大学、上海交通大学随即联合成立课题组，开始对工程硕士专业学位教育机制的创新与实践展开探索和研究。围绕课程设置如何保证培养质量、招生办法如何改革才能选拔出优秀人才、质量评估监督机制如何完善等关键问题，课题组开始进行系统化研究，形成了边研究、边实践、边完善的教学实践模式。

他们经过历时两年的研究，提出了改革工程硕士研究生入学资格考试的新办法，即两段制人才选拔方式。第一阶段的资格考试测试包括语言表达能力、数学基础能力、逻辑推理能力和外语运用能力四部分，重在测试考生的综合素质；第二阶段考试由各校自定，重在测试专业水平与实际能力，从而实现了多层面、多环节的科学人才选拔方式。同时成立了质量分析与质量跟踪专家组，对录取成绩在后 10% 的培养单位实行全过程跟踪。质量评估指标体系的逐步建立规范了工程硕士的质量保证体系。在 2005 年高等教育国家级教学成果奖的评审中，由清华大学王大中、陈皓明、刘惠琴，西安交通大学张文修和上海交通大学叶取源 5 位老师领衔的课题组完成的《工程硕士专业学位教育机制的创新与实践》，以其涉及面广、影响面大、对我国学位与研究生教育的改革与发展具有重要的示范作用和推广价值而获得特等奖。如今神州大地到处都活跃着工程硕士的身影。他们把高校和企业紧紧地联系在一起，他们以刻苦的钻研精神和解决实际问题的能力，引领着企业技术创新和管理进步，成为我国工程建设领域中一道亮丽的风景。

## 关于文化的观点

文化是一所大学赖以生存、发展的重要根基和血脉，也是大学间相互区别的重要标志和基本特征。大学文化包括大学精神、大学制度、大学环境等不同层次的方方面面。大学精神在大学文化中居于核心位置。清华走过了将近百年之路，是从争取教育独立到力图实现跻身世界一流大学奋斗目标的过程。在这一进程中，清华形成了具有自身特色的物质文化、制度文化和精神文化，积淀了深厚的文化底蕴，而这正是清华孕育高素质人才、产生高水平研究成果，并为社会提供高质量服务的基础与核心，也是建设世界一流大学的源泉与动力。

虽然人们对清华精神的理解和表述见仁见智、众说纷纭，但这亦是其永恒的魅力之所在。"清华精神"在一系列的文化符号中得到体现："自强不息，厚德载物"的校训、"行胜于言"的校风、"人文日新"的校箴以及"严谨、勤奋、求实、创新"的学风，等等，这是一笔弥足珍贵的精神财富。

学风是校风最重要的组成部分，是一所大学传统底蕴和办学理念的集中体现，是人才培养和教育、教学质量的一种反映。王大中和他的团队在推进教育、教学改革，建设世界一流大学的过程中，始终坚持把建设良好的学风作为一项重要任务。王大中深知国家和人民对清华大学培养的人才寄予了很高的期望，进入清华大学的学生在同龄人中都是佼佼者，我们的责任是要把他们培养成为高素质、高层次、多样化、创造性的骨干人才，使他们中间成长出一批治学、兴业、治国的栋梁之才。

王大中认为，为学须笃行指的是为学要有执着的精神，严谨勤奋的态度和求实创新的科学思维方法。古今中外，凡立志成才的人，都必须面对求学和治学道路上的种种考验，其中很多人求索一生，才终有所成。生物学家达尔文一生勤奋，经过多年的研究，终于完成《物种起源》一书，提出了有划时代意义的进化论学说。天文学家哥白尼，在一个教堂的阁楼上利用自制天文仪器，在艰苦条件下对宇宙观察多余年，提出了科学史上的重大发现——日心说。化学家门捷列夫经过多年的研究，终于发现化学元素周期表。我国古代伟大的药学家李时珍，经过几年的辛勤劳动，几易其稿，终于完成了药物学巨著《本草纲目》。正如马克思指出的"在科学上没有平坦的大道，只有不畏劳苦，沿着陡峭的山路攀登的人，才有希望达到光辉的顶点。""严谨、勤奋、求实、创新"这八个字不仅刻在了教室的墙上，更要融在清华人的精神里，体现在行动上。

求实、创新是清华学风的又一特征，是做学问、干事业要掌握的科学思维方法。求实和创新是相互关联的辩证统一，求实是要注重实干，不摆花架子，尊重事实，不弄虚作假。创新是科学进步的灵魂，是要在前人基础上前进和突破。只有从实际出发创造性地解决问题，才能取得新进展和新成果。在构建研究型大学人才培养体系中，王大中把加强创新能力培养作为教学改革主要任务的同时，进一步提高研究生特别是博士生水平作为重点。希望在严谨、勤奋的基础上，培养更多勇于创新，善于创新的高层次的创新人才。

诚实守信是做人的基本要求。但王大中发现有一些学生恰恰是在这一点上放松了对自己的要求。屡屡发生抄袭作业的问题，让王大中深感忧虑和愤怒。他认为抄袭作业是一种弄虚作假、不诚实的表现，它有悖于诚实守信这一基本的做人原则。特别是当王大中了解到一些在国外的校友反映，在美国，中国学生的勤奋和优秀是出了名的，一度是最受美国各名校欢迎的留学生群体，但近来，有一些学校和教授表示，他们不愿招收中国学生了。理由是，某些中国学生拿着读博士的奖学金到了美国，可是，一旦找到工作机会，就会将自己曾经承诺要完成的学位和研究抛在一边离校而去。这种言行不一的做法已经使得美国的一些教授对中国学生的诚信产生了怀疑。王大中更是痛心疾首，他唯恐学生的一些不良习惯成自然后会贻害终身，为此清华大学出台了相关的规定，对学生行为进行严格规范，采取切实有效的措施贯彻落实国家关于《公民道德建设实施纲要》。在王大中的信仰里，为学和为人是统一的。只有为人志存高远，为学才能坚持不懈。回顾清华大学的历史，众多校友在国家建设中建功立业，很重要的一条是他们都自觉地把个人知识和创造融入了国家富强、民族进步的伟大事业当中，这是为人为学的一种高尚境界。作为新中国成立后第五任清华大学校长，王大中一直坚持致力于将清华的精神和优良作风一代代传承下去并发扬光大。

## 把握绿色时代脉搏

在世纪交替之际，人们回眸过去的 20 世纪，人类社会取得了太多的骄人业绩，社会生产力飞速发展，科学技术的进步把人类的物质文明提高到前所未有的境地。惊叹之余，不得不正视人口剧增、资源匮乏和环境恶化的现实。1996 年，党中央、国务院进一步明确了要实施科教兴国和可持续发展两大战略。站在世界的交汇处，王大中审时度势，及时把握时代跳动的脉搏，在他的积极推动下，清华大学继续推进"985 工程"的同时结合"211 工程"建设规划，在一批专家学者长时间酝酿及与有关部门领导多次讨论的基础上，集思广益提出了将建设"绿色大学"作为创建世界一流大学的一个重要组成部分。

王大中在向国家有关部委陈述建设"绿色大学"的报告时，详细阐述了"绿色大学"建设的理念、宗旨、行动纲领、措施步骤和目标，建设绿色大学就是围绕人的教育这一核心，将可持续发展和环境保护的原则、指导思想落实到大学的各项活动中、融入到大学教育的全过程。建设"绿色大学"的目标是使清华大学成为我国环境保护和可持续发展领域一个重要的人才培养基地和科学研究中心。培养的毕业生具有友好的环境保护意识和可持续发展意识；所从事的科学研究工作是环境良好的和符合可持续发展思想，在环保科研和环保产业方面取得一批重要成果；建成环境清洁优美、生态良性循环的"绿色校园"，对我国可持续发展战略的实施起良好的示范作用和带动作用。

王大中和联合国秘书长潘基文

在具体的实施中，清华大学将《环境保护与可持续发展》课程列为全校本科生公共基础课；将《环境学》《可持续发展引论》作为研究生

的限定性选修课程，同时开出一批有关可持续发展及环境保护的选修课。使所有的毕业生都接受环境保护和可持续发展教育，培养学生具有评估和处理有关的可持续发展和环境问题的能力，树立保护环境的道德观和可持续发展的价值观。同时广泛开展学生"绿色教育"课外实践活动和环境科研活动。支持与加强学生"绿色协会"活动和"绿色教育"课外实践与研究活动（SRT 计划）。面向社会开展不同层次的宣传活动，将绿色的种子播撒到人们的心中，为提高全民族环境意识作出贡献。同时，完善和健全环境科学与工程高层次人才培养体系，跨系、跨学科联合培养研究生，为国家培养高质量的环境保护专门人才，并将"绿色科技"意识贯穿到研究项目的全过程。

"绿色校园"应是一个可持续发展的社区，一个推广环境无害化技术和清洁技术应用的示范区，一个精心规划的生态园林景观遍布的园区。为此清华大学校园总体规划在原有的基础上进行了修订清华园林景观规划，建设与清华历史、文化氛围及建筑风格相协调的园林景观。分阶段实施校园绿色工程，重点建设好四条绿色带、四块绿地、十个庭院、十个花园及周边防护带，逐步提高校园绿化覆盖率和植物多样性，使校园成为多种生物保护地和向学生普及植物常识的课堂。

清华大学于 1977 年建立了国内第一个环境工程专业，1981 年为了充分发挥清华大学多学科相互渗透的综合优势，由环境系、化工系、核能技术设计研究院、化学系、热能系、水利系、工物系、汽车系成立了我国第一个跨系、跨学科的环境工程研究所，1993 年发展为环境工程设计研究院。随着我国环境保护事业的发展，在清华大学又相继建立了软科学研究中心、煤燃烧工程研究中心、人居环境研究中心、21 世纪发展研究院、亚太有毒有害废物处理处置技术培训与转让中心、北京市节水技术开发与培训中心、中美能源环境研究中心等一批研究机构，承担着国家、省市和部门的重大研究项目及技术开发任务。同时清华还建立了"环境模拟与污染控制国家重点联合实验室""煤的高效低污染燃烧国家重点实验室""汽车安全与节能国家重点实验室"等基础性研究基地。

随着高温气冷核反应堆的研制、集装箱检查系统产业化取得成功，生物芯片、纳米技术等一批重大科研项目有了重大进展；与国外近百所大学的交往，挂在各院系门前的国内外各大企业的联合研究中心的标牌，映衬出清华与外界的紧密联系，所有这一切都让人感到王大中战略家的前瞻眼光和实干家的魄力。

令王大中颇感欣慰的是，经过二十多年的努力，清华大学如今已经形成了理科与工科相结合、软科学与硬技术相结合的环境学科群，成为我国环境保护领域中重要的高层次人才培养基地和科学研究、技术开发中心，为国家培养了一大批环境保护专业人才，已经完成和正在承担一批与环境保护有直接或间接关系的国家级项目和国际合作项目，部分研究成果获得国家级和省部级奖励。

## 王大中谈成才的要素

一个人能不能成为对民族、对国家有用之才，王大中认为主要有三个因素。这三个因素就是素质、机遇和才干。从宏观上讲，要有一个很好的机遇，否则英雄无用武之地，但具体到每个人的机遇是要你自己去争取的，而争取机遇就是跟每个人的综合素质有关系的，当然每个人的才干、才能也是重要因素。机遇是外界的，机遇的争取以及个人才干、才能的增强直接跟个人的素质提高是相连的，跟一个人有没有一个远大抱负，有没有事业心、责任感是有直接关系的。其实，作为社会中的个体，特别是作为清华学子，每个人都希望将来对国家作出贡献，自己有所成就，而有没有成就跟素质是有关系的，因为，在人的一生中，会碰到各种各样的困难，而碰到这些困难时，素质就会起重要作用，自己的人生观、世界观都会在无形中起作用，所以在王大中的意识里，清华大学应该把如何提高学生的综合素质放在首位。素质一般是指思想品德、身心素质。正因为一个人的人文历史底蕴直接影响着一个人的人生观、世界观形成，对人生的未来有着重要的作用，因此王大中十分重视人文学科的重建和发展。曾在北大任教的万俊人先生 1999 年受清华大学邀请复建清华哲学系，对于这样一个"前途未卜"的差事，万教授一时犹豫，向清华方面提了三个问题。其中一个问题是：办哲学研究所还是办哲学系？如果是办系他就来，办所他就不来了。得到的回答是办哲学系。尤其是王大中校长的解释给万教授的触动很大，王大中说：我们考察了很多大学，但凡比较好的大学，有两个经典学科是不可缺少的，对理科来说是数学，对文科来说是哲学。很多老科学家不仅在科学上有非常大的造诣和成就，在人文历史上也有非常深厚的底蕴，所以人文底蕴包括思想品德修养，对于一个人成长特别是走向社会影响是非常巨大的。义理存乎识，哲学应属于才、学、识中"识"的层面。不学点哲学的学者，很难有什么大的创见，不学点哲学的人，就犹如一根没有思想的芦苇，只知随风飘摇！

在科学研究过程中，掌握一种正确的学习方法、思维方法、解决问题的正确方法，对于一个人能否做出成就起着关键作用。

王大中从自身体会认识到正确的思维方法对于解决问题取得成就具有重要意义。就在他担任校长后不久，他就开始考虑到了清华大学的本科生的课程需要有一个新的设置，自然科学占四分之一，人文科学占四分之一，专业占二分之一，而这样一种新的设想的指导思想就是要着重培养和全面提高本科生的综合素质。特别是本科生前三年的培养方案的指导思想就是偏重人文社会科学以及基础理论方面的培养，这目的就是将来同学们更适应到社会上去，社会主义市场经济的人才培养需求，不可能要求学什么就干什么；另一方面，人文基础社会科学和理科基础打扎实后，将来发展更有后劲。

当社会上将"天之骄子"等同于"清华学子"的赞

誉不绝于耳时，当有清华学生自恃自己能力比较强而洋洋得意时，王大中向学生发出了善意的警醒：我们的学生是不是应该学会在一个跟他人的共同体的关系中，怎么样把握好自己的地位和作用呢？这个问题对清华学生比较重要。因为清华的一些同学都是自恃自己能力比较强，都是学习业务比较好的一些学生，这样就要特别注意一个问题，就是怎么看待自己？怎么看待别人？怎么摆正自己在集体和社会中的地位的问题。所以善不善于与人相处很重要的是怎么样看待自己的问题。

清华的校训——厚德载物，在王大中的意识里这句话实际意义就是，作为清华人应该有一个博大胸怀，应当对周围东西能够有一种容纳宽容的胸怀。

现代社会科学发展需要学科综合和跨学科发展，一个人不管能力多强，实际上也只能在某个局部领域和部分位置上发挥作用，而科学事业发展需要一个团队，有一个群体大家共同合作完成，这是社会分工所决定的。认识到这一点，认识到必然之后才可能感到自由，否则社会中工作有很多行不通的事。所以，特别应当注意正确处理好与人共事的关系，正确处理主角与配角的关系。厚德载物其中就包含人要有雅量，雅量容忍，严于律己，宽以待人。王大中高瞻远瞩，清华学子们要学会怎么为学，更重要的要学会怎样为人。

思维问题也是创造性研究方面的重要问题。知识发展这么快，科学技术发展这么快，一个人不可能把所有知识即使你在自己的专业领域，主要知识都占有也是不可能的，因此重要还是要掌握一种正确的学习方法和思维方法。他说蒋南翔校长给学生打过一个比喻：清华大学不仅要给学生干粮，更重要的是要给大家猎枪。干粮就是具体的知识，猎枪就是学习和思考的方法。能不能掌握正确的推理方法以及一种加强想象的能力。这两方面都很重要。其实重要的科学发现并不是逻辑推理出来的。科学家们提到的想象力实际是我们对于未知世界的好奇心，是善于发现问题和提出问题的敏感性。创造性的想象的思维也是敢于创新的思维形式，是不迷信书本，敢于挑战权威的思想境界。

王大中始终感觉，能不能有创造性就是敢不敢想，有没有这种创造的主观愿望。在与学生的沟通中，王大中常常以一个科学家自身创造性成就以及为学为人的切身体验告诉学生，成才的三个要素一方面包括哲学人文在内的全面素质的培养，是成才的根本；掌握正确的思维方法在科学研究中具有重要意义；另一方面，在为人处世上要有和而不同，有容乃大的人格修养，这也是清华校训厚德载物的精神。

## 寄予青年

作为知名的核能专家和德高望重的清华大学校长，在回首人生时，让王大中感慨的是一个人的一生可能会碰到很多很多的选择，如果你选择的大部分是对的，那你的人生就算比较成功。而作为一个领导，你需要做决策，如果大部分决策是正确的，也就说明你是一个合格的领导。可是哪些因素影响着这种选择与决策呢？王大中深有体会，第一个是悟性，他认为悟性说起来好像比较抽象，其实悟性是一种人们对事物的认识，特别是对本质事物认识的一种能力，这种悟性当然不是天生就有的，是需要经过实践，经过各方面的总结，需要感悟，所以他觉得一个人如果有较高的悟性的话，做事的时候成功率就比较大。特别是当事物比较复杂的时候，怎么分析这些矛盾，怎么抓住主要矛盾，怎么样攻克这些矛盾，不管是治学还是从事具体的事务，或是做管理工作，都会碰到这样那样的问题，所以悟性是很关键的。悟性就是平常所说的直觉。而直觉的本身，取决于每个人过去的经历，对事物的深入了解和对事物分析的能力，在与清华学子分享人生经验时，他直言相告：同学们要思考自己所学的专业是否选择正确，为什么？是不是适合专门搞理论，还是更愿意做具体工作，每个人自己对自己应该要有个评估，正确的选择才能最大限度地发挥自己的潜能。第二个是勇气，不管做什么事都会遇到很多困难，都会遇到很多复杂的多种因素的制约，所以在这种情况下做决定的时候，需要勇气。王大中以自己在担任校长工作为例现身说法，怎么老是有不同的意见？"1.2亿给生物系，对不对？那么多人质疑对不对？作为领导必须要拍这个板，你要负这个责任？领导最基本的要求就是不贪功，不推诿，如果成绩都是你的，错误都是底下的人，这样谁还敢跟着你干？所以需要勇气做选择。"同时有的时候难免会做错，会决定错，这个时候要改正，要改正也需要勇气，改正错误的勇气是人生必备。第三个就是韧劲，因为任何一件事都不可能一蹴而就。正如马克思指出的"在科学上没有平坦的大道，只有不畏劳苦，沿着陡峭的山路攀登的人，才有希望达到光辉的顶点"。

在价值多元的当代，年轻人面临更多选择，王大中语重心长地寄语青年：在理想与现实发生矛盾的时候，一定要有一颗平常心。特别是从事科研的学者和科研工作者，应当有一个远大的抱负，应当有自己的理想，这个是整个人生的一个方向，一个动力，你不一定都能做到，但是理想是必须的。不管是哪个行业都要有理想，理想是一生追求的目标。

现实的生活和理想往往存在巨大的矛盾，但是在现实生活中，一定要把住一些底线，坚持按照理想追求的方向去做，尽可能去往那个方向努力，特别是从事科研的人，在面对现实的一些科研课题，或者做的工作，可能不是那么满意，对这个事要看得淡一点，看得长远一点。在谈到他自己大学毕业就参加了我国第一座核反应堆的建设时，仍然抑制不住的心情激动。

他回忆说，当年建成的时候，参加这项工作的每个人都是特别的高兴，觉得完成了一件大事。但实际上在这个工程中没有人拿到研究生学位，也没有高的工资，也没有发表论文。主要是大家从完成这项事业本身中获得成功的喜悦，得到了心灵的满足。日常生活中，不论做什么工作，首先是要有一颗负责任的平常心来对待日常的工作，从工作当中找到乐趣，同时在这个工作中你的能力也会提高。如果具备有一定的能力和较高的素质，总有一天遇到了机会，就可能会做出更大的成就，会做出更大的事业。

## 采访札记

老实说，当我向王大中院士发出希望采访的邀请函的那一刻，我感到十分忐忑，我对他是否会阅读邮件并能够接受我这样一个没有来头的无名小卒的采访毫无信心，因为我的生活离他十万八千里。当他已经是鼎鼎大名的核能专家时，我只是南方一个县委办公室的普通干部，那时候，我对有关核能的知识知之甚少，更不懂得还有和平利用核能这回事。当王大中院士作为校长执掌了清华十年成为他人生事业的一个巅峰时刻，我是一名因生活的种种不幸而在京城漂泊的失意者。因为对科学的崇拜，对科学家的热爱，对于传播科学思想的坚定信念，让我鼓起了勇气！我希望通过对科学家们的专访，了解他们的科学人生，弘扬科学精神，传播科学方法。正是确立了这样的信念，发出邮件后不久，我拿起电话打给了王大中院士。之前，我得知王大中院士更喜欢别人叫他王校长，我在电话里自然称呼他为王校长。王校长开始接到我这个陌生的电话时有些迟疑，我猜想他可能当时接了电话后心情有点复杂，但他还是选择了耐心和我沟通，我自报了姓名并详细说明采访意愿后，先生表示，一是他已经接受过太多的采访了；二是他最近的确太忙，加上身体健康状况差强人意，希望过段时间再说。我是个有些过于敏感又急性子的人，先生的态度让我觉得以后再说差不多就是委婉地拒绝了。挂了电话，虽然我之前已做好了可能被拒绝的思想准备，但还是感到十分沮丧。不过，我从长达半个小时之久的通话中看到了希望，我决定过一段时间再继续努力。

过了一段时间，当我再次拿起电话请王校长能尽快抽出时间接受采访时，他正在钓鱼台国宾馆参加一个很重要的会议，而且他的身体的确出了些问题，他有些生气地说你不能这样逼我！我差点崩溃，心想这回真的没戏了！也许信念的力量真的金石可镂，也许真心诚意真的能感天动地，也许是我的执着让先生想起了年轻的自己，总之，事情峰回路转。2013 年 12 月 11 日傍晚的 6 点整，这是一个特别的时刻，我无心食欲，一个人躺在床上看着天花板发呆，手却不由自主地再次拨打了王大中校长的电话，电话里传来王校长充满磁性的声音，他仿佛正在等我打来，他告诉我，他将在 7 点钟出席清华校园的罗姆楼里举行的一个关于学术人生的节目录制，这个节目已经和他预约了两年了，他自己也做了一些准备，如果我有时间可以去参加，并提醒我说因为时间太紧，你如果来就可能来不及吃晚饭了，我连忙回答说我不吃了马上到，就冲出了房门。等我一路狂奔赶到罗姆楼时，整个大厅已是水泄不通，我只得发扬"钉子精神"，又仗着有王校长的电话才终于找了个立足之地。

当我盘腿坐下，打开录音机，抬头看见镁光灯下，身着黑色西装，一丝不苟的王校长正在用他独有的充满感染力和穿透力的声音，平和地讲述着他那曾经战天斗地的热火朝天的青春岁月和难忘的波澜壮阔的生活历程。

此时此刻，我的思绪出现了电影里的蒙太奇，看着台上的王大中挥舞手中的教鞭，我想象着那个曾经在舞台上欢快地舞蹈着的翩翩少年王大中，记得一位艺术家说过，舞蹈的天职就是通过人体动作神圣地表现人类精神，表现艺术中最具道德、最健全、最美好的事物。演讲结束后，我上前与王校长打招呼，他看到我非常高兴，我考虑到此时以他70多岁的高龄已讲演超过两小时，我不忍烦他再费口舌心劳，只是抱着遗憾地笑说，我还想听听您年轻时学习舞蹈的故事。当年年轻的王校长就读于清华大学机械系，在"又红又专，全面发展"的号召下，担任班长的他，积极申请加入学校舞蹈队。虽然从小就热爱体育运动，而舞蹈表演的基础却几乎为零，但他认真训练，最终从一百人中脱颖而出被选拔到了学校舞蹈表演队。

1955年初，中央决定发展原子能事业，培养原子能方面的干部，需要从各个系抽出拔尖学生，组建工程物理系第一个班。分专业的时候，他对工程技术比较感兴趣，尤其对苏联科教片中出现的苏联核电站印象深刻，因此选择了核反应堆工程。距今几十年过去了，回顾当初的选择，王校长仍然认为自己的选择是正确的。在当时的系副主任带领下，他们一群平均年龄23.5岁的建设者通过六年共同奋斗，在昌平山区建立了901反应堆，山区条件非常艰苦，甚至要扎帐篷。但就是在这样艰苦的条件下，这样一群人建设出了我国自主建设的第一个核反应堆。在国家"863计划"实施中，王大中被推选为能源领域委员会的首席专家，开始了10兆瓦高温气冷堆的研制并成功获得国家批准在山东进行示范电站的建造。

从那以后，因为王校长忙于高温气冷堆的继续研究，我不好意思再去打扰他，只是借助各种途径收集到尽可能多的有关王校长的资料，才开始动笔写稿。

每当我写作时，会习惯地听一些音乐来寻找灵感，当我写作这篇文章时，我选用了奥地利著名音乐家小约翰·施特劳斯的不朽名作《春之声圆舞曲》，作曲家当时写作这个曲子时已年近六旬，但此曲依然充满活力，处处散发着青春的气息。

我祈愿：王大中的精彩人生也能与这首世界名曲相匹配！

采访时间：2013年12月11日，完稿于2014年10月。

参考资料：清华新闻网、央视《大家》栏目、清华大学《两院院士谈哲学》及部分相关媒体资料和《王大中教育文集》、王大中部分演讲稿。

陈佳洱院士

## 附：陈佳洱简历

陈佳洱（1934—　），上海人，物理学家和教育家，中科院学部委员（院士），第三世界科学院院士，北京大学物理学教授，现任国家重点基础研究发展计划专家顾问组副组长。曾任北京大学校长，国家自然科学基金委主任，中国物理学会理事长，中科院研究生院物理科学院院长，亚太物理学会联合会（AAPPS）理事长，国际纯粹与应用物理学联合会执委会（IUPAP）副主席等职。曾获国家高技术"八五"先进个人一等奖，国家科技进步奖二等奖，何梁何利基金科学与技术进步奖，光华科技基金一等奖，德意志联邦总统颁发的联邦功勋十字勋章等。

# 第 2 篇

# 选择崇高：物理学家及教育家
# 陈佳洱院士

"科研工作者的驱动力首先应该是兴趣，是揭示未知世界规律的热情，是对于认识客观真理的坚持和追求，更来自于对民族和国家的使命感，需要献身精神，只有正确的驱动力才能着眼长远的利益，因为一个人价值是与国家和民族的命运联系在一起的"，这番话如果换成另外一个人或另一个场合可能会觉得这个道理好大啊，可是这番话是从原北大校长著名物理学家陈佳洱院士口里说出来的，却是如此的朴实，他的谦卑与平和让人如沐春风。

## 难忘的游戏

1934 年陈佳洱出生于上海，父亲是一位儿童文学作家，母亲是钢琴教师，陈佳洱从小耳濡目染，在家里面看着父亲孜孜不倦地编《小朋友》《常识画报》，写各种儿童故事等，于是他模仿起父亲自己裁纸订成小

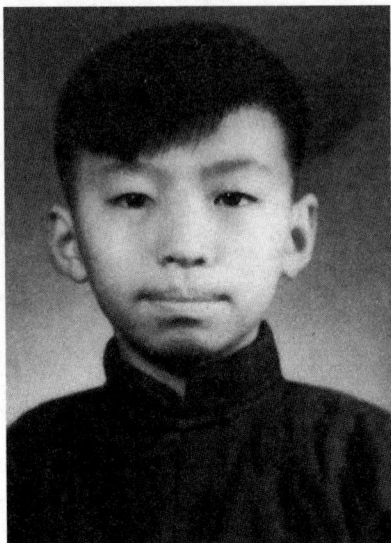

少年陈佳洱

本，再写几句想说的话，就起名为《小小画报》。父亲常给他讲童话故事，讲到一半，打住，说你自己去看吧。这成了陈佳洱步入阅读之门的敲门砖。看到不懂的地方，就问做钢琴教师的母亲。到了三年级，他已经能够独立读书看报了，甚至模仿当时的《小说月报》装订了一本只有自己一个作者的"小说月报"。

后来抗日战争爆发，日军侵占上海，作为进步作家的父亲陈伯吹因为参加抗日活动被迫离开，于是家里留下他和母亲。那一段时间里，日本军国主义分子给他的印象就是凶残，他们高唱什么"大东亚共荣圈"，实际上中国人连最起码的人权、人格都被他们践踏了。根本不把我们中国人当人，公园门口写得清清楚楚，"华人与狗不得入内"，陈佳洱每次上学都要经过日本人的岗哨。那时凡是中国人经过，都要脱帽行礼，他们一不高兴就要打人耳光，有时还要拳打脚踢。小的时候在日伪统治下，看到中国人都活得很悲惨。这使陈佳洱从小就懂得，没有一个独立、强盛的民族和国家，就根本谈不上个人的尊严和前途。

抗战胜利后，父亲回到家中，为了训练独子的英文，他找来一些适宜儿童学习的英文书籍让儿子阅读和翻译，甚至还在《华美晚报》上发表过儿子的译作。那时候，父亲也曾想培养一个翻译家或者文学家。有一次陈佳洱溜进了父亲的书房，那天下午正好是雷雨天气，闪电和震耳的雷鸣把他吓哭了。于是疼爱他的父亲一把抱住儿子，连声叫他不要怕并问他"为什么会打雷"？小佳洱回答说这个我当然知道了，这是雷公公要劈不孝之人。父亲被他的稚气逗笑了，问他你怎么知道的？佳洱说邻居老奶奶给我讲的。父亲于是停下手中的写作，告诉儿子这个说法不对，打雷是云层里面带的阴电和阳电中和的结果。比如你一个手是阴电、另一个手是阳电，两个手一拍就"打雷"了。他一边说，一边还"啪"的一声比划。他还拿来一块玻璃板，两边用书垫起来。又让妈妈剪一些小纸人，放在玻璃板下面。当他用绸布在玻璃板上面摩擦时，看到这些纸人竟在玻璃板下上上下下地跳起"舞"来。年幼的陈佳洱完全被吸引住，忘记了刚刚的害怕，就这样在陈佳洱幼小的心田里从此种下了爱科学的种子。因为这件事对陈佳洱的印象太深了，退休后，陈佳洱还专门写成《难忘的游戏》文章，圆了他曾经的写作梦。上中学时，有个电影叫作《发明大王爱迪生》，在上海上演。尽管父亲那时很忙，陈佳洱也在学校里住校。但他却专门接儿子出去看这个电影。有一天，上演《居里夫人》，正好下大雨，他又一次把儿子接出去，父子俩一起看《居里夫人》。看完以后父亲跟他讲，你要是像居里夫人那样能够有所发现，能够对社会做一些大的贡献，就很好了。这些话一直深深地记在陈佳洱的心里。最重要的，做人就是要对社会有贡献，做一个诚实的人、有用的人、有价值的人。

在父亲的言传身教下，陈佳洱迷恋上了搞小发明。当时他就读上海位育中学，这个中学有一批非常优秀的数理化老师。当时班主任是清华化学系毕业的，叫李玉廉，他的为人和讲课都非常好，深受同学们的爱戴。物理老师叫周昌寿，他讲的物理深入浅出，概念清楚。学校还用各种示教实验启发同学们对科学的兴趣，鼓励学生课余研究。学校秉承陶行知的教育思想，每年都举行科技节，展示学生的各种发明创造。看到高一班的同学用自制无线电发射台播音，在家里也能收到，很是佩服。陈佳洱就和同班同学发起创办了叫《创造》的刊物，发表自己的作品，翻译《大众科学》等外文刊物上的文章，自己印发。还和班上同学组成"创造社"。研究怎么做无线电收音机，进行无线电的实验。他们还专门给学校做了一台大功率扩音器，每天早上用它来放广播体操的音乐。

## "吝啬"的父亲

陈佳洱的父亲陈伯吹先生是一位著名的儿童文学作家，老先生对待爱子陈佳洱的教育也堪称楷模。五十年代，老先生与儿子比赛看谁先能入党。陈伯吹在做教师时，跟随地下党散传单、贴标语，差点被宪兵拘捕；
抗日战争时，陈伯吹以笔作刃，跟日伪作斗争；即使上
了国民党的"黑名单"后，陈伯吹也从未停止过战斗。
1927 年，跟随地下党贴标语时，地下党黄忆农通知他
已是正式共产党员，但想不到的是，黄忆农被反动派杀
害了。这一次与共产党的擦肩而过，让陈伯吹的入党梦
等待了半个世纪。陈佳洱报考大连大学后，父子俩鱼雁
往来，父亲一直鼓励儿子："政治上要追求进步，千万
不能做顽固派。""20 年代，我就入过一次党了。现在
我是中华书局党的宣传员，我们比一比，看谁先入党。"
这回，儿子赶在了老子的前面。直到 1983 年 9 月 27 日，
已届 77 岁高龄的陈伯吹才正式加入中国共产党。陈伯

20 世纪 70 年代，于上海瑞
金二路家中和父母合影

吹是著名作家，晚年的生活十分节俭，熟识他的人有口皆碑。一日三餐，极少吃荤菜；一件衣服要穿好几年，有了补丁就在会客或出席正式场合时套上一件稍新的；大多数时候都以步代车，连公交车都舍不得坐，累了蹲一蹲再继续走；儿孙一离开，就把空调给关掉。即使剪下的指甲，陈伯吹都会收集起来送到中药房当中药。

对纸张的节约，更是到了无以复加的地步。看完别人的来信，陈伯吹会用反面来打草稿；字写错了，不是随手一涂，而是用小刀轻轻刮去；边边角角的纸片，也用夹子夹住，用来做随手记素材的笔记本。然而，就是这样一位近乎"吝啬"的老先生，竟在1981年时拿出了毕生积蓄的5.5万元，设立了"儿童文学园丁奖"。5.5万元，按当时的收入水平，相当于100个普通职工一年全部的工资收入。陈伯吹也知道，用这笔钱完全可以在上海淮海路、嵩山路一带买一栋小洋楼。如果当时买下那栋小洋楼，那么现在的价值就要以千万元来计了。捐款前，陈伯吹也曾征求儿子的意见。陈佳洱毫无异议，他理解父亲，也支持父亲，知道父亲心里想的是儿童文学，他的一生也执着于此。就是在这样的家风中，陈佳洱耳濡目染，节俭的意识也自然深入骨髓。

## 选择崇高

从陈佳洱上中学时的那个雨夜，平日工作繁忙的父亲特地抽空来把他接出去看一部电影《居里夫人》，居里夫人的形象从此就定格在了陈佳洱的脑子里。出身于波兰的居里夫人，在十分简陋的条件下，依靠双手，历尽艰辛，从8吨沥青矿石渣中经5600次结晶才提炼出0.1克镭！她在成功之后首先将论文寄往祖国华沙。当时曾有人劝居里夫人以镭的制备技术获取专利，成为百万富翁，但她坚决予以拒绝，她坚持科学的发现应属于祖国、属于全人类，并将提炼镭的详情告诉所有想知道的人。她把发现的一个元素，命名为"钋"，用以纪念她的祖国波兰，因为这个字与波兰的英文发音很相近，许多人也许不知道居里夫人因为才智超群而曾经在波兰受到排挤和打压，甚至遭受过无情的诽谤，她被迫前往欧洲继续从事所热爱而痴迷的科学研究，她就是这样一位伟大的科学家，"作为一个人，她能从容牺牲、奉献所有而一无所取"，"她拥有一颗无论处于成功或逆境都不改变的、异乎寻常的圣洁灵魂！"而正是居里夫人对于中国人民的友好情谊以及她所提供的支持和帮助，使得中国的核事业在起步的那一刻就获得了快速地进步和发展。

令陈佳洱自己也没有想到的是，上大学后，他本来学的是机电，因为院系的调整和国家的需要，先是被王大珩教授特意将他从大连大学调到了东北大学的物理系，然后，在东北大学，兴趣使然的陈佳洱遇到他非常敬仰而且喜爱的老师朱光亚先生，在国家作出建立核工业、研制核武器、培育核人才战略的决策中，他被朱光亚老师亲自点将成为"两弹一星"工程中的一员，为被誉为"核科学家摇篮"的北京大学物理研究室贡献了自己的聪明才智。在英国留学期间，他亲身经历了我国原子弹的爆炸让中国人的腰杆子强硬起来所带来的尊严和荣誉，他为自己能够有机会亲身参与我国的"两弹一星"工程建设而深感荣幸。在为中国的"两弹一星"作出了巨大贡献的元勋中有王大珩和朱光亚两位是他的恩师。还有两位是他一生的楷模，这两位楷模就是先后为中国的核事业献出了生命的郭永怀和邓稼先。

从领导岗位退下来后，因为感怀前辈的丰功伟绩，陈佳洱亲自制作了回忆纪念中国两弹制造的艰辛历程与辉煌成就的文档和图片，有机会他就会拿出来欣赏，与人分享自己作为这个工程中的一分子的那份荣耀，他为自己选择的这份崇高人生而感到无比的快乐和幸福！

## 激情岁月

新中国成立不久，16 岁的陈佳洱考上大学，当时正是抗美援朝时期，他读了不少描写英雄事迹的书籍，比如描写苏联卫国战争英雄的《马特罗索夫》《卓娅与舒拉》等。用胸口堵住敌人枪眼的马特罗索夫说过，一个人的存在，要使别人生活得更美好才有价值。这让青春年少的他热血沸腾慷慨激昂。做人一定要对社会有作用与贡献，父亲的那些为祖国独立解放而出生入死的地下党朋友，也建议他考到东北老解放区的大学去，于是，陈佳洱听从父亲的教导，放弃赴北京大学求学的梦想，进入了大连大学学习。当时陈佳洱报的并不是物理系，而是电机系，因为从小对电有兴趣，现在解放了，国家要强大，需要发展工业，就一定要先发展电。尽管当时因海上封锁，物资比较紧张，过去吃大米变为吃玉米发糕，半月吃一顿高粱米和猪肉，一个月吃一顿大米改善生活，但物质的贫困丝毫没有影响陈佳洱求学的热情。课外生活丰富，劳动公园、冬天的滑冰场等北国风光让这个开朗活泼的少年如鱼得水、激情四溢，更重要的是老解放区人民精神上有一种奋发向上的朝气——新型的师生关系，老师教学上认真备课，讲课与实验并重，同学们在思想上互相帮助，共同进步。当年他和同学们经常唱的一首歌曲是《革命人永远年轻》，即使时光流逝了半个世纪，陈佳洱仍能随口唱出那首激情奔放的歌曲。陈佳洱觉得在大连大学工学院度过了充实的大学生活。对于他来说，大连大学工学院开启了他人生新的旅程。

大连大学工学院让陈佳洱懂得了要做学问首先要学会做人，树立了正确的人生观、价值观。学校重视科学实践，最幸运的是在学校遇到了王大珩、余瑞璜等号称"八大名牌"的知名教授，为自己的科学人生奠定了坚实的基础。陈佳洱说："余瑞璜先生课讲得很好，但是他出的考试的题目是很难捉摸的。还有像吴式枢老师考量子力学，有好多同学进了考场出不来，只得把午饭给他们送进去。因为考题太难了，如果抓不住要点的话，一道题要算好久好久，所以到了吃午饭的时候，把午饭送进去给考生吃，一边吃午饭一边答题。这样的考试没有时间限制，只要完成考题就行了。但每人的考题是由抽签决定的，抽到什么题目就做什么题目，抽签以后还有口试。"刚从英国回来的国际著名光学专家王大珩先生，在大连大学主持普通物理实验课，王大珩认为，要办好工科，培养高素质的工科人才，没有理科不行，就建议在工学院里建一个应用物理系，由他担任系主任。王大珩教授的课程也以严格和高难度著称，要想得到一个代表优秀的五分非常困难，以至于学生们约定，谁得了王老师的五分，就得请大家吃花生米。大二那个学期，陈佳洱就请同学吃了三次花生米。正是普通物理实验课上的"五分"，将他送入物理系学习，从此，陈佳洱正式走上了物理研究之路。1952 年，由于全国院系调整，陈佳洱和大连大学物理系的同学全部调到东北人民大学（后来的吉林大学）物理系学习。

上大学三年级的时候，给他上原子物理课的老师，是从北京大学调到吉林大学的著名科学家朱光亚。当时最年轻的教授，29 岁就当了正教授。还在抗美援朝战争上立了三等功。师生们都知道他是英雄都很崇拜他。他虽然在核科学上有很高的造诣，但是为了讲好一堂课，有时他要精心准备一个礼拜。所以听他的课就是享受，比听故事还有趣。朱光亚给学生讲量子论时，从一些历史背景娓娓道来，比如：什么是黑体辐射，存在哪些问题，有多少种假设，普朗克为什么提出量子论等等。后来等到四年级的时候，做大学毕业论文了，班长问陈佳洱选谁？陈佳洱就说我选朱老师，当时还担心朱老师不同意而忐忑不安，结果他同意了，听到消息的陈佳洱一下子就跳起来了，感到特别高兴。后来朱光亚老师指导做论文的时候，特别细致、严格，连读书笔记他都要拿去改。他还把他从美国带回来的一些物品都拿了出来。陈佳洱做"粒子计数管"需要很细的钨丝，当时这样的钨丝国内还没有生产，是非常珍稀的，朱光亚把自己珍藏的拿了出来。为了教育学生他什么都可以拿出来。这让陈佳洱一辈子都不能忘记。在吉林大学读到快毕业的时候，陈佳洱的北大梦又一次被激发起来，他准备考北大的研究生，走进他梦寐以求的北大校园。但爱才心切的系主任余瑞璜教授，却因为陈佳洱的优异成绩，将他留在了吉林大学。1954 年毕业留校后，余瑞璜老师给他安排了一个任务，就是和哈宽富老师一起从无到有地建立一个 X 射线金属物理分析实验室。两个人配合很默契，在短短的一年里面硬是把这个实验室建了起来，开出了八个实验。因为工作量很大，他们每天都是夜以继日的干。开出的实验中包括了 X 光的单晶分析——劳厄斑点分析，X 光的多晶分析等等。这些实验过去他们自己都未做过，都是一个个边学边干地排出来后，提供给四年级学生做专门化实验的。

1952 年 12 月，陈佳洱加入了中国共产党。

## 北大来了个"小孩儿"

1955 年的 1 月 15 日，毛泽东主席在中南海主持召

83

开中共中央书记处扩大会议，讨论在我国建立核工业、发展核武器问题，会上做出了建立中国原子能事业的决策。根据党中央的这一决策，培养核科学方面的专门人才就成为当时的一项紧迫任务。为此，中央很快决定在国务院第三办公室（负责核工业的三机部前身）领导和中国科学院现代物理研究所（原子能所前身）的协助下，筹建北京、兰州两个物理研究室，作为专门培养核科技人才基地。时任国务院总理周恩来亲自签发了在北京大学建立中国第一个原子能人才培养基地——物理研究室的文件，并从当时全国高校中抽调了一批科学家：胡济民、虞福春、卢鹤绂等，负责组建工作。这其中，就有陈佳洱毕业论文的指导老师——朱光亚教授。不久之后，陈佳洱也被调往北大协助建设物理研究室。北京大学物研室建立之初，只有 6 个人，几乎都是德高望重的学界泰斗，陈佳洱是唯一的助教，还不到 21 岁。刚到物研室报到的时候，因为太年轻，值班的副主任教授看见陈佳洱时，非常严肃地问他"你是哪里来的小孩儿，我们要开会了，你赶快出去吧"，陈佳洱只得亮出老师朱光亚的牌子，教授才幡然大悟，噢，原来你就是光亚的学生啊！

## 546 信箱

由于当时形势特殊，这些人被要求绝密，对外只能讲"在 546 信箱工作"，以至于后来学生们称呼陈佳洱为"546"。当时给陈佳洱布置的任务是出去招生，那时离正式开学的日子只有两三个月了，陈佳洱与同事们马不停蹄地去北京大学选调了一批优秀的大三学生，又到吉林大学、武汉大学、复旦大学去选拔了一批，招生归来，建立实验室的任务又落在了陈佳洱肩上。对刚刚二十出头的陈佳洱来说，建实验室是一个不可想象的艰难任务，不仅因为时间特别紧，而且许多实验他从来都没有做过，但开学之后就需要一个能给学生做核物理试验的实验室。对于原子核物理实验，他自己也只在做毕业论文中学到一些有关制备盖格核子计数管的知识和技术，其他都不会做。当时虞福春先生给了他一本英文的《实验原子核物理》。说书上的几个实验都很基本，你就按照这个去筹备实验吧。那时候大家都没有经验，只能摸索着干。好在陈佳洱在吉林大学（东北人民大学）的时候，排过专门化实验，还有点基础。但因任务很重，大家都感到压力很大。陈佳洱就在实验室里放了一张床，一天到晚拼命干，到凌晨三四点钟，实在困了，就躺一会儿，醒来后接着再干。经过大家奋力拼搏，七个多月，终于准备出八个实验来。当时几乎每个实验都要用到核子计数管，所以专门搞了一个小的车间，来生产核子计数管。当然各种实验对计数管的要求也不同，有的是探测 α 射线的，有的要探测 β 或 γ 射线，还有的要探测不同粒子的符合计数。最难的是 α 射线的探测。α 射线的射程很短，所以得用非常非常薄的云母窗，才能让它透过薄窗为计数管接受，产生计数。然而这么薄的云母窗，难以承受大气压，非常容易被大气压碎。陈佳洱想了一个办法，在相对较厚的云母箔膜上面开个洞，再粘上一层非常非常薄的云母膜，两者合在一起，就既能承受大气压，又能接受 α 射线。试验下来果真可以进行 α 粒子射线的计数，让陈佳洱高兴极了。

还有一个实验是要做计数管的工作特性。因为计数管进行了大量放电计数之后，需要有一段恢复时间，在这段时间内，它是不灵敏的，称之为"死时间"，那么这死时间是多长，怎么显示出来，怎么让学生知道计数管有这个特性呢？陈佳洱又专门设计一个电路，进行试验。经过多次调试和调整后真能工作了。当示波器出现死时间的图形时，他非常高兴。正当陈佳洱为首次看到的波形自我欣赏时，蓦然听到一声"这个波形很漂亮嘛"，回头一看，没想到朱光亚老师早就不声不响地站在后面看了多时了，当时，他高兴得把所有的疲劳都忘记了！陈佳洱和同事们，克服各种困难，终于在半年中排出所有需要做的实验，从无到有，将实验室很快建立起来了。陈佳洱至今都还记得，当时北大党委书记对他们说的一句话——人类对原子能的发现和运用的意义，远远比人类发现和使用火还要重要，这是划时代的——给了他们极为深刻的印象和极其强大的精神力量，经过新调来参加北大物理研究室筹建工作的教师、行政人员和技术工人以只争朝夕的精神团结奋战，完成了组建研究室这项"不可能完成的任务"。1956 年 9 月 30 日，我国自行培养的第一届原子核物理专业的 97 名学生毕业了。这批毕业生成为我国核事业起步和发展的生力军，涌现出了冼鼎昌、张焕乔、王乃彦、钱绍钧、王世绩等多位中科院院士。

## 结缘加速器

1956 年，党中央号召向科学进军。为了响应号召，陈佳洱决定做加速器，用加速器产生的高能量粒子轰击原子核、变革原子核。1957 年，我们国家只有北大从苏联进口了一台 25 兆电子伏电子感应加速器，这是胡济民先生到苏联去考察时，苏方推荐的。经过一年多的艰苦调试，电子感应加速器终于被调好了。高兴之余，他们发现这台加速器本来是为了无损探伤而制造的，并不适合研究核物理。所以就决定自己动手做一台适用核物理研究的，能量稍微高一些的电子感应加速器。

加速器是什么？陈佳洱打了一个十分形象的比方，"你的电视机里就有一个加速器。电视机屏幕上为什么有影像？那是电子枪把电子放出来后，经过电场加速，控制电子束的运动，由电子束描述出一个像。这个过程就是加速过程，不过能量比较低，只有几千伏或者几十千伏。我做的也是加速电子、质子等非常非常小的带电粒子。加速器就是要把粒子速度加快，比如加快到光速，粒子就有了很大能量，用这些能量干什么呢？去轰击原子核。把原子核打碎了，可以了解原子核的结构，或者使一种原子核变成另外一种更有用的原子核。所以

全国第二次青年社会主义建设积极分子大会 北京市第七组

1958年，陈佳洱（第二排中）参加全国第二次青年社会主义建设积极分子大会

加速器非常有用。"因为那台从苏联进口的25兆电子伏电子感应加速器，不但加速能力小，也不适合研究核物理。在物质资源缺乏、技术落后的年代，对科学、对国家的真挚热爱，就是一种生产力。1958年全国搞"大跃进"，到处轰轰烈烈。北大师生的热情也很高，因为中国的现代科学起步比西方落后了二百多年，结果一百多年来受尽发达国家的欺凌，所以大家都渴望把中国的科学技术搞上去，使国家强大起来。陈佳洱将一些年轻教师和学生组织起来，照猫画虎地做起30兆电子伏电子感应加速器来，在大家的努力奋斗下，靠着三个臭皮匠顶一个诸葛亮的精神，竟然把一台30兆电子伏电子感应加速器建起来了！因带头研制我国第一台30兆电子伏电子感应加速器，陈佳洱被评为北京市劳模，出席了全国社会主义建设积极分子青年代表大会。

1959 年，陈佳洱提出开展等时性回旋加速器研究课题的建议，得到了国家科委的支持，成为他从事的第一个加速器研究课题。北京大学物理系决定由他担任主任的教研室自行设计和研制扇形聚焦等时性回旋加速器。从此，加速器的研究成了他终生的事业。

## 派往英国

1963 年，中国科学院与英国的皇家学会开展合作、互派交流学者。第一批交流互换的名额只有四个，时任中科院党委书记的张劲夫同志顾全大局地主动提出，中科院本系去两个，再由高校派两个。这样，北大的老师和领导，就推荐了陈佳洱。经过选拔，英国皇家学会同意了。于是，陈佳洱获得了到英国牛津大学学习的宝贵机会。多年后，陈佳洱仍然对当时去到英国学习的经历记忆犹新。他和同伴到达伦敦后，由我国驻英使馆的秘书用车子把他们几个送到牛津大学的实验室里面，交给一个叫麦克·海德的教授，并一起共进了午餐。吃完饭，使馆秘书就告别大家回伦敦了。他离开之后，起初陈佳洱一时还真有点举目无亲、不知所措的感觉。幸好，牛津大学核结构实验室有一位英国皇家学会的会员，丹尼斯·威尔金森教授，负责照顾陈佳洱他们的学习和研究工作。他是一个对中国很友好的著名科学家。后来是英国萨塞克斯大学的校长。他发明了记录和分析原子核信息用的多道分析器，所以当时他得诺贝尔奖的呼声很高。当他了解到陈佳洱在国内搞过加速器，就让陈佳洱参加他们正在安装、调试中的串级静电加速器的工作。于是陈佳洱就一边工作，一边了解原有的设计计算，发现那个分析器的设计上，存在与加速离子的横向运动不匹配的问题。当时，陈佳洱还对要不要告诉威尔金森教授有些犹豫不决。直到后来威尔金森教授主动问他，你对实验进展怎么看？陈佳洱才坦白地讲，说你这个设计是有问题的，因为横向接受度太小不匹配。没想到大名鼎鼎的威尔金森教授听了非常高兴，当即就叫陈佳洱将自己的发现写一个报告，作为实验室内部报告保存下来。

直到 1966 年，陈佳洱离开英国回国的时候，威尔金森教授还把印好的报告作为礼物送给陈佳洱，作为当时陈佳洱对这份工作所作贡献的佐证。这件事，让陈佳洱体会到搞科学十分讲究实事求是。这也为陈佳洱树立了一个应该如何对待科学研究中出现的一些问题的好榜样。当时，在英国工作时，我国使馆有三个规定。第一条规定不许拿英方的钱。陈佳洱为英方工作、作贡献，按道理他们要付劳务费的，差不多 100 英镑（月薪），他们也表示了要给酬劳。但是，陈佳洱只能谢绝，拿使馆提供的 18 英镑，相当于一个月的伙食费；第二条规定不得读英国大学的学位；第三条规定是反映研究成果的论文不得在国外发表。这一条当时英国朋友表示很难理解。但老实厚道的陈佳洱不敢打半点折扣，他在英国期间自始至终地严格执行了我国使馆的三条规定。

在英国学习生活基本上安定后，陈佳洱给系里写信汇报自己在牛津学习情况，并将自己在那里具体帮助做些什么如实反映。系里回信希望他去学习做一种新的等时性回旋加速器。这在当时是国际最前沿的一种加速器，英国也只有卢瑟福高能研究所在做。陈佳洱根据系里要想办法去的指示，就向威尔金森教授说，我希望到那儿去工作。威尔金森教授非常欣赏陈佳洱前面一段工作的努力表现，态度也很诚恳，就答应了陈佳洱的请求。这样，陈佳洱经威尔金森教授的推荐，与负责等时性回旋加速器的 J．D．劳森（也是皇家学会成员，核聚变领域著名劳森判据的发明人）讲好后，就顺利地转到了英国卢瑟福高能研究所，陈佳洱去报到时，劳森还亲自开车来接。

当年从中国内地去卢瑟福高能研究所学习的中国人只有陈佳洱一个，很多英国人对此都很好奇。中间还发生过一件事，就是陈佳洱到了与英国哈威尔国家原子能中心为邻的卢瑟福高能研究所参加研究后，小报上有人称陈佳洱是从"共产党中国"来的，当时美国的议员还向英国政府提出抗议，为什么接收"共产党中国"来的留学生？为此还有记者要求来采访陈佳洱，让陈佳洱一时不知该怎么应对？连忙就请示使馆。使馆告诉他你就说，"我没有什么要讲的，谢谢"就行了，英文就是"I have no statement, thank you！"这件事就这样对付过去了。

## 寻找失踪的粒子

到了卢瑟福实验室以后，劳森给陈佳洱出了一个题目。说你研究研究，为什么从离子源出来的离子束流90%都没有了，最后加速出来的只有10%，到底这些离子飘逸到哪里去了？陈佳洱一听这个题目就知道厉害了。这是一个极具挑战性的难题，因为在加速器的中心区里集聚了所有不同电荷态的各种离子，也是空间电荷效应最严重的地方，还存在着各种非线性的有害共振，情况极为复杂，研究很难下手。他给自己这样的题目既是对新中国培养出来的青年科学家的一种信任和期待，更是对来自中国的科学家素养和研究能力的一次重大考验。因此陈佳洱下定决心，一定要突破难关，为中国人争气。

为了弄清情况，陈佳洱就先做了一个小的微分探针，来探测各种离子的运动轨道，从离子源开始依次一圈一圈地研究不同离子的轨迹和运动参数，再结合理论分析和模拟计算，逐圈的分析各个轨道上相关离子的高频相位分布、轨道曲率中心分布和自由振动包络的振幅与频率等。经过这一系列艰辛而细致的测量与分析，终于找出了加速离子严重损失的一个主要机制：在头上3—5个圈中，离子自由振动的宏包络因与中心区的接收空间失配而大量丢失。此外，在分析离子轨道中心随能量变化中，陈佳洱首次发现有一种不随高频电压变化的定向移动，如果不及时加以抑制，也是引起束流严重损失的原因。在试验和思考中，他突然敏感地意识到这就是实验上尚未证实的三扇磁极等时性回旋加速器所固有的越隙共振现象。经过分析计算，陈佳洱在国际上首次提出了诊断越隙共振的实验判据，并发展了用可控的局域性一次谐波有效地抑制越隙共振振幅增长的方法，把握了输运机制之后，经过种种努力，结果中心区束流传输效率提高了三倍以上。

1965 年年初，正好要在荷兰召开国际回旋加速器大会，于是一些英国同事就要陈佳洱写文章，去大会作报告。但是根据使馆内部规定的第三条，是不能写文章的。所以陈佳洱只能说这个文章我就不写了。他们说你在我们这里做了贡献怎么能不写文章呢，你有责任向国际同行报告啊！最后实在没有办法了，和他们达成一个协议，由陈佳洱给他们写成两篇内部报告，由他们在会上发布。

## "谐波加速之王"

在英国学习期间，陈佳洱由于设计了一套微分探针装置，搞清了离子束在横向和射频相位运动中衰减的多种机制，并且从实验上证实了越隙共振的存在，提出了检验越隙共振的实验判据，并发展了用正弦波电位器控制离子轨道中心的方法，成功地抑制了越隙共振振幅的增长。通过采取针对性措施，使束流传输效率提高了三倍以上。以前，在谐波加速中粒子数损失得只剩百分之十，陈佳洱将其提高到百分之四五十，如果条件再改进的话，还可以更大；他发现造成粒子数真正损失的机制，不是在整个加速过程中，而是在最初阶段，假如不在中心区采取措施，束流量会连续衰减。陈佳洱因这个研究成果，被一个英国同事兴奋地称赞为"谐波加速之王"。

那时，劳森差不多每一个礼拜都要请陈佳洱去他家里做一次客，他家里展放着一些中国的瓷器、画卷等，作为自己文化品位素养的象征。因为中国的科学技术在四五百年之前是世界第一。有一次劳森教授还带陈佳洱到他的朋友家里去。他们也同样拿出这些东西出来给陈佳洱看，并说你看我对中国的文化很尊重。但是，陈佳洱那颗敏感的心却被深深地刺痛了，因为英国朋友言谈中却常常流露出对中国现代科学落后的同情。所以他们虽然都对陈佳洱很好，但自尊心极强的陈佳洱总觉得有一种同情弱者的感觉。

陈佳洱谈到他在英国几年学习的收获，不无感慨地说到，在英国，他不但学习到了关于加速器方面的知识，更重要的是这段学习经历使他掌握了一整套的学术思维方法，而这种方法对他今后学术生涯产生了至关重要的影响和意义。

## 原子弹爆炸，中国人腰杆都硬起来了

刚到英国时，外国人对中国落后的科学现状表现出十分"怜悯"——他们让陈佳洱回国时把磁铁和变压器带回来。但是，那种令人难受的滋味并没有持续太久，当中国第一颗原子弹爆发后，陈佳洱突然感觉：自己的脊梁骨一下子挺得很直，特别直！1964年10月16日，这一天，陈佳洱记得非常清楚。当时英国正在大选，茶歇的时候同事们基本都看有关大选的电视新闻。可那一天的下午，大选的新闻在广播中突然全部中断，屏幕显示了"中国爆炸了原子弹"一行大字。大家很惊讶，中国不是很落后吗，怎么爆炸原子弹了呢？于是，陈佳洱连夜赶回到使馆，问使馆是不是原子弹真的爆炸成功了。因为此前也不断有一些文章说我们原子弹试爆不成功等。使馆告诉他说中国爆炸原子弹真的成功了，抑制不住喜悦的陈佳洱高兴得跳了起来。第二天回到所里吃午饭时，他成为餐厅的中心了，都来问，你们中国是怎么做原子弹的，怎么做得这么快，用什么元素做成的原子弹，怎么爆炸的等等。对这些问题，陈佳洱一时也讲不清楚。就说，中国政府已经声明：中国制造原子弹只是为了防御，中国决不首先使用原子弹。当时，不仅是在所里人家问，当陈佳洱去看牙时，牙医一边给他治牙，一边问他你是中国人还是日本人？说自己是中国人。人家问你从哪来的，当陈佳洱表明是从北京来的。北京来的，你们爆炸原子弹了，了不起啊！坐火车，火车上的老太太问，你们中国现在已经有原子弹了，是不是要发动第三次世界大战呀？陈佳洱解释说不是的，我们中国政府已经声明了，我们决不首先使用原子弹，我们有这个承诺。老太太听了放心了。这颗原子弹的爆炸当时给西方世界非常大的震动。这个时候中国人在实验室也好，在街上也好，一下子觉得脊梁骨更硬起来了。陈佳洱在那个时候真正体会到一个国家强盛的意义。在这个世界上，没有国家、民族的强大，就谈不上个人的价值。尽管有人对你好，并不代表对你真正的尊重。没有国家，没有民族的强盛，就没有个人的价值和地位。只有国家强大了，民族强大了，个人在国际上才能得到应有的尊重。

## 被定了"五宗罪"

1966 年年初，从英国回来后，国家科委给陈佳洱下达了一个任务，拨了五百万元经费，准备组建北京大学重离子实验室，他希望通过自己和大家的努力，赶上发达国家的科研水平和能力，为建设现代化的国家贡献更多智慧，急性子的陈佳洱很快地就与同事们一起欢快地干了起来。但只有短短的几个月，随着政治运动的到来，就无法从事正常的科研了。刚从英国留学回来，32岁就当上系里的副主任，于是，造反派给陈佳洱定了"五宗罪"：一是陆平黑帮分子；二是资产阶级反动学术权威；三是走资派当权派（副系主任）；四是漏网右派；五是特务嫌疑。这"五宗罪"里最要命的是特务嫌疑。原因是陈佳洱在 1958 年，和同事们一起做成加速器后，时任国家主席刘少奇来看了，被记者拍了照片，刊登在美国的杂志上，这事本来连陈佳洱自己也不知道，但在那个混乱不堪的时候，陈佳洱真是有口难辩。被批糊涂了的他一时都搞不清楚自己"到底是革命的还是反动的"。最让陈佳洱难受的是眼见订购的机器、部件退货的退货，撤销的撤销，什么都没有了。一时让陈佳洱感到了心灰意冷，那时心里想：哎，算了，我就好好劳动就是了，这辈子再也不搞加速器了。

因为实在找不到陈佳洱特务嫌疑的证据，工作中，陈佳洱是个拼命三郎，也从不计较个人得失，他生活俭朴，为人随和。离开科研和教学岗位的陈佳洱被迫到北大印刷厂参加劳动，陈佳洱是个生性勤奋的人，他到哪里都闲不住，在印刷厂劳动期间，他眼见印刷厂设备落后，工人们劳动强度大，于是他就帮助工厂搞技术革新，不但让工人们的劳动强度得到放松，还提高了生产效率，增加了效益。陈佳洱的劳动得到了工人们的支持和拥护，所以，当造反派要来揪斗陈佳洱时，就被印刷厂的工人们集体保护起来。工人师傅的一句，这个人做事轻手轻脚！让陈佳洱在那个自己尊严被侵犯，精神被侮辱，几乎万念俱灰的时候，感到了无比的温暖和亲切，这句朴素的话语是对自己最好的肯定和认同。

1969 年，陈佳洱下放到陕西汉中分校，因为前途渺茫，离开北京前，陈佳洱卖光了所有与加速器相关的书，他不知道什么时候才能再一次用上那些书。在到汉中的前面几年里，因为一切要从头来，所以没法从事加速器的研究工作，而是在那里修路、喂猪、种地。即使干些体力活，陈佳洱也是任劳任怨，默默忍受，一直到逐渐恢复工作。

## 在逆境中创造契机

虽然一时气过头了，赌气说再也不搞加速器了，但是过了一段时间以后，社会秩序逐渐恢复，工作也有了头绪，陈佳洱又感觉放弃自己热爱的事业半途而废实在是心有不甘。虽然在汉中，但是他和很多同事在一起讨论，感觉到北大的原子核科学总是要发展的。所以大家就经常议论，我们怎么办，怎么打翻身仗？

大家谈了很多，要打翻身仗就得在困难条件下靠自己研制加速器，因为在这方面还是有很多优势，是自己熟悉的。陈佳洱建议做螺旋波导型的加速器，逐渐地得到了各方面的理解、支持。所以慢慢又开始恢复了研究工作。

1972 年，他开始致力于研制螺旋波导加速器的工作，从理论上研究了导致螺旋线的动态不稳定的特性，并通过研制强度更高的短螺旋线耦合结构和调整负载因子等办法，解决了从结构到稳定运行的一系列问题，建成了第一台可用的螺旋波导加速器样机。之后，他和同事们研制的螺旋波导聚束装置获得了北京市科技成果二等奖。

他和教研室的十几位同志长期驻扎在上海先锋电机厂，决心与企业相结合，自主设计建造一台能量为4.5MV 的静电加速器。他们根据物理研究需要，从优化物理参数入手进行物理设计，又系统地对高压电极形状、高压柱结构及各离子光学参量等进行优化并增加了脉冲化等新功能。通过与工人、技术人员密切合作，他们工作了整整四年多，终于高质量地建成了这台高水平的静电加速器。这台高 8.2 米、重 30 吨的 4.5MV 静电加速器大型装置从物理设计、工程设计到加工安装都是由陈佳洱组织十余人的研制小组完成的。1986 年，这台加速器刚运进新建的北大加速器楼之后还经历了一次意想不到的"浩劫"。

一天夜里，由于电焊工的违规操作，引发了火灾，把加速器的高压电极、均压环等主要部件都烧坏了。面对这样严重的打击，陈佳洱心里难受至极！但他没有气馁，在同事和工人师傅的鼓励和支持下，他率领大家硬是把烧坏的部件一一整修、擦亮，终于顺利完成了安装和调试运行。经检测，加速器机械结构稳定，电场分布均匀，空载时电压可达 6.2MV，并且即使在夏日雨季湿热条件下也可连续运行数百小时。现在这台加速器仍是北京大学核物理与技术国家重点实验室的基本设备之一，它不仅在离子种类、能量范围和束流脉冲化性能等方面优于国内同类设备，而且还填补了中国单色中子源在 3 ~ 7 MeV 和 16 ~ 20 MeV 能量的空白，20 多年来不断地有来自高校、研究单位的学者以及外籍科学家前来进行实验研究，并获得了国家教委科技进步二等奖。它的建成对于我国中子核参数、中子核反应测量和抗辐射等研究以及离子束在材料科学、生物、医学等的应用具有重要意义。

## 科学的春天

1977 年，中央三中全会上决定要召开全国科学大会，制定科学规划。为此让钱三强先生负责核科学的规划。在钱先生的领导和关怀下，正在接受再教育的陈佳洱从汉中调回了北京，回到北京的陈佳洱随即参加了制定原子核物理和加速设施的发展规划。高能加速器（后来发展为高能正负电子对撞机）、兰州的重离子加速器装置、合肥的同步辐射光源以及北大的超导加速器等都是在那时的规划之列。

1978 年 3 月 18 日，中共中央、国务院在北京隆重召开全国科学大会，这是一次有着巨大历史意义的大会。激动不已的陈佳洱从汉中赶到北京，参加了这一次让他的生命发生又一次转折的大会。就在这次大会上，小平同志在"树雄心，立大志，向科学技术现代化进军"的大会报告中，以铿锵有力的声音，严厉驳斥了打击迫害知识分子、破坏我国科学技术事业的种种谬论，着重指出"现代化的关键是科学技术现代化"，旗帜鲜明地指出"科学技术是生产力"这一马克思主义基本观点；重申知识分子是工人阶级的一部分，是"为社会主义服务的脑力劳动者，是劳动人民的一部分"，强调"必须打破常规去发现、造就和培养杰出的人才"，把"尽快培养出一批具有世界第一流水平的科学技术专家，作为我们科学、教育战线的重要任务"。

当时很多科学家们都情不自禁地流下了热泪，感到无比的激动，深深地感受自己又获得一次新的解放。坐在其中的陈佳洱也和很多人一样欣喜万分地感受到科学的春天又到来了！

## 建设重离子实验室

北京大学技术物理系（原为北大物理研究室）是1955年由周恩来总理批示建立的我国高校中的第一个核科学与技术人才培养基地，几十年来为国家培养了千多名高级人才，在历届毕业生中已产生了11位两院院士。1983年经原国家教委批准成立了北京大学重离子物理研究所，北大核科学的科研实力得到进一步加强。1990年，北京大学重离子物理国家教委开放实验室正式成立，后更名为教育部重点实验室。在经历了20世纪九十年代中后期的一段低潮之后，随着核科学基础研究的新发展以及核能和核安全等国家需求的日益突出，实验室在新世纪得到快速发展，已经成为国内本领域内有特色的、高水平的实验室。重离子物理教育部重点实验室主要由北京大学物理学院的粒子物理与核物理、核技术及应用等两个国家重点学科的骨干科研力量组成。

目前实验室的主要研究方向为：放射性核束物理、强子物理、先进粒子加速器技术、核技术应用。实验室的总体目标是：依托北京大学学科众多、人才资源丰富的优势，把实验室建设成为基于核科学与技术、多学科交叉的高水平基础性研究基地，针对学科发展前沿和国民经济、社会发展及国家安全的相关重大科技问题，开展核物理与核技术方面的基础科学、应用基础科学及多学科交叉应用的创新性高水平研究，获取原始创新成果和自主知识产权，培养基础物理、核科学与技术以及多学科交叉的高层次研究型人才。北大重离子实验室从最初的设想、建设到成为具有国际影响的科研基地，无不浸透陈佳洱的心血和智慧，他曾担任该室主任长达15年，为此做出了举世瞩目的成就。作为其中的加速器质谱是国内唯一能开展批量样品测量的 AMS 实验室，一直以来也是国内唯一能进行高精度碳 14 测量的 AMS 实验室。十几年来，北大 AMS 实验室广泛开展交叉应用研究，成为我国地球科学、考古学、环境科学和生命科学等领域内相关研究的技术平台，先后支撑过多项国家重大、重点项目，在国内外产生了较大影响。

## "夏—商—周断代工程"

科学大会之后的一年之中，由高等教育部和中科院在北京大学联合建立的我国第一个原子能教育基地——北京大学技术物理系，经小平同志的亲自批准，由汉中搬回北京。消息传到正在汉中接受再教育劳动的系里，整个系都沸腾了！大家庆贺从此获得新生。在改革开放思想的引领下，系里全体同志多年来憋着的一股劲终于像火山一样爆发出来了！大家争先恐后地要打"翻身仗"，群策群力，依靠自主创新进行原子能科研教育二次创业。之前，陈佳洱科研团队已经克服困难，完成了4.5MV 加速器的设计和建造，之后他们继续与上海先锋电机厂展开合作，同时还依靠海外同行的帮助，在短短几年里创建了第一台射频效率达到国际前列的螺旋波导聚束器和整体分离环型 RFQ（射频四极场）重离子直线加速器、研制出我国第一只射频超导加速腔。并在英国牛津大学转让的 2×6MV 串列静电加速器主体设备的基础上，北大技物系自行设计、研制并配置了气体处理系统、真空系统、控制系统、束流输运线和四条物

2000 年，陈佳洱（前排右四）在台北主持亚太物理学会理事会

理实验线。这台结构复杂、安装精度要求高的 $2 \times 6MV$ 串列加速器，是在基本上没有安装图纸和没有外国专家帮助下，仅用一年零十个月的时间安装调试出来，而且性能比英国牛津大学的还有所提高。

这些设备的研制成功可谓生逢其时，此时，正好国家科委宋健主任直接下达了一个新任务就是"夏—商—周断代工程"，并成立了"夏商周战略工程领导小组"，组长是科技部的副部长邓楠，副组长由陈佳洱担任。"夏—商—周断代工程"的起因是中华文明数千年绵延流传，而且从未间断。古代文献中清楚地记录了夏、商、周三个朝代。其中，夏代是中国历史上第一个王朝时代；商汤灭夏之后建立了商代；武王伐纣灭了商朝，又建立了周代。历史学家将夏、商、周这三个朝代，简称为"三代"。古代伟大的历史学家司马迁在《史记》一书中还清楚地记下了夏商周三代君王的世系，其中商周两代的君王世系，已被地下出土的甲骨文和金文所证实，说明三代的存在是肯定的、不容怀疑的。

可是有关中国的历史年代只能上溯到西周的共和元年，即公元前 841 年。在西周时期，它已处于西周晚期。在此之前的西周早期和中期的年代、更早的商代和夏代的年代就说不清楚了。很多人在编写历史时，只能按自己的认识去估算，常常写上一个"约"字或在年代之后打个"？"表示有关年代的不确定性。这样做是不得已的，当然也是不准确、不科学的。早在两千年前的西汉时代，就有学者对三代的年代进行研究。以后，历代的学者仍孜孜不倦地对三代年代进行探索。到了近代，还吸引一些国外的汉学家也投身到三代年代学研究的行列之中。他们在利用历史文献的同时，还尝试引入天文学的方法对天象材料进行计算，试图在三代的年代学研究中取得突破。不过，过去的研究者所用的手段比较单一，基本上是凭个人的力量进行研究，难度极大。虽也提出了各种结果，但受材料的局限和方法的不完备，缺乏必要的证据而不能达成共识，致使三代的年代一直未能解决。因此，这个工程就是要求通过科学的方法，精确地测量年代，它的测量精度比国际上有名的测耶稣"裹尸布"的要求还高得多。如要求测定三千年前一个有甲骨文的骨片的年代的精度优于正负三十年。为此，陈佳洱先到当年因测耶稣"裹尸布"的年代而出名的几个加速器质谱的权威实验室去请教。还去了英国牛津大学，瑞士苏黎世高工，加拿大多伦多大学，听取他们的意见。他们听了都摇头说，我们暂时还做不到，你们先试试吧。经过一番救援无果后，陈佳洱依靠研究小组集体的智慧，利用前面所说的那些设备，想尽一切办法降低本底、降低"分馏效应"，做到"平顶传输"，并做好数据分析和年轮校正，结果总算实现了目标。由于这台加速器质谱计的碳14测年发挥了重要作用，北京大学加速器质谱计的总体测量水平也因而升至国际前列。

如今，由陈佳洱团队创建的第一台射频效率达到国际前列的螺旋波导聚束器和整体分离环型RFQ（射频四极场）重离子直线加速器，还广泛用于加速器质谱计测量、离子束分析和核技术应用等领域。

## "陈氏模式"

为了把失去的十年补回来，陈佳洱把研究目光瞄准到更加先进的射频超导加速器上。1964 年美国斯坦福大学建立了第一台原型射频超导电子直线加速器。尽管早期它的加速电场强度低，运行稳定性差，但陈佳洱看到的，却是大幅降低微波功率、提高加速粒子束的平均流强与束流品质后的发展远景。

1982 年，机会终于来临。在杨振宁先生的安排下，陈佳洱去往美国，访问正在建造超导重离子直线加速器的纽约石溪大学。陈佳洱在石溪大学把他对束流脉冲化这方面的研究成果拓展应用到加速器的聚束器、高能后切割器、后聚束器及各个束流输运元件组成的系统中去，成功地将 64MeV 的碳离子压缩到 100 皮秒，达到当时国际先进水平。他还为加速器的用户编制了一套软件，可根据用户对加速离子的种类、能量等性能要求，通过计算机自动操控，运行方便、精确、可靠，这在当时是一种十分先进的加速器运行模式，石溪大学的同事们高兴地称之为"陈氏模式"。2008 年 7 月，当《物理评论快报》（*Physics Review Letters*）在北京举办创刊50 周年庆祝会时，陈佳洱与 25 年前石溪大学物理系的同事、该期刊的总主编斯普拉尔斯教授重逢了。斯普拉尔斯教授非常激动，说出的第一句话就是"'陈氏模式'现在仍在石溪运行着！"在科技发展日新月异的今天，一项技术能 25 年不被时代抛弃，这应该是对于一位科学家最好的褒奖。

## 甘当激光照排的推手

1984 年陈佳洱被任命为北京大学副校长。作为北京大学的副校长，他为当时刚刚创业的王选和他的激光照排机四处奔波，并且和当时的副教务长花文廷等人倡议，经北大党政办公会议讨论决定，成立了北京大学新技术公司，即方正集团的前身，着力推动科技产业化。

王选研制的精密照排系统始于 1975 年，当时国家有一个"748 工程"，即汉字信息处理系统工程，分三个子项目：汉字通信、汉字情报检索和汉字精密照排。对于这三个子项目，王选独钟精密照排系统。虽然当时王选正病休在家，每月只领 40 多元的劳保工资，但可以做自己想做的任何事情，于是义无反顾地投入到精密照排系统的研制工作中。这一事例也说明在可能的条件下让年轻人自由选题，做自己喜欢做的事情，才能激发创造的欲望。王选首先了解清楚国内外的研究现状和发展动向。由于有多年的硬件实践，并懂得微程序，所以很容易就想到可以用一个专用硬件将复原速度提高 100到 200 倍。1976 年时，国外尚无激光照排机的商品，但国内在高精度传真机研制方面已积累了多年经验，激光扫描分辨率高和幅面宽等突出优点强烈地吸引了王选，但逐线扫描，不能改变光点直径和扫描后不能停顿的特点又使控制器的设计难度变大。"需要"和"矛盾"正好促使新方法的产生，他的逐段形成点阵、逐段缓冲、四路平行输出等方案就是被逼出来的。这些困难找到了解决办法后，王选于1976年夏做出了一生中第四个重要抉择：跳过第二、三代照排机，直接研制当时尚无商品的第四代激光照排系统，这实际上是选择了技术上的跨越。

当时陈佳洱觉得王选的成果是很有前景的，而且是很不容易的。他是个学数学的，他应用数学公式来描述汉字，把信息压缩500倍，这样就可以用计算机来处理汉字。觉得这样的想法是了不起的，是原创性的。激光照排技术依靠了北京大学在基础科学方面的一些最好的成果，比如说激光，物理系当时在发展激光，用激光来控制汉字的扫描照排；学校的好多个系包括中文系、数学系、物理系等，他们的研究成果和思想都用计算机汉字扫描照排集成在一起了。这样一个科研成果，陈佳洱觉得是必须支持的。因为它太重要了。经过北大党委和陈佳洱等人奔走和呼吁，王选的工作得到有关主管领导的支持。当时最早支持的是"748工程"的组长、电子工业部计算机工业管理局局长郭平欣，以及小组的重要成员张淞芝，这两位1976年了解了方案后给予了包括经费在内的大力支持，因为当时这样做要冒很大风险。

后来教育部、国家计委、国家科委，以及后来的国家经委、经贸委，甚至邓小平同志、江泽民同志都给予了支持，才使得中国没有经过二代机、三代机，没有经历照排机输出毛条、人工剪贴成页的阶段，直接从铅排跳到了最先进的第四代激光照排。"淘汰了铅与火，迎来了光与电"的印刷技术革命。

学校最重要的工作固然是培养人才、做科学研究，从生产知识、传播知识上为社会作贡献，这是学校责无旁贷的责任。但是如果学校跟整个经济、社会脱开的话，就很难真正地为社会来服务。所以当时北大党委的想法就是，既然我们有这么好的成果，我们也有责任让它真正变成一个产品。我们不是为了谋取利润，是为了使他的研究成果能够顶天立地，这就是当时的指导思想。当然，令人欣慰的是经过北大几代人和各方面共同的不懈努力，王选主持开发的激光照排系统，不仅占领了国内99%的市场，而且应用于海外中文媒体与日本媒体，然而一般人并不知道这其中也都凝聚着陈佳洱的心血和智慧。

## 北大校长

1996年，陈佳洱被任命为北大校长。走马上任后的陈佳洱，骑着一辆旧自行车，频繁地穿梭在校园里，他首先做的事情就是走访各个系和教研室，了解各个系教师队伍情况和学科发展情况，特别是学科在国内外的地位和存在的问题。仔细听取一线教师和有关领导的意见，研究学科建设的发展。

最初，当有关领导希望他出任北大校长一职，第一次跟陈佳洱谈话的时候，他拒绝了，理由是自己毫无思想准备，觉得没有这个能力和水平来接受这样一个任务。后来上级已经决定了，陈佳洱不能再推辞。他形容自己是战战兢兢、如履薄冰地走上北大校长这个岗位的。虽然接受了，陈佳洱却一连好几个晚上都睡不着觉，因为感到压力很大。通过几个月的走访调研座谈，在治校方面，陈佳洱明确了要把学校办好，首先要抓好学科建设。学科建设是一个学校的安身立命之本。一个学校好不好，首先看它有几个有特色、有亮点的学科；能培养多少有特色的代表性人才。为此，学校专门组织校学术委员会与各系的领导一起探讨研究相关学科跟世界一流大学的差距，讨论提高学科水平所应该采取的措施和应该解决的问题。当时社会上流行一个风气，凡是学院都改称大学，在大学里各个系又都改名为学院。陈佳洱觉得这种做法对学科建设没有实质性的意义。要让学科有生命力，就应该学科交叉，产生新的学术思想或新的学科生长点。所以在他的倡议下，北京大学成立由多个学系组成的学部。比如，由文、史、哲等系构建人文学部。后来经过校学术委员会的讨论，正式建立了人文学部、社会科学学部、理学部、信息与工程学部四个学部。之后为了与北京医科大学合并又成立了一个医学学部。

## 名师出高徒

陈佳洱始终认为要建设一流的学科，首要的关键是要建设一流的教师队伍。教师不仅在"授业、解惑"上起着主导作用，更在"传道"上，特别是学生精神人格的全面培养，教学生如何为人上起着关键的作用。教师的言传身教、潜移默化起着重要的、不可替代的作用。所谓名师出高徒即使在今天信息化的社会中仍然有效。老师的一个鼓励甚至于一个眼神都可能改变一个学生的人生方向。如果没有当年王大珩、朱光亚老师对自己的影响和引导，也就没自己的今天。因此，担任校长后，陈佳洱想方设法努力从国内、外聘请一些优秀的老师到北大来任职，也破格提拔一些优秀的年轻教师，使他们有机会脱颖而出。还规定，有名的教授必须上一门教学基础课程，以此来提高教学质量。

造诣精深又能团结带领师生攻关的学科带头人，更对学校的整体学术水平的提升起着决定性的作用。所以每次只要听到有优秀的学者来访，陈佳洱总会尽量抽出时间，与他们见面谈心，动员他们来北大工作或与北大合作。每次出差或出国前，陈佳洱也总要了解当地有哪些优秀人才，并挤出时间想方设法与他们接触，向他们宣传北京大学的人才政策。经过多年的努力，北京大学吸引、凝聚和培养了相当一批高水平的优秀学术带头人，并与相当众多的著名学者建立了不同形式的合作关系。北大国家杰出青年基金获得者的数量和后来"长江学者"的数量，当时在全国高校中名列前茅。

## 一个很重要的决定

北大是一个综合型大学，有很强的理工基础，同时拥有一批在人文方面的杰出大师，包括冯友兰、翦伯赞、季羡林、袁行霈等，是北大共同的财富。他们为国家整个的文化发展做了很多的贡献。因此当陈佳洱发现很多理科的学生，可能物理学得很好，但汉语的基础不是很好。比如写一篇论文，他的物理思想很好，可是文字不通。用汉语老师的要求，就是作文可能不及格。他开始思考，北大究竟应该培养怎样的人才？我们培养人才、毕业的学生，他们的人文素养、文化素养决定他一辈子对社会的贡献，这非常重要。一个从北京大学毕业的学生，他出去要待人处事，文字表达能力不好不行，这是从实用方面看。更重要的是通过学好语文，他可以真正地吸收我们光辉灿烂的中华文化，提高整个人文的素养和素质。科学追求至真、人文追求至善至美，所以，陈佳洱就希望北大要求文科学生必须选修一门理科课程，理科学生也必须选修一门文科课程。他的这一决定，得到了当时北大文理科的教师一致拥护。

## 睡高低床很踏实

作为校长的陈佳洱，在很长时间里，一家三代人就住在实际使用面积只有 50 平米的房子里，因为太拥挤，他自己在家里还睡高低床。当有人问他，您作为这样一个著名大学学府的校长，自己的生活这么低调，觉得这个反差是不是太大了？而陈佳洱对此却很淡然，他那时并不因为住房觉得委屈，因为比他资历更高的，他的老师辈，也并不比他好多少。陈佳洱的夫人也是北大的教授，她当然也很了解大家的情况怎么样。他们夫妇都很知足，以当时的条件，不可能跟国外的校长比。而且陈佳洱觉得住房待遇并不是一个做校长必须的一个条件。住的好，更方便一点，当然好。实际上他和夫人很多的时间都在办公室里。即使做校长，陈佳洱也坚持讲课，还在实验室工作。所以，家里其实也就是睡睡觉，他觉得已经挺好了。陈佳洱说，在生活上我总觉得我应该跟其他教师一样。他们的困难没有解决，我也不能特殊。只有这样我才能够理解他们的困难。所以我也讲过，大家没有改善之前我不先改善。有的职工起初因为不理解学校的困难，带很多人到他家里来，问校长要房子。但进来一看，原来校长的住房也很困难。这样，他们回去了。虽然在家里睡高低床，却让陈佳洱感到很踏实，他发现虽然住的条件差一点，但是对于做好工作反而更有利。另一方面，陈佳洱也和学校领导班子一起积极努力，寻求各种解决之道。尽管在当时学校的经费以及有限资源的条件下，短时间全面改善职工住房是很困难的，但学校一直在努力，一方面努力做职工的思想工作，向大家说明前景是很好的，但是大家必须一起来努

1999 年，陈佳洱陪同美国
总统克林顿在北大访问

力、改善；另一方面积极筹措资金和想方法，让职工的
住房逐渐有了改善。

## 要对得起北京大学

当了校长的陈佳洱常常思考一个问题，就是要如
何对得起"北京大学"这四个字。北京大学是一个有
非常光荣传统的大学。爱国、进步、民主、科学，这
是北大的光荣传统；勤奋、严谨、求实、创新，北大有
非常好的学风。要对得起北大这样一个传统。至少在
自己这一任上，能够朝着符合北京大学的地位相适应
的方向有所发展。早在 20 世纪 80 年代末 90 年代初，
北大已开始酝酿建设世界一流大学的想法，这个战略

规划也有当年作为常务副校长的陈佳洱的积极思考和建议，于是，当陈佳洱出任校长，面临的正是国家正在建设有中国特色的社会主义，作为有着悠久历史地位的北京大学，只有在国家科教兴国战略的指引下，培育求真、求知、追求真理的良好风气，在培养具有高度人文素质和科学文化素养的高素质创造性的人才方面，并在知识创新、技术创新和理论创新方面作出一流的成绩，为民族的振兴和人类的进步作出卓越的贡献，才无愧于人民的期待。

正好也是在他的任期内，北京大学将迎来百年华诞，走向新世纪的北京大学如何建设发展，成为他需要迫切回答的一个问题。当时还有一个很重要的想法就是要振兴学科，先要振奋人心。陈佳洱希望通过百年校庆这个契机来振奋人心，为此专门组织成立了百年校庆筹备组，并提出百年校庆以学术为主线举行世界著名校长论坛，举行各个学科的世界上最著名专家的学术研究论坛、诺贝尔奖和菲尔茨奖得主的演讲大会。除了校长论坛、教育论坛、各个学科论坛之外当然还有包括百年校庆的庆典。为此，也就有了后来的陈佳洱三请国家主席江泽民等中央领导同志莅临北大出席百年庆典。

## 与清华联手打造"985 工程"

庆典后，陈佳洱想到的第一件事情，就是利用这样一个机遇与清华联手建造世界一流大学。他与时任清华的王大中校长沟通后，签订了北大清华联合携手共建世界一流大学协议。当时的"八条协议"包括第一学分互认、第二教授互聘、第三资源共享、第四后勤共建等八条。签完字以后，两校共同起草了建议国家启动建设世界一流大学的报告给总理。这就是后来的"985 工程"。它为我国一流大学的建设取得国家持续的支持，奠定了资源基础。其实建设世界一流大学的想法在丁石孙（前北大校长）任校长的时候就提出来了，当时作为常务副校长的陈佳洱和丁校长可谓英雄所见略同，而且跟校党委讨论过，意见是完全一致的。为什么跟清华联合一起呢，因为如果北大一家向前冲太突出了，肯定不容易成事，而且北大清华仅一街之隔，确实学校之间应该合作起来。陈佳洱坦言：我看到国外的好多大学，又竞争又合作，比如牛津跟剑桥，每年还要搞场比赛，但他们之间交流合作很多。各有所长，和而不同，各自发挥自己的特色。所以我想到北大清华也一定能联合。后来教委有七个学校联合起来组成联谊会，包括北大、清华、复旦、上海交大、西安交大、浙大和南京大学。我们这七个大学经常为联手建世界一流大学而进行讨论和交流。所以在当时北大和清华大学进行资源整合的意识还是很超前的。

## 第四届国家自然科学基金委员会主任

1999 年，陈佳洱出任国家自然科学基金委员会主任。上任之初，面对科技工作者的呼声，他表示在他的任期内，将致力于更好地满足科技工作者对科学基金的需求。人是科技工作最主要的因素，今后要进一步把支持项目和支持人才结合起来，进一步提高资助强度和资助效益。同时要尽量为从事基础研究的科技工作者提供一个比较宽松的环境。陈佳洱说在与诺贝尔奖获得者谈话中，他得知获诺贝尔奖的科学家中有 90% 人的获奖成果，并不是计划中想做的工作，而是在科研工作中偶然发现的。所以，在探索未知世界的基础科学研究中，他希望通过基金资助形成宽松环境，更加有利于人才的成长和知识的创新。对于有记者提出的人们发现科学基金在运作中还存在一些弊端，对这些弊端有何认识，并准备如何在任期内加以改进的问题，陈佳洱表明自己的态度和观点，他坦言：经过十几年的探索和不断完善，国家自然科学基金已建立了由数万名专家组成的评审咨询系统；初步建立了决策、执行、监督相互协调的管理系统；建立了与社会主义市场经济体制相适应的"平等竞争、科学民主、鼓励创新"的良好机制。这是我国科学基金工作不断取得成绩的主要经验。

关于基金运作中的一些弊端，经过调查，目前归纳起来主要有以下四种意见：基金申请手续过于繁琐，基金款到达科研单位太慢，同行评议时对于申报项目价值的判断会有失误，一些超前项目难以得到多数人的肯定，少数人拿到资助后不认真用于科研事业。他强调说，我们不能把基金运行过程中存在的一些问题归结成机制上的弊端，我们要在充分肯定广大科学家探索形成的良好科学基金机制的前提下，研究如何使基金运行得更健康。以同行评议为例，如果我们不请专家对申报项目进行评议，恐怕问题就会更多。

同时，他以一个科学工作者的亲身体会向正在努力争取更多地获得科学基金支持的广大科技人员，特别是中青年科技人员提出一些建议并殷切寄语：中青年科学家是整个国家发展希望之所在，也是科学基金支持的重要方面。在市场经济条件下，科技人员面临各种选择和诱惑，要想在科研上取得杰出的成绩，他们必须全身心地扑在自己的科研事业上。搞科学研究没有爱国奉献精神，是坚持不下去的。在科研工作中，年轻科学家们要敢于创新，不唯上，不唯书，只唯实。不要追求论文发了多少篇，而要追求解决他人没有解决的问题。基金的评估标准将继续坚持质重于量。事实上，在基金资助的评审中，最主要的就是看项目有没有创新性。他期望国家自然科学基金委员会的工作能更多地得到中青年科学家的配合和支持。陈佳洱是这样说的也是这样做的，作为基金委主任的他，工作的重心就是为科技工作者营造创新的宽松环境，他用不同的语言来诠释他的这些理念，并通过各种措施和手段来推动这些理念的落地生根。

## 年年都要搞，年年有新意

按照每年的惯例，基金委有一项工作就是做项目指南的编制，当工作人员发现其实几年下来，每年项目指南编制的内容没有什么变化，并质疑这个编制工作还要不要继续搞下去时，陈佳洱就明确指出："年年都要搞，年年有新意"，这是整体原则要求。他耐心地向工作人员详细阐述了自己提出这个要求的实质内涵。因为国家自然科学基金委，作为国家支持基础研究的主渠道还是要发挥作用，无论从履职的角度还是大的国际环境都必须搞，不能束之高阁，不能无所作为，在其位，谋其政。而年年有新意，实际是应该理解为：有的不变，从战略的角度，一些大的领域的科学布局基本方向不能随便改变，需要稳定支持，而有新意就是需要在今后的工作中，通过每年结果分析，鼓励研究领域和方向把功课做足，看看有哪些领域、哪些方向还存在缺陷？因为科学家是自由申请，具有很大的随意性，有的学科就可能缺少甚至没有，但从客观上来看，有的濒危学科以及一些薄弱学科领域需要加强，同时要把重点项目指南放进去；要加强对上一年资助项目情况分析以及对下一年整体资助情况项目布局的预测。这样就在鼓励研究、重点项目指南、资助政策这三个层面上有了新意。

正是陈佳洱关于基金委项目编制工作的这个指导思想和原则，在陈佳洱的任期内，基金委的基本工作在继续推进前任原定的 52 个学科发展战略的基础上，加强了重视遴选跨学科研究项目。在这个过程中，让基金委的工作人员亲身感受到了他平易近人的大家风范和人格魅力，领略到了他独具一格的领导艺术。

作为单位的一把手，他经常到工作人员办公室，与大家交流，他会告诉下属和同事，最近自己在想什么？征询大家对此有什么意见和看法？本来是他在安排工作，却让人感觉他是在和你商量，你会更好地理解他的思想和理念，在工作中要融会贯通地贯彻落实好，他的亲切和温和是对工作的最好指导和督促。

## 降低门槛倾心育苗

作为曾经的青年科技工作者和北大校长，陈佳洱有着深刻的切身体会，面对当时大家感觉基础研究的环境不好，很多人心浮气躁的实际情况。那段时间，他一方面经常拿安德鲁·怀尔斯发现费马大定律，十年不发一篇文章，发一篇文章就一鸣惊人的例子，勉励大家安心科研，说明基础研究就是要宁坐板凳十年冷，不写文章半句空。但他很清楚光开空头支票是不行的，很多事情不是光靠说就可以实现，在实际工作中，有很多具体问题和具体工作，需要有具体措施和解决的办法才能实现你要的目标。于是，就提出了营造宽松环境首先必须提高资助强度和资金规模，实际中关于支助规模还是强度重要也有过争论。最后还是定在需要控制规模、在有限资金的情况下提高强度就是支持的力度，在资助有限的情况下先确保拿到钱的人能有充足的经费把事情做下来。人才培养就是要不拘一格宽容大度。在陈佳洱的倡议和力主下，将青年基金申请定位在育苗，大幅度地降低申请门槛，淡化以前的工作基础。青年基金支持35岁以下的，以前过分强调以往工作基础，这样就会让很多有潜质的科学苗子失去正常和优良的成长环境。至于杰出青年基金定位则是在高端上，着重于培养大师和学科带头人。为此，国家自然科学基金委员会通过媒体发布，当前和今后一个时期，将通过科学基金投放的导向作用，实施三大人才战略，这三大战略的主要受益者将是青年科学家。

三大战略首先是将着力选拔、培养和造就一支在前沿领域开展创新研究的中坚力量。"十五"期间，国家杰出青年科学基金拟资助900人左右，并将资助创新研究群体100个左右。二是将扩大青年科学基金和国家基础科学人才培养基金的资助规模。青年科学基金每年增加约100项，到"十五"末期，年资助1200项左右。同时，鉴于45岁以下的青年人员已成为面上项目的执行主体，青年科学基金将对博士后和毕业不久的博士给予及时的支持，鼓励和保护他们从事基础研究和献身科学的热情，扶持他们尽快成长。三是将放宽海外学者承担国家自然科学基金项目的限制，继续完善"留学人员短期回国工作讲学基金"等的管理模式，开辟多种渠道吸引留学人员为祖国基础研究作贡献；积极吸引国外科学家来华主持和设立研究机构开展基础研究，带动和推进我国基础研究的国际化进程。同时，国家自然科学基金委将努力形成与国际接轨的经费管理模式，不断发展和完善人才培养资助体系。科学基金人才战略取得显著效果。在科学基金面上项目负责人中，45 岁以下的中青年学者所占比例已从 1986 年的 12.2%上升到 2001 年的约 67%。通过科学基金持续稳定的资助，以及国家采取的一系列稳定、培养人才的措施，一批处于创新高峰年龄段的中青年学者成为承担科学基金项目、从事基础研究的主力，20 余位当选为院士或担任国家重点基础研究规划项目首席科学家的中青年科学工作者，都曾得到科学基金连续的重点资助。

## 用心培育创新研究群体

多年来，基金委通过竞争机制让科学基金持续稳定地支持从事基础研究工作，为稳定和建设一支"老中青"相结合的基础研究队伍作出了重要贡献。在此基础上，还实施了吸引与培养优秀青年科技人才的战略，初步形成了以国家基础科学人才基金、青年科学基金、国家杰出青年科学基金的人才培养资助体系。但在实际中，陈佳洱和基金委的同志通过考察和调研，感觉科学研究环境现在跟牛顿、爱因斯坦时代已经完全不同，并且在人文和科研以及经济包括国际环境等方面都发生了巨大的变化，现在越来越需要合作，特别是基金引入竞争机制后，发现申请得到支助的，除了重点项目多一些人，一般就是一个科研领头人带着两三个学生，这样是不是与当今科研发展整体创新模式不一致呢？通过认真思考，基金委就提出以后要增设资助创新研究群体。

怎样鼓励合作呢？涉及一类项目相关领域里，有一定层次的人能够促进大家在一起，那什么样的项目能够促使大家在一起呢？首先就一定想要在强度上有保障，当时就提出了300万的支持，既然是群体，就有自然形成的也有后天培育的或自由组合，需要连续三年、六年的支持才能有成效。

如果是聚在一起，将来做什么？只要大体方向一致就可以，认为高手在一起一定会有火花。又考虑到单靠基金一家力量不够，需要所在单位的支持，所以又提出

陈佳洱（左三）主持2005世界物理年

一个依托单位。基金委对于依托单位是有条件的，通过组织考察，看创新群体是假合作还是真拼盘，确定依托单位是不是真支持还是真要钱。对依托单位的支持要求包括对研究群体人员的待遇、住房保障等等，这样才能形成合力。在培育创新群体的同时，更加突出非共识项目，更加重视非共识项目。当时提出的所谓小额创新项目，就是专门为资助一些非共识项目，就是在实际评审中大家认识不统一、不一致的，但只要有一两个人能系统地说出理由的项目。

## 机会垂青于有准备之人

营造有利于基础研究发展的环境、培育源头创新，是陈佳洱在任期内提出的两大旗帜鲜明的理念。面对当时大家都是攀高峰，面向经济和依靠科学这两个方面做文章，这些是从目标和角度上提要求，营造宽松环境则从管理部门自身提要求。基金委提出的这些鼓励创新资助创新政策和理念，最终能不能有效地实现，取决于专家们理解和把握并在评审过程中的自觉运用。这样首先就要求在评审环境上要引导评审专家，第一次把评审专家的品质、素养建设鲜明地提出来，让他们把项目的创新性、战略性包括学科发展的均衡性作为评审的原则，围绕源头创新，目的就是要营造环境。在路径上，基金委在资助环境、评审环境、人才培养环境三方面出台了一系列的政策和措施来支撑源头创新战略，同时从政策层面上引导。基础研究领域支持创新和应用领域的技术创新如何结合？我们和企业联合支助由企业拿出问题，由科学家转变为科学问题，实现了需求方和研究方的结合，而在源头创新战略上就是鼓励资助和应用结合。

从陈佳洱任期到现在的基金委，工作的重心一直都是在不断推进学科均衡、协调、可持续发展，基金委70%的经费都是用于这个方向，陈佳洱还鲜明地提出学科布局要全面协调。

在高层召集的有关科技工作的会议和讨论中，陈佳洱以政治家的智慧和勇气，痛陈我国建国以来许多不尊重科学规律，习惯于用行政手段对科学的干扰和用意识形态里的观点和方法来评价科学家和科学成就的不良现象和事实，比如我国在很长一段时间，由于对爱因斯坦、米秋林、摩尔根等不科学的态度和评价，因而，对我国科学技术发展产生了严重的障碍，造成不可估量的损失和后果。陈佳洱对我国建国以来科学发展的经验和教训进行了严肃认真和系统的总结与反思。大声呼吁基础科学研究决不能按照市场经济规律要求来发展，否则，我国科学发展将出现严重的问题，甚至痛失良机，因此，要把营造有利于创新环境放在科技管理部门工作的首位。

如今，在陈佳洱和基金委几代人的努力下，科学基金始终坚持支持基础研究的方向，按照基础研究发展的趋势和规律，适应学科不断综合又不断分化的特点，建立以面上、重点、重大项目为基本层次，一系列专项基金相互配合衔接的项目资助格局，形成了以学科建设为横向布局，优先领域为纵深部署的矩阵式资助模式，为科技工作者在国家需求和科学前沿的结合上大胆探索与开拓创新提供了广阔的舞台。基金项目取得一批在国际上产生广泛影响的成果，一些学科领域和研究方向的整体水平得到显著提高，不少科学基金项目成为"攀登计划""国家重点基础研究规划项目"等国家重大科技计划项目的先导。科学基金正在和已经发挥我国科技创新源头的作用。

## "八不准"

为了保证基金委工作人员的廉洁奉公和项目评审结果的公开、公平和公正，陈佳洱在担任国家自然科学基金委员会主任期间，在内部严格实行了"八不准"纪律，他在干部职工大会上语重心长而又十分严肃地叮嘱大家："谁砸基金委的牌子，我就砸他的饭碗"。

"八不准"的内容包括：

一、不准我委在编工作人员申请或者参加申请科学基金项目。

二、不准接受来委办事的项目依托单位人员任何名义的宴请。

三、不准我委工作人员（包括在编、兼职、兼聘人员）泄露同行评议人姓名、评审会发表意见人的姓名和审批决定未公布前的评审意见、评审结果等。

四、不准在科学基金资助项目的评审、中期检查、鉴定、验收、考察调研以及到项目依托单位介绍科学基金管理工作等公务活动中收取报酬。

五、不准在评审会议期间接受单位或个人与项目评审有关的邀请和来访。

六、不准在项目依托单位报销任何费用及接受项目依托单位和受资助个人的任何礼品、礼金和各种有价证券。

七、不准参加项目依托单位和受资助个人安排的旅游及各种娱乐活动。

八、不准我委在编人员（兼职人员除外）兼任项目依托单位的专业技术职务和行政职务。

## 精心打造"双清论坛"

在陈佳洱的亲自推动下，设立"双清论坛"。"双清论坛"坚持百花齐放，百家争鸣原则，着力营造严谨求实、平等切磋的良好氛围，积极推进建设性学术评论，确保与会专家实现充分的思想交流与碰撞，是自然科学基金依靠专家，开展深入战略研究的重要形式，也是国家自然科学基金委员会为推动创新文化建设、营造良好创新环境的一个具体的载体。"双清"寓意着"科学民主、正本清源"，即通过倡导科学的精神，弘扬民主的作风，汇聚专家学者的智慧，厘清科学问题，凝练战略计划，为科学基金资助政策与战略制定提供决策依据。2003 年 9 月 28 日，自然科学基金会与国家中长期科学

和技术发展规划战略研究第 14 专题组共同举办的首届
"双清论坛"正式开幕。

到目前为止,"双清论坛"已经举办了 100 多期,
已经成为促进科学家开展合作和交叉研究的重要平台。
由于"双清论坛"的主题一般都具有跨学科的特征,来
自不同领域,具有不同学科背景的专家,利用论坛这一
平台,实现了学术交流和思想互动,为推动交叉学科研
究的深入发展,培育新的学科生长点,创造了良好条
件。同时,在建设创新文化上,"双清论坛"也发挥了
重要作用,基金委通过举办科学论坛和多层次、多规格
的学术研讨会,促使不同学术思想、观点、学派之间开
展平等自由的交锋,改变了传统观念,推进了科学评论
等,同时促进了在制度建设上花气力,办实事,保护风
险意识和勇开先河的精神。

## 十四专题

2003 年 6 月 6 日,是个特别的日子,国务院决定
成立国家中长期科学和技术发展规划领导小组,温家宝
总理亲自担任组长,国务委员陈至立任副组长。中科院
院长路甬祥、工程院院长徐匡迪、总装备部部长李继
耐、科技部部长徐冠华、国家自然基金委员会主任陈
佳洱等 24 位部级领导任领导小组成员,陈佳洱兼任第
十四专题组组长,负责制订基础科学问题研究规划的具
体工作。

在去往中南海的路上，陈佳洱有些激动，他回想到，几个月前，时任副总理的李岚清就英国首相布莱尔于 2002 年 5 月 23 日在英国皇家学会发表的讲话，召集中科院、科技部、基金委和科协的一把手座谈，布莱尔强调科学对英国未来的发展至关重要，并提出要重建公众对科学的信任，促进科学界与公众相互理解、紧密合作，以保障科研活动的顺利进行与合理应用。布莱尔认为，人们应当先了解科学事实，然后判断怎样合理地运用这些成果，这与预先作出判断、限制科学研究有着本质区别。例如，在了解事实之前作出判断，就会得出达尔文是异端的结论，然而科学研究证明了他伟大的洞察力；一些持异见人士捣毁转基因作物的实验田，这将使人们无法知道转基因作物会给环境带来什么样的影响。人们固然应当对科学的应用保持谨慎，但这种谨慎应当是在事实基础上作出谨慎判断，而不是非理性地过早下结论。陈佳洱和与会的各位科学家都在布莱尔的讲话中产生了共鸣，得到了启示。正是在这次座谈会上，陈佳洱根据过去的成功经验和出于科学工作者的责任感和使命感，以及前瞻的战略眼光，将自己在心中酝酿已久的想法坦率直陈，率先提出了国家应该制订中长期科学和技术发展规划的建议，得到了李岚清副总理的肯定和当时与会者的一致响应。

当时正值陈佳洱要去印度参加第三世界科学院士大会，李岚清副总理还特别叮嘱他，除了参会还要对印度的科技发展与规划情况进行调研并写出调查报告呈报国务院，为我国将要开展的科技规划工作提供参考经验。

从印度回国不久后，科技界联合召开的关于制定国家中长期科学和技术发展规划的研讨会上，陈佳洱作了关于我国科学基础研究的报告。通过对我国科学基础研究现状的分析和与当前世界各国科学基础研究态势的比对，对我国的基础研究作出了一个基本判断，就是通过多年的改革开放以及党中央、国务院的高度重视，在国家自然基金委在内的多方努力下，我国的科学基础研究工作已经到了从量的扩张向质的提升的战略转折阶段。这个基本的判断，得到了各方面专家和部门负责人的广泛认同。如今，国家自然基金委的同事们认为，这个报告标志着我国基础科学研究规划的蓝图开始在陈佳洱的心中呈现。

2002年11月8日，江泽民同志在党的第十六次全国代表大会上指出，要大力发展教育和科学事业，提出"科教兴国"的战略。陈佳洱作为大会主席团成员和科技界代表，在小组的讨论会上，对江泽民同志所作的十六大报告进行了反复研读，对科教兴国战略的号召心领神会，鉴于在建国初期因为制订了十二年科技规划，对我国的科技发展产生了重要影响以及国际形势的发展，陈佳洱力陈国家制订中长期科学和技术发展规划的重要性和紧迫性，详细阐述了基础研究在国家发展阶段中的重要战略意义，陈佳洱的发言引起了科技界的极大反响，并得到了以胡锦涛为首的新一届集体领导的高度重视和及时的正面回应。

2003 年 1 月 6 日，原国务院总理朱镕基召开国家科教领导小组第十二次会议，听取了科技部部长徐冠华关于我国科学技术发展战略几点思考的汇报。会议决定科技部会同有关部门着手研究制定新时期我国科学技术长远发展规划。在接下来的全国科技会议上，陈佳洱在征求了老师朱光亚和周光召等人意见后，将自己对于基础研究的思考写成书面报告。

3 月 22 日，在新一届国务院组成后举行的第一次全体会议上，决定着手研究制定国家中长期科学和技术发展规划。这一关乎国家、民族长远利益的重大战略决策正式列入新一届政府的工作日程。

5 月 30 日，温家宝总理在中南海主持召开国家科教领导小组第一次会议，审议并原则通过了科技部《关于制定国家中长期科学和技术发展规划的工作方案》。

6 月 6 日，国家中长期科学与技术发展规划领导小组成立。

从最初的萌动和提议，在不到一年的时间里，这么快就提升到国家层面，其间还经历了党和国家领导人的换届交替，这让陈佳洱难抑心中的兴奋，更让他看到了中华民族复兴希望和前景，他对中华民族强盛的信心倍增，也为自己一步步实现了从小立下科技报国的宏愿而深感荣幸！在十四专题里，集中反映了陈佳洱对于新技术革命涌动的判断思路和理念。历史上哥白尼的日心说和维萨留斯的人体结构论，打破了宗教神域的精神桎梏，牛顿的力学理论体系建立引发了十八世纪的启蒙运动。从思想解放理念文化创新，反思李约瑟难题，科学为什么没在中国发展？陈佳洱振聋发聩掷地有声的发言在当时引起极大的震动和反响。

## 出任北京市科协主席

1996 年到 2007 年，陈佳洱在出任北京市科协主席的日子里，积极投身于各种形式的科普活动，他认为，要使我国进入创新型国家的行列，到新中国成立 100 年时，从科学大国转变成科技强国，最关键的是要大幅度提高科技自主创新能力，为我国经济社会发展提供持久的驱动力。因此，促进先进科技和产业的深入融合，先进成果惠及民生，应是科协文化的特征。科协要积极主动地引导科技工作者，使更多的创新要素向企业集聚，加快构建以企业为主体、以市场为导向、产学研相结合的技术创新体系，促进科技成果更多更好地转化为生产力。

陈佳洱认为北京地区具有得天独厚的人才智力优势，充分调动在京科技工作者的积极性，围绕首都经济社会发展中的重大问题献策出力，是市科协及所属团体义不容辞的责任。经过几任前辈的努力，科协系统形成了科学技术专家"季谈会制度"，专家们发挥智力优势，通过定期的季度恳谈会，为首都经济社会发展出谋划策并及时向党和政府有关部门反映和汇报。

陈佳洱继承了市科协前辈的优良传统，积极并有创造性地不断推进专家季谈会制度，努力打造科协品牌，逐步形成和完善了科技工作者建议、政协提案和季谈会相结合的决策服务体系。在他的任期内，紧紧围绕全市重点难点热点问题，以"奥运""文化创意产业"等为主题，组织召开了多次高质量的科学技术专家季谈会。

2002 年，陈佳洱（前排右二）与英国的霍金教授交谈

市委、市政府领导高度重视，数位中外著名专家与市领导面对面交流。专家们提出的重要建议大多得到落实。季谈会还向区县延伸，中央和市属专家出席"延庆小城镇建设与发展"等研讨会，为城乡统筹发展建言献策。

## 两届联席会议制度，推动学科交叉融合

陈佳洱一向主张自然科学要与社会科学相互渗透、交叉融合。2003 年，在陈佳洱的倡议下，市科协和市社科联联合发起建立北京市自然科学界与社会科学界联席会议制度，开创了两界相互促进的新局面。在两届联

席会议的推动下，围绕首都发展中带有全局性的问题，连续举办了主题"科学应对突发事件""大力发展循环经济，建立资源节约型、环境友好型城市""循环经济与科学决策""国际大城市交通发展战略的选择""北京城市规划与交通""创新北京——自主创新与北京创新型城市建设"等主题高峰论坛，在首都学术界产生了积极影响。推动了自然科学各学科间的交叉融合，一大批跨地区、跨部门、跨学科、综合性学术交流活动相继开展。支持举办的七省市机械工程学会科技论坛、华北六省市区农学会学术年会、六省市电机工程学术年会已经形成综合性、高水平、系列化学术交流平台。由11个学会共同发起，连续举办4届的"首都地区生命科学领域联合年会"，已成为学会联合办会的范例。

陈佳洱不断跟踪科技发展前沿信息，为提升学术交流国际化水平作出积极贡献。在他的领导下，北京市科协举办了国际和双边学术交流活动数百个，来自境外的科学家上千人参加，累计交流论文上万篇，近10万人次专家学者参加。成功举办了"中欧大城市发展论坛——智能交通应用与发展""北京——中英大城市水环境学术研讨会""第三届世界粘接及相关现象大会""多国城市交通展""油气成藏机理国际学术会议"等多个产生广泛影响的国际学术会议，市科协系统已经成为首都国际学术交流大格局中的一个重要组成部分。

为了促进科技工作者提高自身的自主创新能力，市科协通过组织各种各样的学术论坛或交流会，培育百家争鸣，百花齐放的文化，鼓励不同学术思想观念、不同方法路线在会议上进行交流，让它们碰撞爆发出创新的火花。为此，他通过组织和策划人文科技论坛，邀请全世界的诺贝尔奖获奖者来北京演讲和交流，为北京的文化发展提供智力支撑。

## 从娃娃抓起

陈佳洱始终认为无论是建设创新型国家，还是建设创新型城市，其关键都在于人才，尤其是创新型的科技人才。培养创新型人才，尤其是科技创新人才，还必须要从青少年抓起。青少年的好奇心是他们探索世界、改造世界、产生创造欲望的心理基础。通过引导他们参加各类科学实践活动，可有效激发他们对科学的兴趣和热情，帮助他们掌握正确的科学活动的方法，树立科学的思想和精神，培育科学创新意识，培养吃苦耐劳的精神，磨练进行科学探索的意志。他们参加发明创造活动时，在教师的引导下通过自身的观察思考，从一项发明课题的选择入手，经过构思、设计、创造，直至完成作品，就能很好地体验发现新问题——提出新设想——做出新作品的全过程，并学会很多创造发明的基本方法和步骤。青少年熟悉了科研活动的基本方法、步骤，初步了解了科研活动的规律，并可能与他人形成良好的合作关系，有利于培养协作精神，对于日后从事更高级的科研活动，无疑会打下很好的基础。他们的探索和创造的火花往往从这里燃起，但也常因处理不当在这儿熄灭。为青少年举办一些科技实践活动，举办一些科技竞赛，就是要爱护他们的"创造火花"，同时为他们"创造火花"的绽放提供一个很好的平台。鉴于此，不论多忙，陈佳洱都会抽出时间参加为青少年举办的各种活动，他多年担任北京青少年科技创新大赛的评委主席，总是一丝不苟地对待，从不缺席。在他的积极倡导和推动下，2003年，北京市在青少年科技爱好者中设立"北京青少年科技创新市长奖"，市长奖只是名誉奖，并不与物质利益挂钩，但深受青少年和家长们的欢迎。每次评选，陈佳洱都会倾注极大的热情，都会亲自与参选的青少年面对面地交流。他说，要培养青少年对科学的兴趣和好奇心，作为组织者和老师要引导他们追求事物的表面现象背后的本质，也就是事物的客观规律。每每看到孩子们的精彩表现，陈佳洱都笑逐颜开心里乐开了花，因为孩子是"祖国未来的花朵"。

## 诠释物理科学的人文魅力

作为著名的物理学家，陈佳洱是这样诠释物理科学的人文魅力：欧洲15世纪文艺复兴之后，牛顿综合了哥白尼、伽利略、开普勒等成果的大成，建立了一套完整的理论体系，奠定了以系统的实验方法得到完整的物理因果关系的理性思维体系，树立了理性与科学的权威；麦克斯韦通过总结大量实验获得的电磁学四大定律，完成电磁学的麦克斯韦方程，建立了经典场论。他所建立的作为自然界物质运动基本构成的"场"的观念进一步发展了人们的物质观与运动观，并引发了其后电气工程和整个通讯事业的发展。20世纪以来，以相对论和量子论为代表的物理学的革命性发展，不仅形成了人类新的时空观、运动观和物质观，极大地深化了人类对自然界从微观、宏观到宇观的各个尺度层次的基本规律的认识，推动了整个科学的发展，还引发了技术文明的巨大飞跃。

科学精神是人类精神文化的体现，包括两大方面，一是科学文化的精神，二是人文文化的精神。前者追求的是至真，突出地体现探索和揭示客观世界基本规律，追求客观真理的精神，而后者更着眼于至善和至美。所以说科学孜孜以求的就是人类社会和自然世界中真、善、美的统一，也就是人和自然的和谐发展，和谐美好人类社会的构建。其中的科学精神，指的就是求真、唯实地探索真理的精神。人类对未知世界的不断了解，人类社会自身的发展与进步，靠的就是一代又一代人所具有的这种科学精神。我们国家提出的科学发展观，讲求尊重科学规律，人和自然协调发展，就是体现了国家治理上的科学精神，体现了求真务实、实事求是的科学精神。对于普通人来讲，科学精神就体现在科学地认识自然、了解世界，尊重科学规律，把握科学的方法，在此基础上树立正确的世界观、人生观、价值观。你怎么样对待你的工作，是不是运用科学的方法，勇于探索你工作中的客观规律，是不是追求人生和客观世界的真理，从而实现高质量、高品质的人生。就像科学精神能够推动人类社会的前进一样，这种孜孜以求、求真唯实的科学精神可以促进个人在思想上的提高，事业上的进步。科学精神并不是局限在科学家领域的，它是人类的一种精神，是一种代表先进文化和生产力的精神。

物理学是探讨物质构成和运动基本规律的科学，是现代自然科学的基础，也是信息、计算机、原子能、激光等现代科技创立和发展的基础。可以说，它贯穿于我们生活的方方面面。在中国，"物理"这个词在先秦时期就出现了，但含义比现在的"物理"要广泛得多了。它泛指人类对自然界及人类自身的理性认识。中国古代思想家认为自然界的规律和人文社会的规律是统一的，人文社会的法则也应该归结为天地、自然的法则；后来有人把这个观点概括为"天人合一"。我们说要创造一个和谐社会，那么这种和谐包括两个方面，一是人和自然的和谐；二是人与人之间的和谐。物理研究的就是人与自然的和谐。而人与自然的和谐又会反过来影响人与人之间的和谐。我们对物理的研究就是人首先要了解自然世界的基本规律，追求真理、尊重规律，与大自然和谐相处，实现这种天人合一。

## 细推物理须行乐，何用浮名绊此身

陈佳洱长期从事粒子加速器的教学与科研工作。他领导并主持设计、建造中国首台国产高性能 4.5MV 静电加速器和第一台面向用户的高精度、超灵敏加速器质谱计。主持并参与创建高效、新型整体分离环与分离作用重离子射频四极场加速器。领导建立了中国第一个射频超导加速器实验室，发展了国际先进的多组元、实用性射频超导加速腔。首次阐明了扇形回旋加速器中心区束流衰减的物理机制，提出了越隙共振的实验判据及限制方法。在加速器与束流物理诸多前沿领域，开展前瞻性研究，通过自主创新取得重要成果，培养了一批高水平人才，是中国低能粒子加速器物理领域的开拓者之一。在国家中长期科学技术发展规划中对基础科学的战略研究做出了重要贡献。曾获国家高技术"八五"先进个人一等奖，国家科技进步奖二等奖，何梁何利基金科学与技术进步奖，光华科技基金一等奖，德意志联邦总统颁发的联邦功勋十字勋章等。北京大学授予他蔡元培奖（北京大学教师终身成就奖）。

对光阴的无奈，使年迈的陈佳洱愈发感到时间的宝贵，他说他现在最大的梦想就是"趁现在还有精力，就多做些力所能及的工作"。尽管已年过八旬，陈佳洱依然没有享受悠闲的晚年生活。每天早上六点半，他准时起床，然后开始一天的忙碌生活。他特别用杜甫"细推物理须行乐，何用浮名绊此身"的诗句作为自己的座右铭；一个人的物质生活是很容易满足的，最重要的是要为社会、为人类作出贡献；让别人生活得更好，自己便活得更有价值——这是陈佳洱一生为之坚守的信念。

他是这样说的，也是这样做的。

## 采访札记

当我接通陈佳洱院士的电话，电话的那端传来他亲切温和的声音，我报上姓名说明采访意愿，他约我几天后在中国科学院学术会堂的一个会议室见面，正好那天他出席纪念钱三强诞辰 100 周年座谈会。我乘会议休息的间隙上前与他交谈了几句，这是我第一次正式认识鼎鼎大名的陈佳洱院士。我们约定两周以后再确定采访的时间和具体地点，因为陈先生这次会后马上要回上海的老家，出席著名儿童文学作家，也是陈佳洱的父亲陈伯吹先生纪念馆的开馆仪式。接下来他还要出席一系列学术交流活动。

两周后，我如约再次接通陈先生电话，他正忙着参加中国工程院院士大会无法分身，只得改了周五在城里的一家酒店，因为正好他要在那里参加科技活动，可以利用休会时间跟我简单聊聊。

那天上午，当衣着朴素，身材略显瘦削的陈佳洱院士，从容地从电梯里走出来，温文尔雅地坐在酒店大堂的沙发上，与我平静地叙述着他如何在父母的引导下少年立志走上科学道路的人生故事时，我简直不敢相信自己的眼睛。这位有影响力的大科学家如此平易近人，实在是让我有点受宠若惊，也令我心中油然而生十分的敬仰之情。以后，我们又在国家自然科学基金委员会办公室和北京大学重离子实验室多次见面，听他略显沙哑的声音，将自己对于科学探索的永恒激情和矢志科技报国的坚强决心娓娓道来。

每次采访归来，陈佳洱的精彩人生片段都会像电影一样一遍又一遍地在我脑海里回放。

当年，还未满21岁的陈佳洱，几乎是怯生生地走进了北京大学，成为北京大学物理研究室里最年轻的一员，他在这个被誉为中国核科学家摇篮的研究室里，从实验室主任，到教研室主任，再到副系主任，在这里，陈佳洱写下了他梦圆北大后的第一个值得骄傲的篇章。

当时，陈佳洱还承担着另外一个任务就是到国务院三办兼任接待秘书，专门负责与苏联代表团洽谈援助的接待事宜。他曾亲眼见到了周恩来总理和叶剑英等中央领导。多年以后，陈佳洱还记得，当周恩来吩咐工作人员将除了招待苏联客人，还嘱咐工作人员将多出的一部分水果，分给大家一起吃的情景，他从中体会到了平等和真诚待人。所以，在以后的人生岁月里，不论他身处何地，他总是说，我从来没有觉得自己有多贵重。

1958年，因带头研制我国第一台30兆电子伏特电子感应加速器，被评为北京市劳模，23岁的陈佳洱出席了第二次全国社会主义建设积极分子青年代表大会。

1963年，中国科学院与英国的皇家学会开展合作、互派交流学者。第一批交流互换的名额只有四个，陈佳洱荣幸地成为我国第一批中英交流学者的四分之一，获得了到英国牛津大学学习的宝贵机会。

1984 年即国庆 35 周年，作为北京大学领导的陈佳洱坐在国庆观礼台上，亲眼见到了北京大学学生在庆典游行走过天安门广场的时候，打出"小平你好"的横标。当他看见小平同志带头鼓掌时，也跟着一起热烈地鼓掌。陈佳洱坦言开始他还有些担心，后来看到小平同志笑了才放心。一方面，他感觉到小平同志了不起，他的心跟我们的同学连在一起；另外陈佳洱也觉得学生了不起。

1998 年，作为校长的陈佳洱，在北大百年的庆典上迎来了时任国家主席江泽民和中央政治局常委全体领导成员。同年，美国总统克林顿访问中国，他选择了到北京大学作演讲，这是我国第一次向全世界直播美国总统在高校演讲。

1999 年 5 月，陈佳洱接待了首位来华访问的南非总统曼德拉。年底，陈佳洱依依不舍地卸任北京大学校长，出任国家自然科学基金委员会主任。国家要求基金委"根据国家发展科学技术的方针、政策和规划，有效地运用科学基金，指导、协调和资助基础研究和部分应用研究工作，发现和培养人才，促进科学技术进步和经济、社会发展。"作为第四届主任，陈佳洱继承前几任的优良传统并创造性地开展工作，为更加科学规范地运用基金，促进科学技术进步、科技创新、人才的发掘和培养以及经济社会发展，作出了卓越的贡献。并先后三次出访印度，多次前往德国、英国、美国、日本、韩国等科技发达的国家和地区开展学术交流合作，为中外科技文化的融合与发展而尽心竭力。

2003 年，陈佳洱成为国家中长期科技规划领导小组成员，为我国的科技发展和建设创新型国家呕心沥血、殚精竭虑、不遗余力。

回望陈佳洱的人生，他经历风光无数，即使在"文革"初期，他被冤屈被迫害并被赶到北大附属的印刷厂劳动时，他也抛弃个人恩怨，用自己的聪明才智为厂里搞起了技术革新，因减轻了印厂工人的劳动强度而得到了工人们的保护；在下放汉中的很长一段时间里，他以纤弱的身躯扛起 100 多斤的沙袋，成为修铁路的主力军；担任"猪倌"时，他不但把猪养得膘肥体壮，而且将猪圈打扫得干干净净，让农民都佩服不已。当然，他也是好儿子、好丈夫、好父亲。

一个干什么都干得很好，到哪里都给人带去爱心和快乐的陈佳洱，这岂不就是我心中那尊一直想要见到的"佛"吗？

采访时间：2013 年 12 月—2014 年 7 月，完稿于2015 年春节。

参考资料：部分媒体相关报道以及部分陈佳洱演讲稿，所有图片由陈佳洱本人提供。

致谢：国家自然科学基金委员会及何鸿铭、韩宇、汲培文、田文、赵学文、田小平、郭红等人。

杜祥琬院士

## 附：杜祥琬简历

杜祥琬（1938—  ），中国应用物理与强激光技术和能源研究专家。中国工程院院士，中国工程院副院长，国家能源咨询专家委员会副主任，中国工程物理研究院研究员，博士生导师。1938年，出生于河南省南阳市。1956年，加入中国共产党，同年于开封高中毕业，并被选为留苏预备生。杜祥琬在学习了一年俄语后进入北京大学，在数学力学系学习。

1959年，进入原莫斯科工程物理学院学习原子能，1964年，杜祥琬从苏联莫斯科工程物理学院毕业回国，被分配到中国工程物理研究院理论部，参与核武器的研究。1985年，担任中国工程物理研究院理论部研究所副所长，1987年2月，任国家"863计划"强激光技术主题专家组成员兼秘书长，协助首席科学家、院士陈能宽领导专家组，负责制定并实施强激光研究发展计划。1997年，当选为中国工程院能源与矿业工程学部院士。

2001年，任"863计划"先进防御技术领域专家委员会主任，2002年，当选为中国工程院副院长，2006年，当选俄联邦工程院外籍院士。

# 第 3 篇

# 享受辽阔：应用物理及强激光技术带头人杜祥琬院士

　　"人类向金星、火星、木星、土星乃至冥王星成功地发射探测器，是宇航史上一曲曲动人的凯歌。不过，他们走的也只有若干光时的距离，还没有跑出太阳系呢！银河系里有多少颗太阳这样的恒星？银河系外又有多少未知的存在？暗物质、暗能量、反物质……谜团如何解破？遐想诱人，无边无际……而人类历史的天空像漫长的画卷和诗篇，留下了无数的感叹和教益。"

　　但"宇宙之大、历史之长皆可包容在人的心田和脑海之中，最辽阔的还是人类的思维和胸怀！思想家和科学家的思维可超越已知的时空，幻想宏观世界和微观世界的未知，怀着对真理的执着追求，进行不倦的探索——无论成功和失败，都是饶有兴味的享受。人们的胸怀因饱受磨难而深沉，因俯视人生而超脱，在平凡中升华着高尚。辽阔源于超脱自我，辽阔是至高的享受。"

　　当你读到上述这段文字，你一定会在领略到文字优美的同时，有英雄所见略同的感受让你心潮澎湃，更让人叹服的是这是出自一位科学家有感而发的妙笔生花。

他就是杜祥琬院士，中等身材，目光如炬，在他不怒自威、淡定自如的外表内，是一颗火热的心，敏感、细腻、笃诚，初次和他打交道的人一定觉得他更具军人的威严。

## 双龙巷里定下人生理想

1938 年 4 月，杜祥琬出生在河南南阳。南阳产玉称琬玉，排行"祥"，由此取名。在抗日烽火中，幼小的他跟随父母工作的学校，转辗河南、湖北、陕西等地，颠簸数年，历尽艰辛。父母的言传身教是孩子人生的第一位老师。曾是北师大历史系的母亲在临时留宿的农舍里，教他和兄弟姊妹唱的第一首歌，至今萦回在杜祥琬的心中：

> "呵！吕梁，
> 伸出你的铁掌，
> 把敌人消灭在祖国的土地上！"

作为北京学生运动先驱的父亲杜孟模爱孩子但不娇惯，他对子女的缺点经常一针见血地指出。令杜祥琬感受最深的还是父亲的勤奋和认真。即使是到了 1961 年，杜祥琬在莫斯科留学时，杜孟模已是河南省的高级领导，仍不断要求儿子为他购买最新版英、俄文数学书籍，研究《泛函分析》和《测度论》等。"晚上说梦话，断断续续说的也都是一套套数学公式。"杜祥琬说。

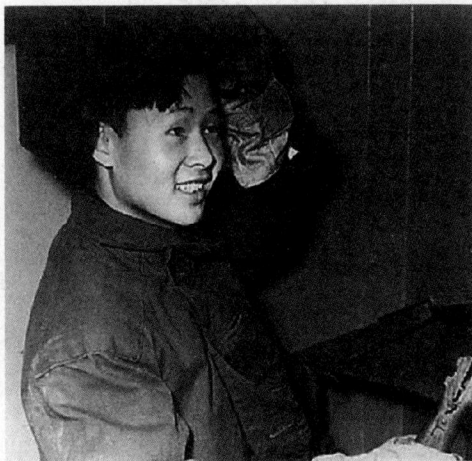

少年杜祥琬

抗日战争胜利后，他们一家回到了老家开封的双龙巷。在双龙巷的家中，收藏了大量的书籍和各种文学名著，虽然父亲教授数学，母亲教授历史，但他们都是文学爱好者又都嗜书如命，在这样的家庭氛围中，让少年杜祥琬得以饱读诗书。因为孩子的天性，一些读过的书很快就忘了。但有一本书的主人公及故事情节，至今仍会令杜祥琬记忆犹新，难以忘怀，这本书便是小说《刘胡兰》。书中描述了少年刘胡兰在中国共产党的教育和培养下，积极参加革命，在敌人面前表现出机智、勇敢和坚贞不屈，她用短暂的生命书写了一首壮丽的诗篇。在对人生和世界都还充满无限好奇的少年杜祥琬心中，产生了极大的震撼和鼓舞，当时，还在上初中的他，被刘胡兰的事迹感动得热泪盈眶，怀着钦佩与仰慕的心情，杜祥琬立下了少年壮志：我也要拥有有意义的人生！

## 痴迷的天文爱好者

　　从 1950 年到 1956 年，杜祥琬在河南开封度过了中学时代。开封高中是 1902 年始建的百年老校，有"小北大"之称，因为学校的教师当年许多是北大的毕业生，这不仅给它带来了高质量和严谨的学风，也使它素有尊重"德先生、赛先生"的传统。当杜祥琬还是小学生的时候，在开封中学教数学的父亲会把考卷拿回家来批改，好奇的小杜祥琬注意到那些卷子都是英文写的，也就是那时，他记住了 differential equation（微分方程）这个词，让人意想不到的是微分方程会成为杜祥琬人生中不可或缺的一个词语。

　　上高中时，几位老师的教学给杜祥琬留下了极深的印象。教室里有一个木制的讲台，上有一个小讲桌，老师在讲台上踱步讲课，不时在黑板上演示。教数学的韩静轩老师在第一天上课时，就对学生们说：当我讲到重点内容的时候，我的脚步会加重，甚至会跺脚，这时你们要特别注意听、注意记。学校的数学墙报上出一些题，征求大家给出可能的解。比如一道三角题，常有不止一种解法，大家来切磋，不仅十分有趣也启迪学生的思维能力。教化学的是一位经验丰富的单身女老师李天心，她不仅对授课内容极为娴熟，而且自己的家里还有一个化学实验室。杜祥琬当年去过这位老师的家里，当看到那些瓶瓶罐罐、试管试剂，心想："是不是老师嫁给了化学！有这样以专业为生的老师，学校的教学质量怎能不高呢?"上俄语课的老师是从哈尔滨来的郝守勤老师，他是从一位白俄老师那里学的俄语，杜祥琬至今还记得郝老师上第一节课念俄语字母时的姿势，他教的标准的莫斯科音，为日后留学苏联的杜祥琬打下了坚实的语言基础。还有教地理、历史等课的老师，他们的专业精神和认真敬业都让杜祥琬终身受益。学校有很好的图书馆，除古典名著外，杜祥琬也时常徜徉在巴金、冰心、艾青、臧克家等人的名篇佳作中流连忘返。阅览室里的一本《知识就是力量》期刊，最终彻底俘获了杜祥琬的芳心，杂志每期都会刊登很多星际、太空方面的知识，晚上遥望星空，让想象力丰富的少年杜祥琬觉得，无垠而深邃的宇宙有最值得探索的奥秘。除了读书，业余时间，少年杜祥琬还是一位二胡爱好者，可惜后来因为工作繁忙，这一爱好被束之高阁。

中学阶段不仅是学知识、打基础的重要阶段，而且对人的品德素养、人生观、世界观的形成也有重要影响。高中时，杜祥琬看到一本《共产党宣言》的中译本，一下就被它的第一句话所吸引："一个怪影在欧洲游荡着——共产主义的怪影。"一本政论性的著作，却以这样富有诗意的语言开头，兴趣盎然的杜祥琬一口气就把这个小册子读完，像吃了一顿美餐。他还喜欢看艾思奇写的《大众哲学》，书中深入浅出地阐述了唯物的认识论和辩证的方法论，深刻而明晰的概念，给了杜祥琬最初的哲学启蒙，让他在后来的科研工作和处理各种问题中赢得理智、成熟和稳重的美誉。高中毕业时，他报考了全国唯一的天文学系——南京大学天文学系。

## 新的梦想

报考了南京大学天文学系的杜祥琬，期盼尽快实现探索无垠宇宙奥妙梦想之际，恰逢国家挑选留苏预备生，杜祥琬以优异的成绩入选。后来有人说他的天文学梦破碎，他则粲然一笑，说自己很快就有了新的梦想——核物理。1959 年，杜祥琬终被派往苏联莫斯科工程物理学院攻读原子能专业。服从国家的需要，杜祥琬将关注的目光从最宏大辽阔的宇宙转向了最细小精微

杜祥琬（前排左一）和激光研究组的中青年科研人员讨论技术问题

的核物理领域。在莫斯科五年多，杜祥琬有机会受到了严格的理工训练。俄罗斯特有的文明，美丽的大自然和友好的人民，给他留下难忘的印象。《反质子原子寿命的计算》是杜祥琬的毕业论文，主持答辩的理论物理学家康巴涅茨教授提的两个问题，正是他事先准备可能提出的29个问题之中的，于是，教授满意地给了他一个"优秀"。

在莫斯科学习期间，一次使馆曾转达对留学生们学习的希望，提到"要着重学好中子在介质中输运的理论"。当时，杜祥琬并不大明白这个指导性意见的意思。1964年10月，毕业回国，杜祥琬被分配到九所，投入突破氢弹的研究工作，从熟悉玻尔兹曼方程的解开始，这时，他对那段话的含意才恍然大悟。国家选派30名学生赴莫斯科工程物理学院学习，这件事是由后来成为我国"两弹一星"元勋的著名核物理学家钱三强先生具体负责操办的，当年，钱先生亲自为这批留苏学生送行并谆谆叮嘱。从此，应国家需要而把杜祥琬宏观的天文学梦想变成了微观的核物理实践。20年后又一次见到钱老，当钱先生问杜祥琬，你后悔吗？杜祥琬丝毫没有犹豫地回答说："不，追随您的事业，很荣幸！"

## 完成了历史性的任务

学成回国的杜祥琬被分配到中国工程物理研究院理论部（在当时因保密原因对外称为九院），他得到了王淦昌、朱光亚、彭桓武、邓稼先、周光召、于敏等老一辈优秀科学家的亲身指导和教诲。这些老师们是既有学术功底，又有堪称高尚的道德品质和精神追求的一批人。杜祥琬从他们身上，既学到了科学的思想和解决问题的方法，又得到了他们甘于奉献的精神熏陶。杜祥琬就是在这样良好的氛围里开始了科研生涯，当时他参加的是突破氢弹原理的研究工作。在这个当中包括第一次氢弹原理实验，但主要精力是核试验诊断理论，因为核爆炸是一个物理过程，人是没法进去看的，但是科学家们必须要了解里面的爆炸过程，就像其他工业产品一样，制造成产品后，需要看这个产品的效果是不是达到了设计原理的要求，有什么差异，如果有差异，原因又是什么？所以，就需要科学家们从外部能够做测量去分析，也就是从外部的可观测量再推断出里面内部的反应情况，所以叫作诊断。而这个工作，当时在美国、苏联都已经做过这样的试验了，但都是绝对保密的，他们不会透露任何的做法，是一个国家的绝对机密。中国人只有完全依靠自己科学家们独立思考才有可能突破氢弹原理，同时还要创造一套诊断理论。如何逐步由繁到简，由少到多发展出了一套系统性的诊断核试验内部的过程。

在做这个核武器设计当中，首先需要发现一些特征量，关键是要抓住物理特征量，而这些特征量如何抓住，如何把它测出来，需要通过诊断把它敲定。这又是一套完整的系统而且要有所创新，当时面临的是没有任何可供参考的资料。也没有任何人能给出一点经验和启示，但杜祥琬和同事们协作攻关，最终克服了各种困难，完成了在当时不可或缺的任务。

1966 年年底，杜祥琬和另外两位热测试理论组同事搭乘飞机，带着预估的中子和 γ 谱的理论数据赴试验基地参试。这是一次成功的氢弹原理试验，是我国掌握氢弹的实际标志，被称为"一次新的核试验"。

## 大爱无言

1967 年，杜祥琬和相爱多年的毛剑琴结婚。他们在北大读书期间相识，杜祥琬回国后工作的九所又和女友读研的北京航空航天大学相距咫尺，一个是南方出生的妙龄少女，一个是北方的英俊才子，仿佛就是天定的缘分。毛剑琴的父亲毛梓尧先生是新中国著名建筑师，早年追求进步，把上海的家作为掩护中共地下党工作的掩蔽所。新中国成立不久，他举家北上，支援首都建设并将寓所的房子交给地方政府，只留小间储藏室。夫人是家庭总管，做得一手好菜。六个女儿，都各奔学业，学有所成，周末全家团聚，其乐融融。岳父毛梓尧始终对时代进步和新鲜事物保持着敏感和终身学习的态度，视建筑设计为最大享受，专注于创造快乐的人生态度，也潜移默化地影响着杜祥琬。婚后，杜祥琬继续忙于工作，偶尔忙里偷闲在家中小休，享受着家庭的温馨和快乐。

可是天有不测风云，不久，灾祸就降临到这一家人头上。轰轰烈烈的"文化大革命"，给正在做事的毛梓尧当头一棒，并且扣上反动学术权威、阶级异己分子和苏修特务的大帽子，副总工程师靠边站，被要求去劳动改造。五十几岁的他，开始干起了刷油漆、打扫卫生的体力劳动，同时接受"大批判"。在建委大院的三室寓所被造反派占去两间，全家人被挤到只剩下10多平米的房子，人祸来势凶猛，全家人被打懵了。一个周末，杜祥琬回到家里，鼓起勇气加上自己的判断，说了一句："不用害怕，是人民内部矛盾！"虽然这句话对在北京的全家大小起了定心丸的作用，但是暴风骤雨并未因

杜祥琬与夫人毛剑琴在院士联欢会上唱歌 (2004)

此停歇，不久，打倒杜祥琬父亲杜孟模的大字报就从郑州贴到了北京街头。更加悲惨的是杜祥琬的母亲，一位普通的历史学教师，遭无情批斗后惨死在乡村的一口井里。早年毕业于北大数学系并参加中共地下工作、时任河南省副省长的父亲，在饱受折磨后，也含冤辞世。当杜祥琬怀着悲愤的心情从西平县的农田里起回母亲的遗骨，同家人一起将她和父亲合葬于郑州，这已是在母亲去世后数年，几经周折才得以了却的心愿。祸不单行，著名建筑师老岳父毛梓尧也被"流放"他乡。在那些风雨飘摇的岁月里，妻子毛剑琴总是给杜祥琬细心的关心和安慰。这位对事业和生活兼顾的坚强女性，用无言的大爱在人生最艰难的时刻，给予了丈夫足够的理解和支持。当悲伤阵阵袭来的时候，夫妻俩都会沉浸在贝多芬的《命运交响曲》中，从这首英雄意志战胜宿命、光明战胜黑暗的壮丽凯歌中找到精神的慰藉，以求得心灵的超脱。

## 组建中子物理室

虽然"文革"给杜祥琬的家庭造成了灾难和不幸，但在那些年里，杜祥琬的研究工作却从未停止，或许悲愤激起了他的斗志，或许是工作能让他暂时忘却痛苦，但有一点可以肯定的就是无论怎样天灾人祸的磨难都不能动摇他科技报国的决心和意志。

1975 年，杜祥琬在中国工程物理研究院九所工作了十余个年头，领导准备任命 37 岁的他担任副所长，但是他却婉拒了，理由是虽然管理工作也很重要，但自己读了那么多年书，都是为了做具体的研究工作。觉得如果担任了所领导，就意味着要兼顾很多琐碎的工作，而搞科研的时间就会大大减少。他表示："我要多做具体工作。"他怕领导不理解他的心情，不明白他为何要放弃这样难得的升迁机会，就动员同事一起为他说情，反复表达自己留在一线工作的愿望，不愿意做所长不是客气而是自己的兴趣所在。领导们见他态度坚决，只好同意了他的请求。后来所长周光召就说，那也不能让他轻松，就让他重新组建一个室——中子物理室。这样，杜祥琬又争取了将近 10 年宝贵的科研时间，得以更加专心致志继续从事科研工作，一直到 1984 年，杜祥琬才赴任副所长。

当时的九所已七零八落，人心涣散，很多研究工作都处于停滞的状态，为了物理室的重建，就将当时已经解散了的核试验诊断和中子物理研究的科技人员重新聚集到一起，又开始了工作。正是在这以后的近 10 年间，面对科研资料的缺乏，生活条件的艰苦和无法预知的未来，顶住了各种有形和无形的压力甚至阻力，杜祥琬和他的团队将核试验诊断和中子物理的研究水平提高了一个档次，形成了系统化、创新性的理论。

攻关小组成员经过了几个月的煎熬和反复设计计算，打开思维，逆向思维，终于提出了非线性中子输运方程的概念，这个方程如何写出来？这个方程如何求解，它的解法完全是他们团队的独创，完全是由中国人自己创造的。

在杜祥琬成为中国工程院院士的推荐书里是这样评价的：他长期从事核武器理论设计与核试验诊断理论研究工作，是核武器中子学与核试验诊断理论领域的开拓者之一。作为学术带头人，在他的主持和直接参与下，解决了大量中子物理学问题，提出并研究了多种测试项目，提高了中子计算精度，发展了基本完整而实用的系统核试验诊断理论，使我国在这一创新高科技领域进入世界先进行列，为我国的核武器事业作出了重要贡献。

## 创造的尊严

自 1945 年美国研制成功原子弹并在日本使用后，国际社会就开始了核军备控制活动。1946 年 1 月，联合国大会通过的第一个决议就要求消灭原子武器并确保和平利用原子能。冷战时期，美、苏两国进行核军备竞赛。虽然通过政府间的谈判，签订了一些核军备控制的条约和协议，但核军备并未得到有效的控制，反呈增加趋势。美、苏双方核弹数都曾超过 3 万枚，建立了"过饱和"的核武库。到 60 年代中期，中国出于防御目的，开始拥有核武器。从此，核国家增加到美国、苏联、英国、法国和中国 5 个，还出现了一些有能力并谋求发展核武器的国家。

20 世纪 80 年代中期起，核军备控制步伐加快，开始取得一些进展。美、苏（俄）两国开始大幅度裁减其部署的核武器。全面禁止核试验和禁止生产核武器用裂变材料已提上议事日程。关于核查条款的谈判由于涉及各个核大国的利益，不仅仅是政治问题，还涉及技术和经费问题。比如说停止核试验的假定，哪个地方又探测到核试验，到底是真的核试验还是地震，这就有一个判别。因为地震跟核试验引起的震动是不一样的，技术特征是不一样的。再比如说要裁军，裁减核弹头、裁减核材料，怎么去核查，这个核查就是个技术问题了，是个真弹头还是个假弹头。由于在核裁军和军备控制这个过程里面有很多问题都是物理问题，所以军备控制物理学就应运而生。于是在中国工程物理研究院中子物理室，杜祥琬和他的科研团队，在 80 年代，就开始了军备控制物理学的研究和人才培养，并形成一整套理论，1996年，国防工业出版社出版了杜祥琬所著的《核军备控制的科学技术基础》一书。这也是该专业的第一本研究生教材，还培养了我国该专业的第一个博士生。

## 第二部"联合航母舰队"司令

1986 年，杜祥琬被聘为国家"863 计划"强激光技术专家组成员兼秘书长，协助陈能宽院士负责制定并实施强激光研究发展计划。相对于氢弹诊断理论及相关的实践，激光技术是又一个全新的领域，目标怎么定？技术路线如何选取？国际上激光器起始于 1960 年，已经

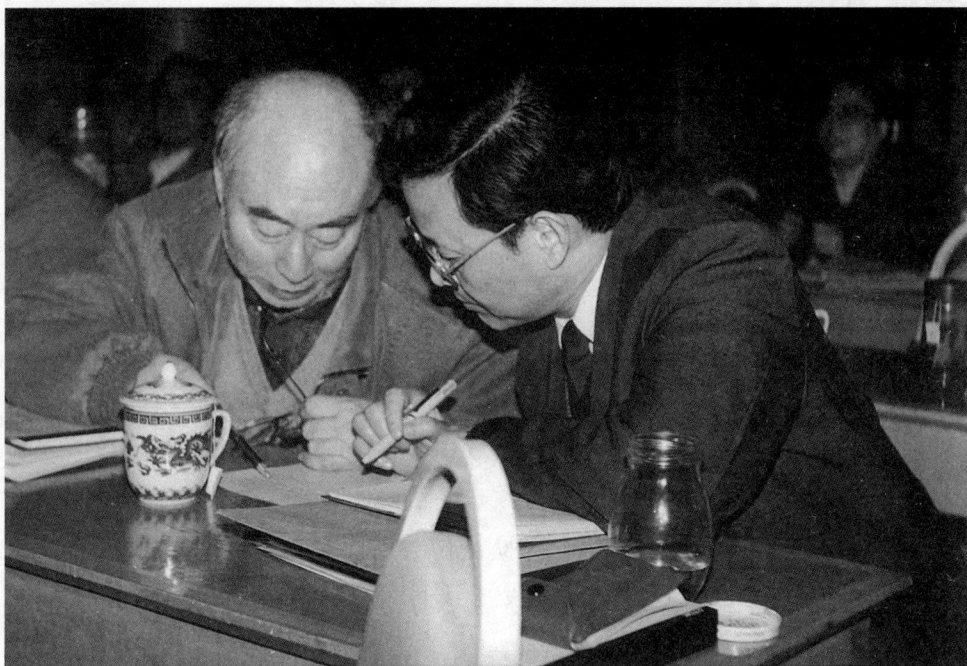

1992 年，杜祥琬（右一）和于敏在"863 计划"强激光专家组会议上

有了 20 多年的发展史了，可是在这个领域，前人的经验里，也有很多都以失败告终。到底选什么好？选了以后做不成怎么办？激光器门类很多，选什么激光器是有希望的，哪些激光器是做不好的，或者做不大的，做不强的？定好了方向要确定技术路线，如何实现？让刚刚入门的杜祥琬真的是无比的纠结，无比的焦虑。毕竟年过半百，身体不比当年，高血压"找上门来"，头发也开始变白。万事开头难，摸清情况心中有数是第一步，先听听大家的意见要紧，于是杜祥琬开始了马不停蹄的调研工作，走访国内在开展激光研究的科研院所及有关的高等院校，同时利用参加国际学术会议的机会考察和学习国外经验。知己知彼才能百战不殆。在制定符合国

情的激光技术发展目标、重点与技术途径等发展战略与
实施方案时，杜祥琬说我们也要知己知彼，高瞻远瞩才
可能占领科技制高点。研究激光的那些年，杜祥琬经历
了科研生涯中最为艰难的一段时光。在谈到如何当好首
席科学家时，杜祥琬最重要的经验就是充分的学术民
主。他坦言，我们是一个国家队，这个国家队是各个不
同部门有优势的研究所或者高校共同组成的一个强强联
合。首席科学家首要的责任就是发挥大家的积极性，发
挥各个部门的优势，没有群体的力量是干不成事的。第
二就是要专心致志要耐得住寂寞，要做科学分析。激光
技术专家组团队就像一个"联合航母舰队"。杜祥琬就
是舰队司令官。用张存浩院士的话说，那时，作为专家
组秘书长的杜祥琬仿佛像一块夹心饼干，但他确实聪
明，有办法，协调工作的水平高。会上说说，会下聊
聊，充分地沟通，统一了认识。最终将"863 计划"强
激光技术主题调整到符合国家实际需要和科技发展的轨
道上来，开创了我国强激光技术的可持续发展道路。

激光研究的战略目标确定后，如何选择最优的技术
路线来实现这些目标，迈过了前面几道门坎后，从事了
多年科研项目攻关工作的杜祥琬必须深思熟虑。

1991 年 4 月，杜祥琬就任国家"863 计划"强激光
技术主题专家组首席科学家，带领来自各高校、研究所
不同学科的专家群体，在强激光各个领域展开攻坚战。
通过遴选，选了一种认为最有发展前途的短波长的激
光，潜心研究。通过艰苦卓绝的努力，他和他带领的团

队在有关物理规律和关键技术研究中获得重要成果。

## 战略科学家

1991 年至 2005 年，杜祥琬连任了三届国家"863计划"强激光技术领域首席科学家，曾经作为专家组办公室主任的马寅国先生领略了杜祥琬的领导艺术。在1991 年到 1993 年间，有部分外部专家领导和内部专家对正在实施的计划提出质疑，认为花那么多钱是否值得干，提出意见的人都是著名科学家，分量很重，对于国家科委及有关国家主管部门领导的高层次决策起到了较大影响，科研项目前途未卜。

关键时刻，杜祥琬采取了一系列措施，做了大量工作，力挽狂澜。措施一，正面回应有关专家的质疑，他

1990 年，杜祥琬（左一）
和核物理学家王淦昌

将科学论证的结果，实事求是的报告先送提质疑专家本人征求意见，在本人没意见的情况下，再送国家科委的有关领导来正面回应质疑。措施二，组织高层次的汇报咨询会，请国家有关部门的领导和国内行内著名科学家一起向他们汇报进展情况，汇报发展战略研究的情况，汇报技术可行性论证情况，得到了领导和专家们的高度理解和支持。措施三，抓紧对重点科研单位指导，如中科院高能所和中物院等单位。由于各级组织有力，在较快的时间里，取得了 FEL 和 X 激光等项目的突破。有些是当时国际先进水平的成果。杜祥琬实事求是的态度和科学的方法，取得领导和专家的一致信任。在 2000 年第一阶段"863 计划"完成，由国家主管部门组织的对各领域的评估会上，由于激光领域在杜祥琬领导下，取得了一系列突破性的重大技术成果和取得了一批国际先进水平的科研成果，成绩显著。

在 2001 年国家"863 计划"十五周年成果展览会上，时任中共中央总书记的江泽民同志在参观激光技术领域的成果展览中，高兴地与团队专家亲切握手慰问，高度赞扬激光领域里取得的丰硕成果。

## 华丽转身

2002 年，杜祥琬前往中国工程院履新，出任中国工程院副院长，分管能源学部。这个全新的角色充满了挑战，因为自 20 世纪 90 年代起，随着我国工业化步伐快速推进，经济得以飞速增长，与之相伴的则是能源消耗总量节节高攀、环境污染日益堪忧。就在 2002 年，我国取代日本成为全球第二大石油消费国，同时也是煤炭、钢铁、铜矿的世界第一消费大国。在我们能源结构当中，煤炭超过 70%，但煤炭的采收和利用的总效率比世界先进水平低了一倍左右。单位 GDP 能耗高，中国的 GDP 总量占世界 GDP 7% 时，消耗了全世界 31% 的煤炭，7.5% 的石油。中国单位 GDP 能耗是美国的几倍，也是日本的好几倍。这个数据说明我们每生产同样多的东西，耗能比人家多好几倍。

因此，如何保障我国能源安全，如何提高能源使用效率，如何开发布局新能源建设，如何实现可持续发展……一道道复杂、难解的命题就这样摆在杜祥琬面前。"中国工程院工作以战略咨询研究为主，方法不一样，要求也不一样。"杜祥琬坦陈，进入角色一开始，他的确感到巨大的压力，能源涉及面很广，有众多分支领域，而且中国工程院只是个独立的机构，没有下属研究院所，开展工作必须重新组织队伍。

尽管是一个全新的领域，但如何组织队伍，发挥群体的智慧，特别是前瞻的眼光，对于科学技术的方向性和前沿性研究以及战略性思维，杜祥琬并不陌生。正是由于他在氢弹诊断理论攻关和组织激光研究中积累的经验，超强的学习能力，不断探索的工作方法，使他的思路从冥昭瞢暗到清晰明朗，很快实现了华丽转身。

## 我国能源安全面临的问题

杜祥琬研究发现，我国能源安全面临的问题主要有三个方面：一是能源供应能力问题。我国煤炭的资源量虽可满足今后相当长时间的消费需求，但过快的消费增速，已使煤炭的年产量大大超出了实际的"科学产能能力"，带来了一系列的生产安全和生态环境等问题。石油的对外依存度持续走高。天然气（含非常规天然气）有增长的空间，但仅靠天然气难以实现对煤炭高比例的替代。非化石能源是一个持续增长的方向，但需假以时日，才能在一次能源结构中达到高占比。因此，随着全国能源年消耗量的增加，能源供应客观上受到科学供给能力的制约。二是能源利用产生的环境安全问题。地球上面盖了三层"毛毯"，实际上是围绕全球的三类气层。上面是平流层中的臭氧层，下面是对流层中的水汽层，还有一层是以二氧化碳为主的温室气体层。如果没有这三层"毛毯"，地球在太阳的直接照射下，地球表面的平均温度应该是负20度，由于三层"毛毯"作用加起来，提升了35度左右，这样地球上的平均气温就成了正15度，所以地球是最适合生存的星球。地球上曾测到过的最高气温是58度，在利比亚，最低气温是零下86度，但是平均气温是正15度。三层的贡献中，水汽贡献最多，贡献21度，二氧化碳贡献7度。由于人类活动带来的以二氧化碳为主的温室气体排放明显的增多了，导致了全球气候变暖。

空气污染严重影响着人们的健康和我国的国际形象。最重要的污染排放源，正是煤炭和石油的利用。而应对气候变化要减排的温室气体，与改善空气质量要减排的污染气体基本同根同源。因此，能源的发展受到国内环境容量的制约，能源造成的环境问题及其治理，应视为能源安全的重要内涵。

## 提出新的能源安全观

杜祥琬从瑞典先进的垃圾处理循环系统得到启示：垃圾也是能源，通过回收再利用、生物技术处理、焚烧处理和掩埋四道程序，垃圾可以实现 99% 再利用。4 吨垃圾相当于 1 吨石油。循环系统使瑞典今后 20 年到 30 年可以摆脱对石油的依赖。而煤炭和石油等资源，是古代有机物通过漫长的压缩和加热后逐渐形成的。追根溯源，这些能源来自于过去的太阳，是有限的。太阳能、风能等新能源则来自于今天的太阳，能量巨大。"生态文明、永续发展"不仅是一种新的理论自觉、新的文化启蒙，也是一种有力的实践导向，是把"两难"变"双赢"的钥匙。杜祥琬认同观念决定未来，他就此提出自己对我国能源安全观的理解：

一是由传统的"能源供应安全"调整到由供给侧和需求侧相向协同，达到供需平衡，以科学供给满足合理需求，把抑制不合理需求，提升到保障我国能源安全的战略高度，通过能源需求的合理化，供应的科学化，实现我国可持续的能源安全保障。拓宽国内外两个市场，利用国内外两个资源，特别是与俄罗斯及周边国家的能源合作，增加供给和战略储备，是我国能源安全不可或缺的要素。二是由单纯的"保供给"调整为"供需安全与环境安全并重"，把解决由能源造成的生态环境问题上升到国家安全的战略高度。这是能源安全观应该注入的新内容。三是占领新能源科技和产业的战略制高点，是我国长远的能源安全要素，或者说长远的能源安全观。在国际竞争环境中，人类文明形态的进步将伴随着能源革命，国际能源结构的优化、能源效率的提高、能源科技的进步、能源价格的优势等，对我国能源的核心竞争力构成挑战的同时，也提供了机遇。我国长远能源安全观应基于新能源科技和产业的振兴，确立具备国际视野和长远战略眼光的能源安全观。时至今日，杜祥琬提出的能源安全观仍然具有战略高度和指导意义，他以对国家和民族高度的责任感和使命感以及高屋建瓴的见解和理念赢得了尊重。

## 启动"中国能源中长期发展战略研究"

2008 年 2 月，中国工程院启动了"中国能源中长期（2030、2050）发展战略研究"课题，100 多位院士和专家参加了此项工作，杜祥琬担任课题组组长。课题组将我国可持续发展的能源战略概括为"科学、绿色、低碳能源战略"，并更进一步总结为：加快调控转型，强化节能优先，实行总量控制，保障合理需求，优化多元结构，实现绿色低碳，科技创新引领，系统经济高效。提出这样的战略源于我国能源面临的挑战和专家们基于国情的研究和分析。杜祥琬说我国很快将成为世界第一能源消费国。"如果我国能源消费保持平均8.9%的增速，则2020年我国能源消耗将达79亿吨标准煤，占目前世界能源消耗总量的一半，此路不通"。他指出，这种经济增长方式显然将受到能源资源的严重制约。为支撑经济社会的科学发展，必须对化石能源消费提出必要的总量控制目标，统筹发展的速度、结构和消费模式。而且，目前我国粗放的能源开

杜祥琬（第一排中）主持"中国能源中长期发展战略研究"项目组会议

采与利用导致了严重的环境问题。"无论对是否因能源消耗引发的气候变化问题有多少争议，我国能源走向绿色、低碳都是必须的。"

科学、绿色、低碳能源战略由六个子战略构成。

第一，强化"节能优先、总量控制"战略。"对我们这个人口大国，人均资源小国，必须确立'人均能耗应控制在显著低于美国等发达国家水平'的战略思想"，将2020年的总能耗控制在40亿吨标准煤左右，是一个十分困难又十分有意义的战略指标，是转变发展方式实际成效的标志。第二，煤炭的科学开发和洁净、高效利用以及战略地位调整。课题组认为，煤炭的洗选、开采、运输和利用必须改变粗放形态，走安全、高效、环保的科学发展道路。煤炭在我国总能耗中的比重应该也能够逐步下降，2050年可望减至40%甚至35%以下，其战略地位将调整为重要的基础能源。第三，天然气（含煤层气、页岩气、致密气和天然气水合物）是较洁净的化石能源。课题组估算认为，2030年，天然气将占到我国一次能源的10%以上，是重要的过渡性替代能源。把天然气作为能源结构调整的重点之一，确保石油、天然气的战略地位。第四，水电是2030年前可再生能源发展的第一重点，具有资源清晰、技术成熟的特点，在国家政策上，应促进其积极、加快、有序发展。此外，应尽早使风能、太阳能、生物质能等成为新的绿色能源支柱。"可再生能源（水和非水）的战略地位将由目前的补充能源逐步上升为替代能源乃至主导能源之一。"第五，积极发展核电。杜祥琬认为，到 2050 年核能将可以提供 15% 以上的电力具备充分的科学依据。经过调研科学论证，我国铀资源（国产和进口并举）不会构成对我国核能发展的根本制约因素，核电的安全性和洁净性可以保证。可实现长期可持续发展，但需要高度重视从核资源—核燃料循环—核电站—后处理到核废物处置全产业链的配套协调发展。第六，发展中国特色的适应新能源的高效安全（智能）电力系统，发展非上网等用电方式和储能技术。

"中国能源中长期（2030、2050）发展战略研究"课题完成后，国家有关部门采纳了其中的很多科学合理的建议和意见，为国家未来能源政策的制订以及能源战略的调整与改革发挥了重要的作用，产生了积极而有意义的影响。

## 童话世界里的理性对决

2009 年 12 月 7—18 日，全球 192 个国家的环境部长和其他官员们在丹麦首都哥本哈根召开联合国气候会议，商讨《京都议定书》一期承诺到期后的后续方案，就未来应对气候变化的全球行动签署新的协议。会议谈的是气候，实际它的背后主要涉及的是各国对能源战略的考虑。这个会已经是缔约国第 15 次会议，哥本哈根世界气候大会，全称是《联合国气候变化框架公约》第 15 次缔约方会议暨《京都议定书》第 5 次缔约方会议。

人们希望通过这次会议期望坚持《公约》《议定书》的原则，确定发达国家 2020 年的减排目标，全球努力控制不能再升高 2 度以上，相应的二氧化碳浓度要控制在 450ppm，这两个数是作为问题提出来的。同时还要规定 2050 年各国的义务，也包括发展中国家，要不要自觉的承担一定的义务。特别是发达国家对发展中国家资金和技术的支持如何落实。中国政府为这次会议做了很多准备。专门组成了由各相关部委主要负责人和精英人士参加的中国"谈判团"，临出发之前，时任中国总理温家宝要求成立一个"顾问团"，让有关的专家们一起去，在那里对中国的立场向各国的专家、有关方面媒体做一些解释宣传，让世界更加了解中国。在这之前，杜祥琬和一大批相关的专家，专门就到 2020 年我国温室气体排放，单位 GDP 的排放要比 2005 年减少多少是我国可能承受的水平，怎样提高非化石能源的比例，到 2020 年要超过 15% 等问题进行了科学论证，正是因为气候变化的背后是能源的控制和能源的转型或者能源的革命，在能源领域的深入研究和成就，让杜祥琬理所当然地成为"顾问团"成员。

当杜祥琬和其他顾问团专家一同登上飞往哥本哈根的飞机时，他内心泛起了阵阵涟漪，多年来，紧张严肃的工作和生活让他难得有片刻的休闲，此刻，从小受到的文学熏陶仿佛在内心发芽。他计划着一定要趁这次机会好好地领略一下这座北欧名城迷人的风采。意想不到的是下了飞机，杜祥琬来到位于会场的中国新闻中心，展现在眼前的是他从未见过的一个"大集市"，丝毫没有传说中童话色彩的影子。几万平方米的会场，无论主会场还是大会议厅、小工作间，都是临时搭建的板房。最大的要数第一会场的大会堂，一排能坐一百多人，前后一百多排，这个会议厅是用于开首脑会的。会上到处堆满印刷的各种小册子，内容主要包含低能耗、低碳、新能源，五花八门。每天几万人次来到这里开会、演说、讨论，会场更像一个"大集市"，会内会外还来了很多企业家。一开始还让杜祥琬和同伴们大为不解，后来才发现其实企业家们非常敏感，因为这里有商机，新能源，节能，碳交易，都是新的商业机会。在寻商机的背后更深刻的是争占战略制高点，就是谁能引领新能源的真正突破，谁就能引领二十一世纪，所以都在那儿注意观察，都在认真地听各路人马的演说。让人惊奇的是丹麦虽是个小国，却是个商业文明非常发达的国家，在这个国家里就有330个企业和中国做生意合作，而且许多就是在能源领域。会上除了各国政要的轮番表态和非政府组织的推波助澜，自然也少不了世界媒体云集炒作，一时间真假信息内外交织、全球扩散。看得杜祥琬眼花缭乱，心中的诗情画意早已荡然无存，最要紧的是如何面对各种新的挑战。

## 练好内功是根本

坚持《联合国气候变化框架公约》《京都议定书》

的原则，发达国家 2020 年减排目标，全球减排的长期目标和发展中国家主动承担的责任，发达国家对发展中国家的资金和技术支持，这 4 点是哥本哈根大会关注的焦点。由于涉及各国的能源发展战略和经济利益，会议争议的焦点是如何厘清"发达国家和发展中国家'共同但有区别的责任'"。

首先中国是发展中国家，这一点毋庸置疑，我们国家集中精力进行建设才三十年，进展是很大，成绩要肯定。但现在人均 GDP 才 3700 美元，在全世界排名一百名以后。按照联合国贫困人口标准，中国还有 1.5 亿贫困人口的义务。其实我们真正是发展中国家。就在这个会议之前，杜祥琬曾到挪威工程院访问，挪威人很客气的说中国是大国，挪威是小国。可是杜祥琬回答说，如果按照人均资源来说，中国是小国，挪威是大国。挪威全国 450 万人，水电可满足全国需求，发现了一个油田，自己用不过来还可以出口，人均 GDP 达 9 万多美元，是中国的 30 倍。所以中国必须发展。同时一系列的数据表明，从 18 世纪工业革命到 1950 年，在人类化石能源 $CO_2$ 总排放中，发达国家占 95%；1950 年到 2000 年间，发达国家仍占 77%；今天，占世界人口 22% 的发达国家还在消耗 70% 的全球能源。即便是按照现在的承诺，2050 年以前美国人均排放仍是发展中国家的 2.3—5.4 倍。

大会期间，杜祥琬发表了《主动承诺降低碳强度，中国须作出非凡努力》的演讲，受到各界好评，并引起强烈反响。之前英国的一个专家约谈中国专家，团长解振华让杜祥琬先和这位英国朋友谈谈。他们两个谈了一次，下午他还要求再谈一次。杜祥琬告诉他说，我礼拜一有一个报告，英国专家来听了，然后他们俩又谈了一次，英国专家说，我今天听了你的讲座以后，觉得中国的承诺是做了认真的论证，是科学的，是尽了最大努力的。你们英国如何承担呢？杜祥琬问，"我们现在英国承诺减排34%，因为欧盟整个的承诺是26%，我们英国已经超过了欧盟，但是如果欧盟肯提高到30%，英国可以把34%提高到40%。"听了英国专家的回答，杜祥琬笑着说，在你的印象中我们中国是尽力做了自己的承诺，你们英国是看着别人的眼色，别人能提高我才提高。这个态度是不是应该改进呢？一向表情严肃，一板一眼的英国人也被杜祥琬的幽默感染了，两人会心一笑。

　　至于到底气候变化是真命题还是假命题？对这个自然科学的问题是不是有非常清晰的确定的认识？杜祥琬及时给出自己的观点，他说地球上需要二氧化碳，植物呼吸离不了二氧化碳。1750年的时候有250ppm的二氧化碳是正常的。二百多年以来，从250升到了385，而且有继续上升的趋势，这个数字是全世界几百个观测站作出的结论，所以这个没有异议。第二个，二氧化碳太浓了，有温室效应。第三个，大气温度呈上升的趋势，但是有振荡。这个气候变化是一个宏观的，是一个比较长周期的。每天天气预报是可以有振荡的，气候的变化也是有振荡的，而总体是上升的。但是确实有一些不确定因素，包括自然科学家也还在争吵的问题，比如二氧化碳浓度和影响气温的敏感度。海洋本身的行为，海洋既吸收二氧化碳，也会呼出二氧化碳。另外上升多少二氧化碳浓度，影响气温几度的关系，人们的认识非常不确定。有的人估计到 2100 年气温会升高 6 度，也有人估计只是上升 0.6 度，所以讲 6 度的这些人是不是夸大了，定量的分析也很复杂。首先我们地球上有这样的温度来自于太阳，太阳的活动如果变化了，地球上就会随之变化。还有一些自然因素，比如火山爆发会使地球温度下降。另外大气温度变化，有长周期的规律，有短周期的规律，里面的因素非常多，对这些问题的认识，仍然是有待研究的自然科学问题，虽然目前还没有一个非常清晰的论述，但是不管有多少不确定的因素，总还是有一些确定因素。有人估计 2050 年会有 1.5 亿人缺水。中国的海洋局发布公报称，中国的海平面在最近三十年间上升了 7 厘米，已经是相当可观了，也是确定的。但是关键的深刻的问题不在于气候到底有多少不确定，而在于人们消耗大量的资源，消耗化石能源发展的模式，引起的人类资源的危机和环境的危机，使人类的可持续发展受到威胁，这样的一个问题才是根本的原因。由于涉及国家利益不同，矛盾是尖锐的。发达国家不愿意承诺责任，我们发展中国家又处在完全不同的发展阶段，责任和义务差别很大，有共识，但是有利益冲突，要达成定量的承担多少义务相当困难。这就是气候问题不断被政治化的主要原因。但不管怎样能源发展走低碳、绿色是人类可持续发展的共同出路，这点在全世界已达成了高度共识。

因为利益矛盾冲突，开了十几天的会，也争吵了十几天。最后一天18号是首脑会议。各国首脑都要上去讲话，第一位请中国总理温家宝讲话。温总理上台讲了中国的立场，最后说，我们中国主动作出的承诺，不跟任何国家承诺挂钩，也不跟发达国家是否提供资金和技术支持挂钩，我们一定努力完成承诺，并且争取超过。温总理语气坚定，态度非常明确。第二个上台的是巴西领导人，第三个就请奥巴马讲话。他从旁门出来讲话，他讲话就是敲中国，说美国是世界最大的发达国家，是世界第二大排放国，不讲美国是第一大排放国，就是要讲中国是最大的排放国。他不说中国的人口是美国的五倍，也不说美国的人均排放是中国的五倍。有意思的是他讲完又迅速从旁门出去了。大概是他自己也觉得理亏，没有底气，不敢直接面对。本来由发改委、环保部、外交部、科技部、气象局组成的中国谈判团，计划在会期的前十来天先谈文本，等部长们来了以后把文件敲定，最后一天，请首脑们签字讲话就可以了，可是计划赶不上变化，由于发达国家对共同而有区别的责任得过且过的态度和立场，根本谈不拢；而一些小岛国家既担心全球气候变暖，因为海面上升多了他们就没了，40几个小岛国甚至准备集体退场。中国联合了基础四国，就是中国、印度、南非和巴西，这四个国家的名字排在一块就是英文"基础"。在基础四国的周围是发展中国家的集团,就是77国集团,利益基本是一致的,还有小岛国认为2度太高了,最好是控制在1.5度,虽然他们的态度激进,但基本和发展中国家也是一致的。尽管出现了意料之外的状况,原定的计划改变,会议即将结束,而一切都要从头来,能不能谈出成果存在太多不确定因素,但全体中国代表团成员还是义无反顾地迎难而上,用智慧和勇气以及高度的责任感和使命感,以超越极限的耐心,周旋于各个集团和国家之间,最辛苦的是谈判团成员,很多人连轴转,连续几天没有合眼甚至没有时间吃饭,最后一个个声嘶力竭,好在他们大都正值壮年,年富力强。

在会上中国既坚持原则又务实灵活,不但争取了发展中国家的支持,也博得了一些发达国家的支持和理解,美国一位专家就称赞中国的行动,他说在发展历史上,没有哪一个发展中国家,能对自己与能源有关的温室气体排放的增长作出如此深度的长周期的削减,中国对哥本哈根峰会的贡献意义重大。会议最终明确了2度作为大家的奋斗目标,第二写上了共同而有区别的责任原则要坚持。作为中国代表团的顾问,杜祥琬感到十分欣慰。

## 平衡哲学

2010年,杜祥琬第二次作为中国气候变化问题"智囊团"成员飞赴坎昆参加谈判。会场毗邻风光秀丽的加勒比海滩，东道兼主席国墨西哥作了多方努力和周到的安排，中国代表团团员却连周末也泡在会场上。

这次会议围绕《气候变化框架公约》和《京都议定书》这两个名称的不同系列的会议就是"双轨制谈判"。《京都议定书》是 1997 年在日本京都达成的，其积极意义在于：它规定了发达国家在 2012 年前必须承担的温室气体绝对减排义务。眼看这个期限很快到了，发达国家们表现如何？如何延续"议定书"，给发达国家规定第二期减排义务？在 1992 年签署的"框架公约"，以及在此基础上 2007 年的巴厘路线图和 2009 年的哥本哈根协议都一再明确了发达国家和发展中国家"共同而有区别责任的原则"。全球的事大家当然要共同努力，而强调"有区别"则是尊重历史尊重事实的必然结论。占全球总人数 22% 的发达国家消耗着全球 70% 的年能耗总量，排放着 50% 以上的二氧化碳，发达国家历史累积的人均温室气体排放远高于发展中国家，理所当然地应当承担绝对量减排的义务。另一方面，由于发展中国家处在完全不同的发展阶段，应鼓励它们自愿降低排放强度。坎昆会议需要继续维护这个原则。一次次的磨砺甚至是煎熬中让杜祥琬具有了世界眼光和国际思维，但一向行事沉稳的他对自己的角色有着清晰的定位，博弈斗争中必须坚守国家意志和全人类的共同利益。

## 不积跬步，无以至千里

中国为应对气候变化所做的努力，得到愈来愈多的理解和认可，同时，中国感受到的压力也逐年俱增。中国为实现"十一五"降低单位 GDP 能耗 20%的目标，进行了艰巨的努力，而新的节能减排目标将作为约束性指标纳入"十二五"规划。英国环保网站在会前发表评论称：中国的承诺会得到与会者的欢迎，是中国传递出的积极信号。美国能源部长承认，中国为发展清洁能源做出的努力意义非凡。尽管中国的人均排放比发达国家低许多倍，但毕竟已是排放总量最高的国家，因而受到"责任论"的压力。实际上，中国的排放中有一部分是出口到美国等国的商品在中国制造的结果，是西方的碳排放向中国的转移，因此，中国必须大力调整产业结构。在目前中国的发展阶段，主动做出 2020 年要实现的三项承诺是非常不容易的。温家宝总理在哥本哈根大会上强调：中国的主动承诺，不与其他国家的承诺挂钩，也不与是否提供资金和技术挂钩，中国将坚定不移兑现承诺，并争取超过。为什么总理的话讲得如此斩钉截铁？杜祥琬的理解是：第一，这是一个负责任大国的领导人对国际责任的深切理解和坚定信念；第二，更重要的，这是中国自身可持续发展的内在需要，体现了中国转变发展方式，走科学、绿色、低碳新型发展道路的决心；第三，"言必信，行必果"，这是我们中国的文化、中国的传统、中国的国格。不管国际谈判进展如何，我们在维护发展权的同时，必须为落实"科学发展"、"两型社会"、实现经济环境双赢作出更为扎实的努力。

## 德班的阳光

2011 年 11 月 28 日至 12 月 11 日，联合国气候变化框架公约第 17 次缔约方会议在南非德班召开。这次世界 190 多个国家和地区的两万多人又来到德班，为共同应对气候变化作出新一轮的努力。德班会议的议题诸多，但核心的期待是：1997 年达成的《京都议定书》是为减缓气候变化作出历史性承诺的文件，议定书第一承诺期明年就要到期了，如何在 2012 年后延续和完善议定书是一个具有实质性的重要议题；同时，为帮助发展中国家适应气候变化，已确定设立的绿色气候基金和技术转让如何落实并开始行动，是另一个受到高度关切的重要议题。

虽然少不了吵架，更需要耐心的谈判，明智的磋商。各大国更应以全球胸怀和历史眼光，出于对后代和物种的责任感，公平、公正、科学地对待各方的诉求，以达到全面、平衡的协议。

应对气候变化的主旋律是绿色、低碳发展，尽管对气候变化的科学认知仍有不确定性，走绿色、低碳发展道路是人类可持续发展的长远之计，已成了广泛的共识。应对气候变化不仅仅关系到环境问题，而且意味着对全球生产、消费等各个领域都要进行革命性变革。在德班，人们经常把"能源安全"和"应对气候变化"并提，正是意识到大力发展非化石能源是同时解决两个问题的长远战略；而保护环境和应对气候变化的一致性，已经是一个不需争议的常识。

主办国南非的积极斡旋，国际社会的通力合作，德班气候大会于 2011 年 12 月 11 日早晨 5 点半落下帷幕，大会通过了"德班一揽子决议"（Durban Package Outcome）。建立德班增强行动平台特设工作组，决定实施《京都议定书》第二承诺期并启动绿色气候基金，德国和丹麦分别注资 4000 万和 1500 万欧元作为其运营经费和首笔资助资金。"这是一届具有里程碑意义的会议，不仅仅因为它是历史上耗时最长的气候大会，而且为全人类应对气候变化描绘了详细图景。"在 2011 年 12 月 11 日凌晨的最后一次全体大会上，中国代表团团长、国家发展和改革委员会副主任解振华在发言中强烈批评一些发达国家拒不履行承诺、反而向发展中国家施压的做法。他说一些国家已经作出承诺，但并没有落实承诺，并没有兑现承诺，并没有采取真正的行动。讲大幅度率先减排，减了吗？要对发展中国家提供资金和技术，你提供了吗？讲了 20 年到现在并没有兑现。我们是发展中国家，我们要发展，我们要消除贫困，我们要保护环境，该做的我们都做了，我们已经做的，你们还没有做到，你有什么资格在这里讲这些道理给我？！他说，有些国家的排放是奢侈性排放，是锦上添花，有些国家的排放是发展排放，有些国家的排放则是生存排放。中国既有发展排放，也有生存排放，另外还有 24% 是为了别人，主要是发达国家的消费而排放。"如果要讲公平，就应该按人均历史累积排放来规定各国的减排义务，而不是光看排放总量。"

解振华的发言赢得很多与会代表的鼓掌喝彩，也让杜祥琬从中感受到巨大的鼓舞，回想自己从核物理研究到激光技术，再到今天的能源战略和气候变化，每一次的出发，都是源于国家利益至上。这是时代赋予的使命。

## 关于气候问题的深度思考

从多哈会议回到北京后，面对日趋复杂的国际环境，杜祥琬沉下心来，对于气候变化问题进行更加理性的深度思考。

气候变化当然首先是一个科学问题。近代全球气候变化科学基础的建立经历了近 200 年的时间。1827 年，数学物理学家傅里叶首次定性地提出地球大气具有温室效应时，并无意讨论气候变暖问题，正常大气的温室效应本来是地球成为人类宜居之地的基本条件之一。1896 年，物理化学家阿仑尼乌斯定量计算了气候对二氧化碳（$CO_2$）浓度变化的敏感性，并提出人类燃烧化石燃料导致二氧化碳（$CO_2$）浓度上升使全球变暖的可能性。

之后，相关研究进入系统化。二氧化碳（$CO_2$）分子的光谱特性和太阳辐射在大气中的传输，是 20 世纪初以来物理学的课题之一；对全球大气中 $CO_2$ 浓度的变化已有较长期的科学观测，全球 300 多个观测站的数据表明：这一浓度已由工业革命前的 280ppm 上升到目前的 391ppm；全球平均温度观测给出了近百年全球地表温度升高的总趋势。

## 切肤之痛

由于极端气候事件造成的损失，1980 年约为每年几十亿美元，而 2010 年已上升至每年大于 2000 亿美元，其中我国的损失为 3000 多亿元人民币，这还不包括对人们生命健康的影响和对生态系统及文化遗产的损坏。极端气候事件频度和强度的增加，已使多国感受切肤之痛，"没有哪个国家能成为独善其身的天堂"。

问题的深刻性还在于：化石能源燃烧产生的温室气体与污染气体的排放同根、同源、同步，已造成严重的环境恶化，挑战着环境容量。我国许多居民日常呼吸着不达标的空气，已成为城市居民的主要病因之一。

更值得重视的是气候趋势的长期风险。世界银行 2012 年 11 月公布的报告指出："到本世纪末，如果再不采取持续的政策行动的话，全球气温将上升 4 摄氏度，后果将是灾难性的。"更何况这里说的 4 度是个平均概念，分布的不均匀使其更具破坏性。就全局而言，避免走到发生灾变的临界点已是具有历史眼光和责任心的人们必须担当起来的使命。由于气候问题的复杂性，不同的认识仍会继续存在。但可以说，全球范围对气候变化认识的焦点，已越过了"真伪辨析"的阶段，获得广泛共识。1988 年成立了"政府间气候变化专门委员会"（IPCC），100 多个国家的几百名科学家在评估分析各国研究成果的基础上，给出气候变化科学基础、影响、适应及减缓政策方面最新的科学认识。他们发出的关于全球气候暖化和极端气候事件增多的警告，是值得严肃对待的。

地球大气是一个复杂、开放的巨系统，它同时受到各种自然因素和人为因素的影响是显而易见的。然而，从古到今，地球本身并未长大，而寥寥无几的人口已繁衍到 70 亿，人类活动必然是影响大气环境的主要因素之一，对此应该是没有异议的。"70 亿人每年燃烧约 170 亿吨标准煤的化石能源，这个数字和大家公认的全球目前每年新增约 350 亿吨 $CO_2$ 排放这一数据相符合，和全球几百个观测站测得的 $CO_2$ 浓度增长的曲线是一致的。""把气候变化都归因于太阳活动及其他自然因素，首先是不科学的，更何况这除了导致无所作为、听天由命之外，还能有什么积极意义呢？人类活动既然能对大气环境带来显著的不良影响，那么，人类修正自己的生存方式也应该能够抑制恶化甚至改善环境，这不仅是合乎逻辑的，也是理智人类的应有选择。"

## 观念决定未来

观念决定未来，"生态文明、永续发展"不仅是一种新的理论自觉、新的文化启蒙，也是一种有力的实践导向，是把"两难"变成"双赢"的钥匙。经历了三十多年高速发展的中国，客观上面临着两场竞赛：一场是国内，转方式的努力与粗放发展的惯性在竞赛，看能否较快地转向以资源节约、环境友好型社会为方向的科学发展轨道；另一场是国际，在世界范围的绿色低碳发展的竞赛中，中国能否不落伍、不沿袭老路，尽快占领新的战略制高点，切实迈向生态文明。

我国目前所处的战略机遇期的内涵和改革开放初期相比已有了很大变化，这是"发展方式转变的新机遇"和"深度转型调整的新机遇"。杜祥琬认为，今后5—10年是能否抓住这个新机遇的关键期。中国没有粗放发展的资本。我国的现代化应该是在守护环境底线基础上精心设计的发展过程。在这个过程中，把2030年前尽早达到化石能源消耗的峰值和排放峰值作为一个国家目标，不仅是应对气候变化和改善环境的需要，更是促进转方式和新型城镇化的具体而有力的抓手，也是一个经过努力可以实现的目标。

应对气候变化是关系国家和全人类宏观发展的重大问题，让我们敏锐地感受这个时代的脉动，以务实的行动推动中华民族走上可持续的振兴之路，并对人类的文明进步作出更有分量的贡献。

## 寄语青年

作为资深的科技工作者，在谈到如何做人做事时，杜祥琬是这样说的，做人第一要有责任心，责任心有三层含义，第一层就是有回报社会的责任心。这是最基本的一层，也是每个人都应该有的责任心，包括报效自己的父母，感恩自己的老师，和所有帮助、爱护自己，使自己能够成长的人的心。第二层责任心的意思，作为一个科技工作者，应该多一份的责任心，科技工作者在整个全民当中是不多的一部分人。这部分的人特征是有较多的科学技术知识，比较多的了解自然发展规律、社会发展规律、科技发展规律，这样他就有责任推进社会先进生产力的发展，包括先进文化的普及，普及科学知识，促进国家创新地健康的发展，为解决社会发展当中的一些问题作出更多的贡献。第三层责任心，新世纪面临的新机遇和挑战，给了新世纪的科技工作者新的历史使命感或者叫新的重大责任。我们国家二十几年高速持续的发展，但我们现在也看到，也认识到前一段的发展，在一定程度上是靠了几个因素的拉动，大量消耗资源，牺牲环境，引进国外技术，投资拉动，靠廉价劳动力。如果要靠这五个因素来拉动，在一段时间里面可以高速发展，但是不可持续的。为什么会提出科学发展观，发展是硬道理，科学发展才是硬道理。科学发展在中国如何走，怎么走通这个路子并不很容易，新兴工业化道路、创新国家、和谐社会，这都是非常正确的一些想法。但中国有 13 亿人，发展模式、发展道路，只有中国自己来创新。我们生活水平需要提高，但我们人均消耗能源能不能搞到美国人的水平呢？如果我们达到美国这样一个人均能耗的话，就意味着全世界的能源都给中国也不够用。这是有数据表明的，因此完全按照美国的生产方式、生活方式走下去，此路不通，这点非常清楚。

所以有 13 亿人口而资源有限、环境容量有限的国家，如何走出自己一条持续的光明发展道路，健康的发展道路，这个问题有待 21 世纪的青年朋友们自己来解决。这是新世纪的挑战和机遇，带给新世纪的科技工作者的一个新的历史使命和重大责任，所以这是更高一层的战略责任感。

杜祥琬始终认为：中华崛起有一个硬实力的建设，还有一个软实力的建设，硬实力就是经济实力、国防实力等，所谓软实力，这个社会是不可缺的，包括教育、文化、精神文明，是这个社会对国际的影响。所以一代又一代人的文化素养、精神、状态、价值观取向，这些都是重要的软实力的建设。中华崛起一定是硬实力、软实力并起。

## 采访札记

杜祥琬是我国应用物理学专家、中国工程院原副院长、院士，现任国家能源咨询专家委员会副主任、国家气候变化专家委员会主任、北京大学核科学与技术研究院院长、"863 计划"先进防御技术专家委员会主任，他是我国"两弹一星"研制的核心成员之一，是核武器中子学与核试验诊断理论领域的开拓者，是我国新型强激光研究的开创者之一。

当我看到这份简历时，有一种神秘感伴随着神圣感在心中油然升起，记得我第一次见到杜祥琬院士本人，也是在中国科学院的学术会堂，那天他就坐在陈佳洱院士的旁边，他一脸严肃的表情让我望而生畏。果然，联系采访时颇费一番周折，原因倒不是他高傲冷漠，而是他的确很忙。但功夫不负有心人，我连续发出了几封言辞恳切的邀请函之后，终于有了回音。那天，我如约而至，在中国工程院他的办公室里，我们进行了两个多小时的长谈。虽然我们很快从喜欢贝多芬的名曲《命运交响曲》和熟悉法国作家罗曼·罗兰的名著《巨人三传》的话题中找到了平等和真诚，但杜祥琬院士所从事的事业还是让我觉得远在天边，近在眼前。

几个月后，杜院士给我打来电话，他在电话里向我讲述了一个差不多跨越了半个世纪的故事：1965 年的冬天，年轻的杜祥琬从苏联留学回国的第二年，他从第二机械工业部下派到河南省三门峡市灵宝县焦村镇武家山村，协助当地干部开展"四清"运动。来到村里后，村里本来安排他住进条件比较富裕的会计家，但杜祥琬拒绝了，他严格自觉地按照当时的驻村规定，住进最贫困的五保户家中。没有床、没有被褥，杜祥琬只能卸了门板搭了一张床，用其他村民资助的被褥，就在没有门扇的窑洞里度过了一个冬天。在半年多的时间里，杜祥琬与村民同吃同住同劳动，迅速打成一片，他帮乡亲们耕种、砍柴、挑水、做饭、教大家唱歌……一处简陋的住所、一次次平等的促膝谈心、一顿顿简单的农家饭，拉近了杜祥琬和乡亲们的心。虽然因为后来工作繁忙，杜祥琬离开村子后，再没有机会回去，但他一直牵挂着那里的乡亲们。半个世纪过去了，如今，岁月的沧桑已爬满眼角，当年年轻力壮的青年杜祥琬已两鬓斑白，但时光飞逝并没有冲淡他在那段艰难岁月里与乡亲们结下的深厚情谊。

2014年10月11日，杜祥琬决定偕夫人一起去武家山村看望阔别已久的"家乡"与故人。一路上，他欣喜又忐忑，欣喜的是即将看到阔别已久的"家乡"与故人，忐忑的是不知道经过几十年的岁月洗礼，原先印象中的彼此是否还能相识，尤其担心自己当年的一言一行是否经得起岁月的检验。当杜祥琬一行到达村部时，等候多时的乡亲们抑制不住内心的激动，迅速将他围住，掌声、问候声响成一片，大家争先恐后自报家门。"老杜，你还认识我吗？那个时候吃水不方便，你经常走十几里山路帮我家挑水，我父母都说你是一个为民办实事的好干部。"一位村民握着杜祥琬的手激动地说。故人相见，分外动情，紧紧地握手，热切地拥抱，大声地欢笑，亲切的话语把时光带到了1965年的冬天。时隔半个世纪的再次会面，让整个武家山村都洋溢在重逢的喜悦之中。杜祥琬和乡亲们畅谈当年下乡生活的点点滴滴和艰难岁月，几十年前的往事仍然历历在目。站在曾经"下乡"的土地上，杜祥琬感慨万千，他说："49 年过去了，多少次想回到这片土地走一走，看一看，与亲人们聊一聊。人老了，经常会回忆以前的'苦事'，但这些都是非常珍贵的。当年虽然物质条件很贫瘠，但我得到了乡亲们很多的关怀和照顾。"杜祥琬把这片曾经流过汗水的土地走了个遍，寻找当年他和乡亲们一起奋斗留下的痕迹。望着条条宽敞的大路通往村头，一栋栋农户盖起的小洋楼，他感叹武家山村真是今非昔比。

来到当年住宿、如今已经坍塌的土窑，他照相留念，表示"虽然想看之前的地方现在没有了，有点遗憾，但看到现在的村子蓬勃发展，心里更开心"。

令杜祥琬激动不已的是乡亲们居然还会唱当年他教会的歌曲《高举革命大旗》。当乡亲们和杜祥琬再次唱响："我们年轻人，有颗火热的心，革命时代当尖兵，哪里有困难，哪里有我们……"时，杜祥琬的眼睛湿润了。

听完杜祥琬的故事，我的眼睛也不由得湿润了，正是因为有上一代人的付出和艰辛，才有了我们今天国家的强大和人民生活的幸福安康！对于像杜祥琬院士为代表的这样一批甘于奉献的科学家们，我们除了致敬还是致敬！

采访时间：2014 年，完稿于 2015 年 3 月。

本文参考资料：部分媒体相关报道及杜祥琬相关演讲资料，本文中的图片全部由杜祥琬院士本人提供。

致谢：刘晓龙、崔磊磊。

邓起东院士

# 附：邓起东简历

邓起东（1938—  ），构造地质学家和地震学家，湖南省双峰县人，1961年毕业于中南矿冶学院地质系，2003年当选为中国科学院院士，现任中国地震局科学技术委员会副主任，中国地震局活动构造与火山重点实验室学术委员会主任，教育部有色金属成矿预测重点实验室学术委员会主任，中南大学荣誉教授，南京大学和浙江大学兼职教授。

邓起东院士长期从事构造地质、活动构造、地震地质、地球动力学和工程地震研究，对我国活动构造和地震构造有深入的研究，对走滑、挤压和拉张等不同类型构造的几何学、运动学和形成机制有新的发现；建立了活动构造大比例尺填图技术，发展了古地震学，领导了全国活动构造大比例尺地质填图和定量研究工作，推进了定量活动构造研究及其应用工作；首次系统编制了中国活动构造图，总结了活动构造和应力场特征，提出了新的运动学和动力学模式；主编完成了我国第一份经国家批准使用的中国地震烈度区划图，成为全国抗震设防标准；完成了大量城市和大中型工程活动构造及地震安全性评价工作。

代表著作有《海原活动断裂带》《鄂尔多斯周缘活动断裂系》《天山活动构造》。

# 第 4 篇

# 科学铁人：地震专家邓起东院士

地震这一恶魔给人类带来的总是巨大的灾难，如何做好预测、预防和最大限度地减轻地震灾害带来的损失？这是世界各国政府和地震科研工作者共同面临的艰难挑战。

邓起东院士是我国构造地质学和地震地质学研究领域的杰出代表。从 20 世纪 60—70 年代精力旺盛活跃在我国华北多个地震现场到 2008 年四川汶川地震废墟里打着绷带一拐一拐地艰难行走的长者，在几十年的科研生涯中，邓起东经历了脑血栓、心脏梗塞和肾脏癌变三次大的病魔袭击，如今，他依然以顽强的意志活跃在科研第一线，并紧紧跟随国家和社会的需要，不断自觉地调整自己的研究方向和研究重点，在构造地质学和地震地质学的多个研究领域取得了新的创造性进展和成就。为我国的防灾减灾工作和国民经济持续健康发展做出了卓有成效的贡献！他的学生们由衷地钦佩说我们的邓老师是当之无愧的科学"铁人"，年轻人则称他是"中国的钢铁侠"。

## 追星少年

　　1938年，邓起东出生于湖南省双峰县，幼时曾在家乡私塾读书。1948年他来到在长沙的父母身边后，1949年插班进入长沙市豫章小学五年级。中学分别就读于长沙市第五中学（雅礼中学）和第七中学（广雅中学）。在中学期间，由于家里人口多，只有靠在公司担任职员的父亲微薄的薪水维持生活，稍稍懂事的邓起东就会在假期里领着弟弟去父亲工作的公司帮忙干些搬运货物的杂活，再大一点他还以现在称为志愿者的身份做过帮警察登记户口之类的事情，小小年纪就尽其所能地贴补家用，为父母减轻生活负担。虽然很早就进入社会，感受到生活的艰难，但丝毫没有影响这个勤奋的少年对于学习的热情和求知的渴望。

　　正是高中上学期间，班主任宋老师讲授的生物课、黄老师的语文课、彭老师的数学课和王老师的地理课都深深地吸引了他。王老师讲解的大自然把孩子们带到了大自然这么一个神奇的世界，他组织的课外小组活动更是其乐无穷，深深地吸引着一群少年的心，他还常常领着学生们做模型或去野外采集标本。学生们都被大自然的神秘深深地吸引住了，少年邓起东有无数个问题缠绕在他的脑海中：大自然为什么会是这个样子呢？各地的地质地貌为什么有这么大的差异呢？各种各样的矿产是怎么形成的？地球上又为什么要发生地震？等等。正是这些疑问深深地影响着他，在1956年高中毕业的时候，他选择了报考地质专业。

那时候，正是国家大力加紧基础设施建设和发展经济的高潮，极需地质方面的人才。李四光等老一辈地质学家在地质工作中作出的光辉业绩，在广大有志的青年学生眼前闪烁着耀眼的光芒。年少的邓起东正是在心中把李四光为代表的专家当成了自己的人生偶像，他梦想着要是也能够像李四光那样去作出一番事业该多好呀！但邓起东的高考志愿没有得到家长的赞成，因为邓起东从小身体瘦弱，父母心中的印象是搞地质工作就意味着翻山越岭，过着一种风餐露宿、有家归不得的流浪生活。辛辛苦苦地把儿子拉扯大，而且又是长子，只盼望着他能顺顺利利地考上大学，毕业后找一个稳定的工作，平安美满度过一生，把这个家撑起来。读地质专业将来毕业后就只能从事地质工作，那不等于去受折磨吗？班主任老师觉得他的文学功底不错，如果报考中文专业，进一步深造，发展下去很可能在文学上有所建树。在面临抉择的时候，邓起东虽然也不忍心让父母和老师感到担心和失望，但对理想的追求，让他最终还是毅然决然地在志愿表上填写了"地质学"三个字。

## 梦想与抉择

1956 年，怀着对大自然的迷恋和为祖国寻找宝藏的少年壮志，邓起东进入中南矿冶学院地质系学习。当时的中南矿冶学院地质系有三个专业，邓起东就读的是地质测量与找矿专业，又叫普查专业。实际上，对地质工作来讲，普查是地质工作第一步必须要做的事情，就是到一个新的地方去建立一套系统来，这个地方的地质条件是什么？地层主要特点的划分和年代是什么？构造主要特点是什么？有什么矿产等等各方面都要涉及，为今后的矿产勘探打下基础。这就叫作地质测量与找矿，也叫普查，是地质勘探最初阶段必须要做的最基本的工作。在大学期间，邓起东和同学们得到了陈国达院士等多位名师的教导，陈国达教授亲自讲授他首创的地洼学说，深深地吸引了年轻学子的心，把一群和邓起东一样怀揣梦想的年轻人真正领进了地学的大门。由于成绩优异，在大学四年级，邓起东和另外4位同学就被直接抽调到地质系不同研究室，以助教身份协助老师们开展科研工作，在科学研究中得到了最初的基本训练。

然而理想很丰满，现实却很骨感。大学还没毕业，担任助教的邓起东就经历了一场生死考验。1960年，他和其他几位老师一起接到任务，到广东山区开展实地考察，进行调查研究，看看那儿有没有可能形成一个岩矿矿床，是否具备开采的价值。这是他当助教后的第一次实践。在那里，初出茅庐的他，开始尝到了作为地质工作者饱受风霜的滋味：没有交通工具，每天靠两条腿来回走几十里山路，还要背上沉重的工具。工作中要用铁锹在水里淘、采沙，然后用双手摇动沙盘，淘出有用的矿砂，以分析沙中矿石的含量。尽管生活艰苦，但邓起东和同事们常常因为大自然的神奇和发现的喜悦而忘记了劳累。

有一天清晨，山林中的雾霭还没有散去，他和同伴就急切地出发了，结果迷失在一个山谷里，四周森林环绕，山高林密，方圆几十公里一片寂寥，直到深夜，又累又饿的他们还没走出山地无人区。这让血气方刚的邓起东和几个年轻人第一次感到了什么是恐惧。他们边走边大声地喊叫："有人吗？有人吗？"回答他们的是一声声凄厉的鸟叫。而最令人害怕和恐惧的是山谷中到处是深潭，被湿漉漉的浓雾遮盖住根本看不清楚，稍有不当，随时都有可能陷于万劫不复之境，后果不堪设想。

虽然可以说面临生死绝境，邓起东和同伴们仍然打起精神，当时，他们个个凝神静气，心中只有一个信念就是一定要活着出去！他们还年轻，有为他们牵肠挂肚的亲人注视着他们，物产丰富的祖国大地还有太多的宝藏等待他们去发现，还有太多的人生精彩还没有来得及体验，更有为国家建设作贡献的伟大理想还没有实现。危难时刻，他们只能探索着慢慢地前行，以歌声来驱散寂寞恐慌和一天来的疲劳，同时，折下树枝，给自己也给前来救援的人们留下记号……快到凌晨，勇敢坚强的他们终于走出了密林，与前来救援的当地民兵队伍相逢在山路口，还得到民兵们捧来的热粥。

经历了这一次生死大考验，在邓起东眼里，地质工作已不再是学生时期想象的那样充满了神秘和浪漫，需要面对太多的困难与挑战，甚至是残酷的生死考验。他开始明白父母当时为什么不同意他报考地质专业的良苦用意。但他决不能放弃，"天将降大任于斯人也，必先苦其心志，劳其筋骨，饿其体肤，空乏其身……"书中古代先哲的谆谆教导在他耳边时时响起，他暗暗地下定决心：既然选择了地质事业，就要全身心地投入，再苦再累也要咬紧牙关，一定要作出一番成就来，以慰父母之心、老师之恩，报答国家的培养。从广东山区回来后，邓起东更加忘我地工作和学习，每每在工作中发现了一个新的现象或者解决了一个难题的时候，他就会和同事们讨论一番，分享喜悦之情。

## 随遇而安

1961 年，邓起东几乎以全优的成绩完成了大学学业后，便被选拔分配到中国科学院地质研究所，跨进了久已向往的科学研究的殿堂。能去北京，进科学院这个愿望鼓舞着这个年轻人，临行前他的兄弟姐妹们特地与他去照相馆合影一张，题词是"送起东上北京"。

来到北京后，中科院地质所并没有安排邓起东到他在大学已开始工作的岩矿研究室工作，而是把他分配到由张文佑院士领导的构造研究室。安顿之后，邓起东就直接跟随当时还很年轻的马宗晋和马瑾两位老师从事构造力学研究。在这里，他一方面学习断块构造理论，另一方面开始在构造变形和剪切破裂理论方面进行探索。在构造力学组，就是从力学的思想出发，对各种不同类型的构造进行力学分析，研究这些构造是怎么形成的，研究它的变形机制，如果是一条断层，这是什么性质的断层，它是怎么变形的，它与矿产有什么关系，它与资源有什么关系？构造力学组的人并不多，大家都很团结、很努力，工作开展得有声有色，当时在国内就已有较大的知名度了。在这个学术氛围浓厚的集体里，兴致勃勃的邓起东很快就找到了自己的研究方向。

邓起东开始工作后的第一件事情是跟着两位马老师，在北京西山从事小型构造研究，看看那些岩层怎么褶皱起来，怎么受压而变形，然后那些断层是怎么产生的？那些岩石里面的裂缝是怎么形成的，什么性质？以后又跟着马宗晋老师一起去三峡，工作目的是调查那里的断层和裂缝是怎么发生的，它们又是怎么运动的，它们的力学性质是什么，又是如何组合起来的？最后通过构造分析认识这个地区的受力状况，它们反映了一种什么样的受力状况？应力场特征如何？是否会对三峡水库和三峡大坝造成影响以及它可能带来的危害等等。1962年，正是我国遭遇三年自然灾害的时期，生活和工作条件都很差，师徒两人在长江三峡，从江边爬到三峡两侧的山顶上，就靠两条腿。坐小船沿着长江河边走一段，然后上岸要爬上去。那边野外工作条件差，自己要背着食物、衣服，带着水，没有帐篷，爬上山去以后拿粮食给老百姓换米请他们做饭吃，晚上就在老百姓家里找一块门板当床睡觉。三峡的山特别陡峭，从山顶往下走就更困难了，因为根本停不住，必须往下小跑一段，然后尽力停住。从山上下来，两条腿都直发抖，浑身都没了力气。这样的困难并没有吓退他们，师徒二人在三峡一次就工作了近两个月的时间，虽然生活很艰苦，但他们在这里做了很多有价值的工作。回来后在马宗晋老师的指导下，邓起东起草了他来科学院后第一篇论文的初稿，并得到发表。

## 崭露头角

从 1962 年到 1965 年间，邓起东在两位马老师的带领下，和同事们奔走于三峡水利枢纽、北京西山和四川川中油田等不同地区，开展深入的野外观察，在实验室开展模拟实验，对不同性质断裂的几何学和运动学特征进行对比、分析。在三峡地区的考察，他们对不同方向、不同运动性质的破裂和断层，以及这些构造所反映出的三峡地区的破裂网络及应力场进行了比较细致和深入的研究分析，得到了新的认识。在西山地区的研究使他们对剪切破裂的几何学和运动学特征有了新的发现，甚至在北京的公园和现代化建筑物里，面对岩石台阶和墙面上的裂缝，邓起东和老师们也仔细揣摩。辛勤的工作使他们对节理力学性质的判别及其分期、配套方面有了全新的认识，在剪切破裂带方面形成了新的思想，提出了剪切破裂带羽列的新概念，对剪切破裂带形成机制进行了新的论述。

在这期间，邓起东和马宗晋老师共同发表了《节理力学性质的判别及其分期、配套的初步研究》，还和马宗晋、马瑾两位老师一起进行了《华北、华南中生代构造的主要类型及其主要控制因素》的研究并发表了论文，邓起东还撰写和发表了《剪切破裂带的特征及其形成条件》和《华南地台及邻区中生代构造特征与基底构造的关系》两篇论文，对剪切破裂带的结构和构造组合进行了新的研究，对剪切破裂带内不同结构面的力学机制和形成机理进行了理论分析。这些论文发表后，主要的内容被选编到我国构造地质学大学教材里面，也为以后研究走滑断裂打下了良好的基础，成为国际期刊相关专集的约稿论文。良好的素质、出彩的才华和为了攀登科学高峰不畏艰难险阻的决心和精神以及踏实认真的工作作风，让年轻而朝气蓬勃的邓起东开始在我国地质科研领域里崭露头角。

## 学以致用

1963 年，邓起东参加了中国地质科学院地质力学研究所由地质力学创始人李四光院士亲自主持的第一届地质力学培训班学习，直接聆听李四光等院士和专家们的讲授和指导。此时，正是地球科学的板块构造理论创建和大发展时期，中科院地质所尹赞勋院士最早把板块构造理论介绍到中国，使邓起东和同事们得以学习到国际上正在发展的新理论。每当回首往事，邓起东总是怀着一颗感恩的心，无比感慨地说，在青年时期有幸从大师们的教导中吸收新知识，学习新理论，在多方面经受锻炼，为一生在科学道路上探索打下了最重要的基础。

　　科学研究离不开国家的需要，邓起东和两位马老师及同事们关于褶皱和断裂形成机制研究理论成果很快得到应用。我国四川的中部油田，它是中国一个很早就有名的油区，但它遇到很大的一个困难，就是它的油和气是被所谓的缝洞控制的，油和气都储存在地下那些岩石的裂缝和溶洞里面。1964 年，邓起东和他的老师及同事们奔赴四川中部，把他们在破裂和变形的理论研究成果应用到油气储藏和开发之中，用他们的理论和认识来研究所谓缝洞控制的油气藏，为我国的油气勘探和生产发挥了他们特有的作用。

## 地震来了

　　1964 年，在科研道路上一帆风顺的邓起东，一心想要报考研究生以求在学业上更上一层楼，但研究室的领导打消了他的念头，说你就在张文佑院士手下工作，条件已经很好了，还是先多做一些实际工作吧。但 1965 年，爱才心切的张文佑先生还是推荐了这位年轻人去法国进行博士研究生学习，还特地为他选定了法国导师，并派到中国科技大学学习法语。正当留学法国事宜在有条不紊地进行时，1966 年开始的"文化大革命"，打乱了中国科学院的正常工作秩序，邓起东赴法国攻读博士学位的计划因此而中断了，邓起东失去了一次出国深造的机会。这一年，1966 年 3 月 8 日和 3 月 22 日，河北邢台分别发生了 6.8 级和 7.2 级强烈地震，给人民的生命财产安全造成了巨大的损失。紧接着，1967 年和 1969 年河北河间和渤海发生地震，在华北多次地震后，真是祸不单行，1970 年我国西南的四川、云南又相继发生大邑、昭通和通海等大地震，在 1975 年辽宁海城 7.3 级地震后，1976 年四川松潘平武发生了两次 7 级以上地震，云南龙陵也发生两次 7 级多的地震。影响最大的是唐山 7.8 级地震。十年中，我国华北和西南地区大地震频发，一个给我国国家和人民造成重大灾难和损失的"地震季"开始了。

邢台地震发生后，周恩来总理亲临震区指挥抗震救灾并看望受伤群众，他指示中国科学院等单位组织人员尽快开展地震预测和地震科学研究。

1966 年 4 月 7 日，在国务院的会议上，周总理对地震工作作了重要指示。"对城市、铁路、水库，都要注意扩大观测范围"。"有关研究地震自然现象的各种科学机关，必须加强研究，包括地球物理、地质、大地测量等学科，要求已经在灾区进行地震研究的科学人员，对地震的形成、发展趋势等问题，尽量找到规律，总结经验"。"对（邢台）这次地震要抓住不放，要赶快抓，就可能有所创造，也许地震预报问题能在这次找出头绪来"。4 月 10 日，周总理在国务院会议上再次对地震工作做了指示："要把北京地区的地震问题与临近地区一并考虑，以保证大城市、大水库、电力枢纽、交通系统的安全"。周恩来总理关于地震工作的一系列指示精神，让邓起东深感作为一个构造地质学工作者责无旁贷，他毫不犹豫地把自己的研究方向迅速转移到了最新构造活动与地震的研究上，从此，开始了几十年的地震地质和活动构造研究。

初期的工作主要集中在华北和北京地区，由于以往在这些方面的研究基础十分薄弱，初期的研究是非常困难的，他们都要从原有的学科转向新的方向，要开发新的思想，应用新的技术，才能做出切实有用的工作。邓起东和同事们只能是一边学习一边积累经验，在实践中摸索前进。他们从邢台震区转战到河北河间、大城震区，紧接着又是渤海和辽宁海城震区，一个接一个，简直是马不停蹄、应接不暇。面对频频发生的地震灾害，邓起东和他的地震科研工作的同事们，深感责任重大，邓起东至今还对当年渤海地震发生后，周恩来总理指派时任中央地震工作领导小组副组长刘西尧，领着他们几个科研骨干，乘坐总理的专机围绕渤海及其周围地区考察灾情的情景记忆犹新。他们在中央地震工作领导小组的支持和帮助下，排除了"文革"的干扰，一心扑在科研上。他脑中只有一个念头：一定要在地震研究领域有所突破，因此，即使在受到各种干扰的情况下，他也毫不气馁。他利用一切时间潜心学习和研究。由于邓起东的工作涉及地震地质学的各个方面，活动构造的鉴别及其与地震的关系，地震孕育和发生的构造条件，地震的发震构造和震源构造模型，地震发生地点判定和地震危险性评价等等都是他在地震研究中最突出的问题。他与他的同事们编制了首个华北平原区地震地质图，参加了首都北京地震烈度鉴定，为当时提出的"保卫北京、保卫首都"作出了卓有成效的贡献。

## 新的机遇

新的机会来了，应山西省的请求，中国科学院和山西省科委合作，开展山西一些电厂和其他一些工程的地震危险性评价工作，邓起东赢来了一个新的能将研究理论尽快付诸实践的好机会。1966年年底，邓起东先是参加山西临汾地区的"霍县电厂地区的地震基本烈度评价"，不到一年以后，他开始组织并主持这一项目的研究。他们先后又做了山西朔县电厂和从北京到山西原平的京原铁路线等的工程安全评价（基本烈度）工作。为了使工作更加深入提高研究深度，他和他的同事们在做好多项工程安全评价的同时，还开展了整个山西断陷盆地带的地震地质研究工作。

山西中部是一个盆地带，以前没有人做过地震地质方面的工作，在地震地质方面可以说是一片空白。当时人们的主体思想认为，山西的盆地是挤压性盆地，初次独当一面的邓起东在经过大量的实地考察后发现，控制这些盆地的断裂却不是挤压性质的逆断裂，而是拉张性质的正断裂，原来是在不同活动时期构造活动性质发生了转换；山西的地震都是发生在盆地中，在空间分布上还有不均匀的现象，在时间分布上也不平稳——一个地震带的地震活动是一个起伏变化的过程，它既有活跃期，也有平静期，活跃期还有强弱之分——于是他大胆地提出：山西盆地的形成既有拉张性的原因，也有剪切性的原因，这是一条剪切拉张带控制的断陷盆地带和地震时空分布不平稳的地震带。

## 山西惊魂

为了获得大量的实地资料，邓起东和同事们跑遍了山西的每一个盆地及控制盆地的所有的断裂。在他们的行李袋中，随时都放着必需的测量工具以及简单的换洗衣服，一旦有情况随时都可以出发。那时的山西正是全国"文革"期间武斗最厉害的地方。可以说，邓起东和同事们有时候要冒着生命危险，在刀山枪林中穿行，还经常成为各派别的"俘虏"。有一次，他们开车到一个县城找住所，一进县城就被围住了，不知所措的他们下了车，问清缘由，才知道那些人怀疑他们是北京某一派派去支持他们的对立派的，于是不由分说地先把他们扣押起来。经过反复的解释和证件检查，他们终于获得自由可以上山考察，但是车却被扣了，并且还有两人跟在后面监视，因为还是怀疑他们可能与对立派"接头"。但是，跟着他们爬了一整天的山，那两人累得腿都发抖了，后来再也不愿跟随了。还有一次更为惊险：他们从太行山上下来，突然听到几声大喝："停下！"荷枪实弹的武斗战士一拥而上，在他们的车上一阵乱搜后才下令

1968 年邓起东（右一）在
山西五台山进行野外工作

放行。惊魂乍定，看清楚眼前的一切更让他们胆战心
惊：公路的当中摆着几个汽油桶，桶上挂着手榴弹；公
路两旁是几个地堡，地堡里的机关枪正瞄准他们……

## 沙洋干校的另类体验

1969 年年底，正在山西紧张有序地开展地质地震
考察工作的邓起东被通知去湖北沙洋的"五七干校"劳
动锻炼，当初，因为如果马上去干校劳动就意味着山西
的工作就要骤然停止，以致半途而废，他请求能否让他
把山西的事情做完，把得到的资料整理成文，却未能得

到允许。这让正兴趣盎然的邓起东感到了些许失落和无奈，但他是一位真正的共产党员，既然是组织的安排他只能接受。

就在1970年，邓起东第一次去到位于湖北沙洋的"五七干校"不久，却又被抽调回京，为周恩来总理亲自指示和批准的、将要在1970年冬召开的全国地震地质学术会议做准备。在这期间，邓起东将自己在华北和山西地区的研究成果写成了两篇论文参加了会议，在1971年被当时的刊物《地震战线》编辑成册。会后，邓起东很快就又回到了干校劳动。对于干校生活的记忆，邓起东与我以前读到的一些人的回忆文章记录的内容有所不同，就是干校的生活，显然对于邓起东来说并非那么悲观。邓起东当年劳动的那个农场，听说原来是一个劳改农场，在邓起东他们去之前，原来关押的犯人挪到另一个地方，将这个生产、生活设施都有一定基础的地方腾出来，让给来自北京的"知识分子"。历史悠久的沙洋，位于汉江之滨，江汉平原西北腹地。素有"江汉明珠""鱼米之乡""小汉口""湖北八大历史重镇"等美誉。早在5000多年前的新石器时代，先民就在这片热土辛勤耕作，繁衍生息。沙洋土地肥沃，物产丰富，水源充沛。这里以盛产水稻、棉花、油料、鲜鱼著称，在古代为兵家必争之地。

刚去沙洋时，邓起东和他的同事们被分配去种棉花，一块地长达一公里，宽几十米上百米，一马平川，放眼望去看不到尽头，参加劳动的队伍一字排开，甚是壮观。等到棉花长到比人还高，钻进去除草施肥，密不透风的棉花常常把人逼得透不过气来，一天劳动下来都会大汗淋漓、疲乏不堪，高强度的劳动让很多人都会感到劳动的艰辛。但这对于常年在野外工作，经常跋山涉水、风餐露宿的邓起东他们来说，这样的劳动也还是能够适应的。后来，邓起东成了种菜班的班长，他们每天不是挑大粪，就是挑水浇地，终于让蔬菜获得了大丰收。种菜班的"战友们"就常常将采摘的新鲜黄瓜抬到田间地头，请大家小憩一会儿，享用他们的劳动成果，这时候大家争先恐后，打闹嬉戏，放松心情，尽情分享劳动的乐趣和丰收的喜悦，暂时忘记了身心的劳累和人生的烦恼及对于前途的迷茫。

但当时在沙洋"五七干校"也有自己的烦恼，那就是血吸虫泛滥，由于有血吸虫，劳动者们必须小心注意防范，下水工作时一定要穿上防护裤，腿上涂上防护药，这样才能保证安全。庆幸的是邓起东和战友们，应该说由于防范工作做得不错，避免了凶恶的血吸虫病的侵害。

## 发现山西断陷带剪切拉张成因

1970 年四川大邑地震发生，此时在 1969 年的渤海地震发生中，作为业务骨干的邓起东已走上前台，老局长亲自带领他们几个骨干又一次前往震区工作，在前往大邑时不幸遭遇了车祸，但他们仍不顾伤痛，开着那辆被撞坏的车继续上路工作。为了得到更多的一手资料，他们连续工作了3天3夜没有合眼，而这样的日子对于那个时期的地震工作者来说实在是家常便饭。

由于频发的地震灾害，作为科研主力的邓起东和同事们再也无暇顾及其他，每天忙得团团转，都恨不得有三头六臂和通天神功，能尽快找到地震发生的原因，及时报告灾情，以慰国人忧心之痛。然而，理智与激情都告诉邓起东，在攀登科学高峰的道路上是没有平坦道路的，寻找科学的规律不可能一蹴而就，需要踏踏实实地一步步做起。因此，这个时期，理智的邓起东在兼顾一些日常工作的同时，仍把自己的重点工作放在了他之前已经打了基础的山西，在3年多的野外工作中，邓起东和他的团队北起大同盆地，南至运城盆地和灵宝盆地及渭河盆地东段，对每一个断陷盆地，对每一条控制盆地的活动断裂，对发生在断陷盆地带中的每一个大地震进行了详细的实地考察和深入的理论分析，终于使一条鲜活的活动断裂带和地震带呈现在人们的眼前。他们纠正了当时山西断陷盆地带被认为是挤压性构造盆地的论断，提出是正断层控制的张性盆地的新认识，发现了后期正断层与前期逆断层的构造反转，研究了大地震与活动断陷盆地的关系，确定了带内一个个大地震的发震构造，对断陷盆地带内地震活动的时空不均匀活动图像和地震活动趋势作出了分析和判断。这一研究工作奠定了这一地区山西断陷盆地带地震地质工作的基础，又推动了我国的活动构造和地震地质工作，为全国范围内活动

构造早期调查提供了良好的范例。邓起东撰写的关于
《山西隆起区断陷地震带地震地质条件及地震发展趋势
概述》的论文在 1973 年我国复刊后的第一期《地质科学》
杂志上发表后，1974 年，美国地震学会主席艾伦曾夸
赞这是一篇最好的地震地质学论文，并在美国被全文翻
译。此后，邓起东团队又不断地对山西断陷盆地带深入
开展研究，有了一系列新发现。山西的地震地质工作也
因此作为京津和华北地震地质研究的重要组成部分获得
了 1978 年全国科学大会奖。

## 承担全国地震区划图编制的新任务

国家建设工程需要按照一定标准来进行抗震设防，
但是单就一个个工程进行评价就有很大的局限性，因此
国家提出编制中国地震烈度区划图的新任务。任务下达
后，国家地震局组织全系统的研究所和各省地震局来共
同完成这一任务。经过一番筹备，1972 年正式成立了
全国地震烈度区划编图组来领导这一工作，当时年仅
30 多岁的邓起东被委以重任，主持完成这一任务，担
任全国编图组的组长。虽然面临经验不足、资料有限、
难题众多等诸多困难，但邓起东有一种初生牛犊不怕虎
的精神，勇敢地挑起了这份重担，全面负责这项光荣而
重要的工作。他意识到这是一项关系国家未来经济建设
和人民生命财产安全的大事，深感压力巨大，但面对种
种困难他没有退缩，也不能退缩。

千头万绪的工作还是先从学习和利用前辈取得的经验开始。此时，国际上多地震的苏联、美国和日本等国家已经有了自己的地震区划图，我国早在 1949 年新中国成立后，大规模基本建设的序幕拉开。中国政府决定

1974 年访美，邓起东双脚站在著名的圣安地列斯断层上，一边是太平洋板块，另一边是北美板块

在对工厂、矿山、桥梁、水利、铁路等重大工程进行设计时，必须出具该工程建设场地的地震基本烈度鉴定书，对处于地震区的一般工程，也要遵循有关部门鉴定的基本烈度意见和国家制订的各种抗震规范进行设计。1955 年 9 月，苏联地震专家果尔什科夫来华，帮助中国进行地震烈度区划工作，1956 年，我国第一代地震烈度区划图制订工作全面开展，中方负责人就是在业界十分受人尊敬的李善邦先生。李善邦是中国地震科学事业的开创者，最早的地震地球物理学家之一。李善邦早年毕业于中央大学（现在的南京大学），并经清华大学的叶企荪教授推荐，开始了中国的地震研究工作，1930 年他得到称为中国地震地质研究的开拓者翁文灏的支持，并在清华大学吴有训教授的指导下，在北平西郊创建了我国第一个地震台——鹫峰地震台，成为当时世界第一流的地震台。邓起东主持全国编图组工作后，他和他的团队经过对我国地震活动的总结，发现我国地震活动在空间上是不均匀的，不同地震区和地震带地震活动水平不同，不同地区和不同地点的地震危险性不同，发震构造的尺度和性质与地震震级、地震类型和发震地点等密切相关，因而发震构造是确定地震危险区的重要标志；另一方面，地震活动的时间分布也是不平稳的，时起时伏，同一条地震带在地震活动活跃期和平静期地震活动的频度和强度不同，在一个地震活动周期的不同阶段的地震危险性也不相同。针对中国地震活动在时间和空间上不均匀的特性，他和同事们总结了我国地震活动和地震地质的特点，提出了反映地震活动时空不均匀性的区划新思想，提出了在地震区划中要根据地震活动时空不均匀性来划分地震区、带，估计不同地震区、带的未来地震的活动水平，要根据地震发生的发震构造条件来划分地震危险区和估计未来地震活动强度。由于邓起东和同事们提出新的观点在前人的基础上进行了细化，更加具有针对性和可操作性，因此他们的工作得到了国家有关部门和学术机构的广泛认同。在这种新的地震区划思想和原则的指导下，邓起东和他的团队开展了扎实而有效的工作。

## 苦中作乐

然而，成功的背后，不知凝聚了多少的艰难和困苦。1972 年编图工作正式进入议程后，邓起东和妻子才刚刚结束了长期的两地分居生活，与两个孩子、一个老人挤在一间 17 平米的小屋子里住着，屋子里除了床和书本之外就只有一张兼作读书和吃饭两用的小桌。他的堂兄曾经来看望过他，当年，邓起东大学毕业分配到北京工作时，在离开长沙前，他们一家兄弟姐妹高高兴兴到照相馆拍了一张照片，照片上的题词是"送起东上北京"，要知道当时这几个年轻人还从来没有离开过长沙，现在，他们的兄弟要去北京工作了，这可是一家人的荣耀啊！当他堂兄路过北京看到他家，便被眼前的情景惊呆了，这位亲戚似乎不敢相信自己的眼睛，回到长沙的家里跟邓起东的父亲说："邓起东在北京实在太可怜了，家里什么都没有……"对于自己生活上的困难，邓起东仿佛没有放在心上，由他负责的这份工作更未因此而踯躅不前，他也没有时间想这些，他满脑子都是他的图，他的心思就是全力以赴地编制出有科学依据的地震区划图。1976年唐山大地震的时候，房屋晃动得厉害，幼小的孩子们非常害怕，却没有什么地方可躲。为了把区划图做好，他常常冥思苦想工作到深夜，妻子从梦中惊醒，少不了要埋怨几句，他总是笑着说："马上就完"。但是，当东方发白，妻子起床时，他仍还在那狭小的二屉桌上伏案工作。

虽然那时在全国范围内开展活动构造研究尚处于初期阶段，尤其是定量资料很少，但在各单位的共同努力下，全国活动构造图像已基本掌握。邓起东和全体编图组成员一道，通过广泛收集全国活动构造资料，从1973—1976年，邓起东和他的团队以严谨、认真、求实的态度，总结了我国地震活动和地震地质特征，于1976年，编制出版了我国第一份1∶300万的《中国活动性构造和强震震中分布图》、《中国新构造图》（1∶600万）、《中国晚第四纪至现代构造应力场图》（1∶1000万）等10种图件，全面反映了中国地震活动和活动构造各方面内容。1977年，在此基础上，邓起东和他的团队完成了史称中国第二代地震烈度区划图，并经国家批准成为第一份作为全国建设规划和抗震设防标准使用的《中国地震区划图》，结束了我国没有地震区划图使用的历史，为国家改革开放以来大规模的经济建设提供了服务。

此后，邓起东和同事们不断追踪国内国外关于地震科学研究的新成果和新技术，对这些图件进行不断的修订，先后出版了《中华人民共和国地震构造图》（1979，1∶400万），2007年年初，新的《中国活动构造图》（2007，1∶400万）出版。这一新的图件反映了我国自20世纪80年代以来在活动构造定量研究中取得的成果，包括活动断裂、活动褶皱、活动盆地、活动火山和活动岩石圈块体的各种资料，活动构造的时间范围也缩小到晚更新世即距今10万—12万年间。进一步总结了我国活动构造特征，这是防震减灾的一份重要基础图件。

## 地震就是命令

1975年2月4日北京时间19点36分，在辽宁省海城、营口县一带发生了7.3级的强烈地震，震源深度为16—21公里。这次地震的有感范围之广让世界为之震惊，北到黑龙江省的嫩江和牡丹江，南至江苏省的宿迁，西达内蒙古自治区的五原和陕西省的西安市，东线越出国境至朝鲜，有感半径达1000公里。

地震就是命令，地震就是生命。无论在哪里发生的大地震，邓起东和同事们总是最早到达震区，一方面开展余震监测和预报，另一方面详尽地调查与地震有关的资料，包括地震破坏、地震的发震构造和地震前兆等等，这就是所谓震后"宏观考察"。海城地震发生在 1975 年 2 月 4 日夜里，邓起东和他的同事们在第二天清晨就到达了震中区，随即与辽宁省地震局同志联合组队，由邓起东和钟以章负责领导宏观考察队工作。当时，东北地区正处于滴水成冰的寒冷时节。他们到达之后，只见到处是砖头瓦片，房屋破坏得很厉害；地面上裂缝纵横，到处是地下喷出的沙和水……招待所的楼房也是一层砸一层，完全摧毁了。他们无房可以住宿，只好去找汽车，在车上睡觉，如果找不到汽车，就只能站在广场的冰面上，不断地来回走动。就在大年三十的夜里，突然接到通知：田庄台发生地裂，老百姓人心惶惶。为了避免引起当地群众的恐慌，作为地震调查的负责人，邓起东不顾一天的劳累，立刻驱车赶往出现险情的地方，从营口出发，到达辽河时，河面的冰已裂开了，汽车无法通行。他跳下车来，一个人打着手电慢慢地走过辽河去，一步，两步，冰在脚下吱吱作响，岸边群众也跟着他的脚步胆战心惊的心也跟着悬了起来……到达现场后，经过仔细观察，确认这一地裂是海城地震形成的震害，而不是新出现的地裂。邓起东耐心地向群众解释，及时消除了人们的恐慌情绪，稳定了民心。

　　一般都认为，地震发生在断裂带上。海城正是一个受北东方向断裂控制的山区，所以人们很轻易地就会相信：地震就发生在北东方向的断裂带上。但是，邓起东在考察中发现了几个令人吃惊的现象：第一，他们做出的第一张等震线图是北西方向的，和北东向断裂的方向正好正交；第二，余震观测得出的余震分布带也是北西走向的，方向也和北东向断裂的方向相反；第三，在地震区的东南部发现了一条近东西方向的 5.5 公里长的地表破裂带，水平位移量只有 55 厘米，再加上向西延伸的几条不连续的地震破裂带，它们的总方位也是北西方向的。根据这些现象，邓起东提出了一个新的假设：它是一条正在发展中的北西方向的新破裂带。于是，在以后的工作中他就有意识地根据这个论断作了一些工作部署：如看一看有没有几千年、几万年以来形成的北西方向活动的破裂或构造；海城地震的前兆现象如水位的升降等有没有北西方向分布的特点等等。接着又进一步地将眼光向地下纵深投去，发现地表以下的深处存在一个深部隆起。他认识到，十万年以来震区地表确实有一个北西方向缓缓隆升的隆起带，地震前兆也确实有一个北西方向的分布带或作四象限分布。

于是他广泛汇集了区域活动构造、深部构造、现代地壳形变、地震活动序列和各种宏观、微观前兆资料，对海城地震前的多种宏观前兆及其空间分布进行了收集和分析。

根据这些实地考察和研究发现，邓起东和他的团队提出了海城地震的发震构造模型：区域构造背景为北东向构造成条，北西向构造分块，地震发生于北东和北西向断裂汇而不交的构造部位，深部构造条件是震区位于深部莫霍面和上地幔高导层隆起之上，区域应力场作用的水平力和深部物质运动产生的垂直力的联合作用孕育了海城地震，就这样，他用一个水平力和垂直力联合作用模型来解释这一条北西向新破裂的产生和海城地震的孕育和发生条件；到后来对比一下，这个模型也可用来解释邢台地震；再往大的方面扩展，这一理论可以用来解释整个华北地区一些大地震的孕育和形成。

值得一提的是海城地震前，中国地震部门曾经作出了中期预报和短临预报。早在 1970 年，全国第一次地震工作会议根据历史地震、现今地震活动及断裂带活动的新特点，曾确定辽宁省沈阳—营口地区为全国地震工作重点监视区之一。1974 年 6 月，国家地震局召开华北及渤海地区地震趋势会商会，提出渤海北部地区一二年内有可能发生 5—6 级地震。不久，国务院批转了国家地震局"关于华北及渤海地区地震形势的报告"。对 7 个省、市、自治区发布了地震中期预报。1975 年 1 月下旬，辽宁省地震部门提出地震趋势意见，认为 1975 年上半年，或者 1—2 月内，辽东半岛南端发生 6 级左右地震的可能性较大。与此同时：国家地震局也提出了辽宁南部可能孕育着一次较大地震。正是由于地震部门根据多种观测资料在 2 月 4 日早晨发布了临震预报，辽宁省高度重视，及时采取了各种有效的防震措施，大大减少了人员伤亡。这是全世界首次取得 7 级以上成功地震预测和预报，在国内外产生了极大的影响。

## 放眼世界

海城地震的成功预测、预报，震动了世界。这是人类在自然灾害面前由被动到主动的具有重大意义的一步，它开创了人类短临地震预测、预报成功的先河，使人们看到了地震预测、预报的前景和希望。美国学者雷利震后不久来到现场，他对辽宁省地震办公室工作人员说："通过地震前后的卫星照片对比，确实是作了预报，所以我才来到海城考察！"海城地震预测、预报成功吸引了全世界的目光。据辽宁省地震局统计，1975 年 9 月至 2003 年 12 月，共有 31 个国家和地区的 100 多位学者到震区考察。

邓起东和同事们在对海城地震现场的宏观调查及各种资料的收集整理中，得到的一系列研究成果也引起了国内外科学家们的极大重视和关注，包括美国、日本、意大利等国的科学家都纷纷来信邀请他去开展地震地质和地震前兆的合作研究。海城地震的成功预测、预报曾一度使国内外的地震工作者欣喜若狂，作为其中的一分子，邓起东自然也不例外，他们都热切地希望能尽快实现周恩来总理的心愿，在地震预测、预报的科学领域也能"放一颗原子弹"，不辜负中央领导们的殷切期望，给祖国和人民交一份满意的答卷，同时也可告慰因地震死亡的无辜生灵。然而，这个地震恶魔远没有人们想象的那么简单，不久之后的唐山大地震，事前却没有清楚的征兆，地震带来的剧烈惨痛再一次在中国人的心头撒上一把盐。

作为地震工作者的邓起东敏锐地意识到，地震的类型是非常复杂多样的，海城地震只是其中的一种类型。自己的工作还只是万里长征第一步。在危难时刻，考验的是一个科学工作者的坚强意志和不屈不挠的精神，一定要走出去多看看，放眼世界，开拓视野，绝不能坐井观天、闭关自守。

## 开始活动断裂定量研究

1978 年，国家进入改革调整阶段，有关部门将 1966 年 10 月相继成立的中国科学院地球物理局、国家科委京津地区地震办公室及后来的中国科学院地震办公室（对外称国家科委地震办公室）、中央地震工作小组等相关机构进行合并，整合资源，更名为国家地震局，属于独立的国家行政机构。邓起东成为国家地震局下设的地质研究所的一员。在完成了全国地震烈度区划图的编制工作总结后，邓起东开始思索和探究，国际前沿的学术研究趋势和主要发展方向在哪？如何发现潜在的机会？什么是国家急需？自己能做什么？这一时期，国际上的活动构造研究开始进入了定量研究阶段，关于断裂滑动速率和断层崖演化研究，利用探槽方法进行古地震研究，断裂分段性研究，概率地震危险性研究等逐渐发展起来。如何吸收国际上这些新经验，尽快掌握新技术，把它与中国的地质地震研究工作结合起来，不断推动定量活动构造学的发展是摆在邓起东面前的一道新的课题。

正是在这种活动构造研究大发展的形势下，邓起东及时把自己的研究方向转到了活动构造定量研究。所谓活动构造就是距今 10 万—12 万年以来一直在活动的各种构造，在地球形成的几十亿年时间里面，地震地质工作者最关心，作为重点研究的是最近 10 万—12 万年以来一直在活动的那些构造，它们现在也在活动，未来也可能活动。这样一些构造包括活动断裂层、活动盆地、活动火山、活动褶皱和活动地壳块体等等。研究这么短时间内的最新构造活动，怎么去研究，如何区别它与经典地质学的研究的不同之处？

## 练就火眼金睛

海原活动断裂带是号称"世界屋脊"的青藏高原东北边缘一条主要的活动断裂带，是举世瞩目的这一个现代构造活动区中发生过 8.5 级特大地震的一条重要活动断裂带。青藏高原的结构、演化历史和现代构造活动特征是地球科学家们极为关心的一个问题。在这个问题上的每一点进步，都会促进对中国，乃至亚洲地壳运动机制问题的解决，从而为全球地壳动力学作出特有的贡献。在许多值得研究的问题中一个重要课题是青藏高原第四纪，尤其是晚第四纪的活动历史及变形机制问题，因为青藏高原的强烈隆起即是近代地质历史上的一个重大事件。

1980 年，中国地震学会地震地质专业委员会在丁国瑜、马宗晋和邓起东等的领导下，在宁夏召开了中国活动断裂及古地震讨论会，对青藏高原东北部一系列断裂带的研究成果进行了交流讨论，会后又组织对海原活动断裂带进行考察。

最初，邓起东只知道震中区所在的位置，并不知道大地震初始破裂点在哪？考察中，当他和他的团队翻过震区的一个山头，突然眼前一亮，他一下子就看到了初始破裂点那个地段，他惊喜地发现大地震初始破裂应该就是从那个地段开始的，当他看到那里有五条冲沟出现了明显的变位现象，当即让大家停下来，果断决定让学生们进行详细测量，新发现地震地表破裂带最大同震水平位移竟达 10—11m，确认了海原地震发生初始破裂地段在哪和最大位移。正是基于这个重要发现，1981 年，邓起东在国家地震局的支持下，由国家地震局地质研究所和宁夏回族自治区地震局联合组织力量，开始对海原断裂带进行新的研究。

## 重大可喜的收获

为了做好活动断裂定量研究，更全面的对海原活动带进行研究，邓起东决定利用大比例尺填图和测绘方法对这一条活动断裂带进行工作，工作初期主要是研究震中区地震地表破裂带和南、西华山北麓断裂带晚第四

纪活动特征的调查和填图，包括在震中区进行 1：5000
断错水系及其他错断地貌的详细测绘。发现并肯定了
1920 年海原地震地表破裂带的最大左旋水平位移量为
10—11m，对断裂全新世滑动速率进行了初步的研究，
发现了断裂带中发育的干盐池等多个拉分盆地，并对之
进行了全面调查和填图，发现了断裂多次错动和一些古
地震证据，初步确定了某些开挖点。以邓起东为首的研
究组，详细地实测了基础断裂带最新地质地貌及活动断
裂几何学和不同时期的位移分布；测量了大地震同震破
裂和同震位移分布；研究了我国第一个详细开展研究的
拉分盆地，发现了拉分盆地内部张剪切断层，提出了拉
分盆地形成的新模式；研究了这一条活动断裂带的演化
过程和断裂带所经历的构造反转；发现了走滑断裂带尾
端挤压变形及走滑段水平位移量与尾端挤压段地壳缩短
量和转换平衡关系；研究了断裂带的分段性，得到了 1
万年以来这一条活动断裂带的分段滑动速率；通过三维
探槽研究和多探槽对比，发现了多次古地震事件及其丛
集模型，并计算了其复发间隔；研究了这一条断裂带的
多重破裂分段和破裂过程等等，根据这些定量数据，可
以更好地评价这一条活动断裂带未来地震危险性。

　　研究还发现海原断裂带早期以北东方向逆冲为主，
在早第四纪晚期转变为左旋走滑断裂，并在断裂带东南
端形成近南北向尾端挤压构造区，且走滑量与缩短量相
互平衡，这是对构造转换平衡最好的研究实例。发现海
原走滑断裂带由多条不连续次级剪切断层组成，在其间

的拉分阶区形成拉分盆地，挤压阶区形成推挤构造，在拉分盆地内发现了盆地内部张剪切断层，发现海原活动断裂带全新世左旋走滑速率 <10mm/a，这是国际上最早给出青藏高原主要走滑断裂的低走滑速率数据之一。海原活动断裂带的研究标志着对活动断裂的演化和活动特征进入了定量研究阶段，尤其是对全新世以来断裂活动过程的定量研究，对工程稳定性分析及地震危险性估计起了极大的推动作用。

## 生了第一场大病

1985 年夏，正当海原活动断裂带和差不多同步开展的对鄂尔多斯周缘活动断裂带的研究工作都在紧张进行中。由于长年累月超负荷的工作，6 月 1 日早晨，病魔突然降临。邓起东生病了。那是一个至今想起来都觉得可怕的早晨——像往常一样，他早早地就要叫女儿起来上学。由于连日来晚上都加班到深夜，他实在感到太困乏了，一看时间还早，就往床上一躺。结果醒来的时候，突然发现左臂和左腿不听使唤了，衣服怎么穿也穿不进去。他第一次因患脑血栓住院了。他躺在病床上，听着周围脑血栓病友因失语而发出含混不清的声音和肢体不能动弹的状况，他害怕了。其实这还不是最坏的结果，后来有人告诉他，当他的同事朱世龙（他后来相继在中国地震局任司长和北京市政府科委副主任）背着他到中日友好医院去做 CT 扫描时，医生背着他对他的同事说："小心，他随时都有可能死在你的背上"。可怕的疾病使他左侧肢体整整14天不能动弹，这是他头一回尝到了"安静"的滋味。但在这14天中他也清楚地懂得了自己只是左瘫，他的右侧肢体还是健康的，他还能用右手写字，他也不会失语，最庆幸的是他的大脑思维也没有问题。这使他庆幸，因为这样他就还拥有从事科研工作的三大要件：大脑、语言和写字的右手。在病床上，邓起东也开始反省自己多年来因为忘我工作而忽略了的双亲、妻儿。他迫切地希望自己能尽快好起来，以便能补偿他们。

病魔终于被邓起东顽强的意志吓退，同时，在各方面的高度关怀下，有关方面为他请来国内外著名的医学专家，为他制定了精心治疗的方案，邓起东的身体得以逐渐恢复。14天后，他开始逐渐能够动弹，然后是下床、行走，虽然仍有不便，但他相信大难中最危险的关口已经渡过，慢慢地又可以开始投入工作了。他至今还珍藏着一张照片，那是在一次鄂尔多斯活动断裂系工作会议上，他躺在宾馆的地毯上，他的一位同事李克用脚踩着他的左腿，进行按摩。同事们的关照让他至今都难以忘怀。此后，他继续开展海原活动断裂带和鄂尔多斯活动断裂系的总结和出版工作，其中《海原活动断裂带》一书的修改稿还是他在病房里与他的同事焦德成共同完成的，他们一个修改文字，一个修改图件，经过一个多月的努力，终于全部定稿，达到出版要求。

## 完成第一份活动断裂大比例尺地质图

通过研究，邓起东团队更加明确了这一条活动断裂带某些特有现象的理论和实际意义，为了做好活动断裂定量研究，邓起东决定移置区域地质研究开展地质填图的经验，对海原活动断裂带进行活动断裂大比例尺填图，通过填图获取活动断裂带的各类定量参数。为了做好这一工作，他们还邀请美国麻省理工学院 B.C. 贝奇菲尔教授和 P. 莫尔纳教授参加宁夏地区断裂带中段的工作。几年中他们对海原活动断裂全带进行地质填图，包括沿海原活动断裂带进行 1：50000 地质填图，晚第四纪断裂活动历史和滑动速率的综合研究，全新世断裂活动特征及古地震重复间隔和 1920 年大地震地表破裂带的结构及位移分布等问题的研究。从 1983 年至 1987 年上半年，历时四年半，完成了东起六盘山，向西经月亮山、马东山、南华山、西华山、黄家洼山、北嶂山、哈斯山至米家山，包括宁夏回族自治区固原、海原至甘肃靖远、景泰地区，沿海原活动断裂带的 1：50000 地质填图及前述多种定量参数研究工作。填图范围全长 280km，宽 2—10km，在马东山等地区进行了面积性填图。对某些关键地区及在某些专题研究中进行了更大比例尺的测绘，其中包括部分地段的 1：25000 的活动构造填图及 1：100 和 1：1000 重点地段测量。在一个地点开挖了三维探槽，在全带开挖了 20 余个探槽，并进行了与地层及古地震研究相关的年龄测定工作。全断裂带 1 : 50000 地质填图完成于 1988 年, 1989 年正式发表, 由于这张首次完成的活动断裂地质图不仅反映了海原活动断裂和海原地震最细致的结构和运动学参数, 对于活动构造定量研究具有奠基性的意义。此外, 为了对青藏高原东北部现代构造活动有全面的了解, 从区域意义上更好地认识海原活动断裂带的活动特征及演化历史, 除了对海原活动断裂带进行全面研究外, 邓起东团队还对青藏高原东北部的牛首山—罗山活动断裂带、烟筒山活动断裂带和香山—天景山活动断裂带也进行了不同程度的研究工作, 对其中某些断裂带或断裂带的某些地段也进行了 1 : 50000 地质填图。这些工作对认识青藏高原东北部地区的现代构造活动及动力学模式也很有裨益。

海原活动断裂带工作团队卓有成效的工作不仅成为国内工作团队的楷模, 而且中美两国科学家在断裂带中段的合作取得了富有成效的成果, 先后发表了许多有价值的论文, 引起了世界地球科学家的关注。这次合作被中国国家地震局和美国国家科学基金会认为是中美地震科技合作项目中最富有成果的项目之一。

## 走向天山

20 世纪 80 年代, 在世界上一些活动挤压构造区相继发生了一系列大地震, 1980 年的阿尔及利亚阿斯南 7.2 级地震, 1983 年美国柯林加 6.3 级地震, 1985 年美国凯特曼山 6.1 级地震, 1987 年美国怀特莱露 6.0 级地震和 1988 年苏联亚美尼亚 6.9 级地震等等。研究表明，这些地震都是挤压构造区受活动盲逆断裂及与其有关的活动褶皱控制的地震，并被命名为"褶皱型地震"。由此可见：不仅大陆内部挤压构造区的活动构造变形机制和动力学有待去研究，一种新类型的地震孕育和发生模型也有待去探索，这两方面无论对挤压构造区的地震危险性评估，还是对现代地球动力学的研究都有着十分重要的理论意义和减灾现实意义。

在广阔的中国大陆上，活动构造的类型十分复杂，既有经受着地壳伸展的拉张区，属正断裂和地堑、半地

1989 年（邓起东）在新疆天山火焰山野外工作

堑型张性构造系列；也有规模巨大的经受强烈剪切作用的走滑构造系列；还有遭受强烈挤压使地壳缩短的挤压区，发育着活动褶皱和逆断裂等构造系列。

基于上述种种理由，在国家地震局的支持和资助下，自 1989 年开始，邓起东科研团队对天山挤压构造区的活动构造及其与大地震的关系进行了研究。1991年，国家地震局"八五"重点地震科学研究计划开始实施，项目编号为 85—02—1—3。研究工作涉及天山南北山前地区及天山内部一些山间盆地的活动构造，包括北天山山前的乌鲁木齐坳陷和南天山山前的库车坳陷及吐鲁番、伊犁、巴音布鲁克和焉耆等盆地地区的各种类型的活动构造，并沿独山子—库车和乌鲁木齐—巴仑台—库尔勒横穿天山的公路填制了两条活动构造走廊地质图。天山构造带规模如此巨大，为了研究工作更加深入，邓起东科研团队在前述工作的基础上，又把主要力量集中在北天山山前和天山内部吐鲁番盆地地区，期望以点带面，通过对这两个具有广泛代表性地区活动构造的深入研究，获得对大陆内部挤压型活动构造特征的更深刻认识。天山挤压活动构造野外工作历时 6 年，于1994 年得以完成，1995 年至 1996 年年初即已完成全部工作，但由于经费的原因，专著《天山活动构造》一书于 2000 年才得以出版，天山 1∶50000 活动构造地质图则只能在以后得以正式出版。这是我国第一部关于活动挤压构造的专著，也是最早研究断裂相关褶皱的著作，标志着我国活动构造研究再一次站在了世界前列。

正是因为活动逆断裂和活动褶皱及其与大地震的关系在活动构造研究中还是一个有待开发的新领域，在我国尚无系统研究成果。虽然在一些现代挤压造山带不断有大地震发生，但理论却是那么苍白，我国地震科学研究对这种活动构造和地震的机制尚不清楚，对它的变形过程也缺少认识，对盲逆断裂和盲褶皱与大地震关系的理解也很模糊，对逆断裂和活动褶皱的分段性、运动参数和古地震事件及地震危险性分析等都处于一种模糊状态。因此，人们正急于要详细去研究，在理论和实践上争取新的进步。

邓起东与他的同事们以北天山山前乌鲁木齐山前凹陷和天山内部吐鲁番山间盆地为重点，从做好这两个挤压性活动构造带 1∶50000 地质填图入手，深入剖析它们的变形特征、过程和机制，从而把研究工作推进到天山南部库车坳陷及天山内部多个山间盆地和大地震区；经过几年的努力，它们完成了研究区 1∶50000 活动逆断裂和活动褶皱地质图，对各排活动逆断裂和活动褶皱的几何学和运动学参数进行了研究；在我国首次将"断裂相关褶皱理论"应用到我国大陆地区现代再生造山带研究之中，并对断裂相关褶皱及其与大地震关系重点进行了研究，发现了 1906 年玛纳斯 7.6 级地震逆断层型同震破裂带及同震褶皱带，并实测了其变形量，建立了挤压区震源断裂和地表同震断裂分离的独特发震模型；尤其是他们首次发现晚更新世—全新世活动褶皱，对活动褶皱带晚更新世至全新世距今 0.7 万、1.2 万和 6 万—

7万年 T1、T2 和 T3 三级阶地褶皱变形进行了实测，计算了最新背斜在晚更新世至全新世以来隆升速率和缩短速率；此外，他们还计算了天山南北前陆盆地及天山全带的地壳缩短量，发现天山地壳缩短量自西向东逐渐降低等等。这些工作揭示了天山最新构造活动特征及地震活动背景，为天山地震危险性评价打下了基础。

## 坦然面对疾病

1996 年，邓起东又一次遭遇大难。在紧张的几个月工作后，一天半夜，邓起东突发心梗，虽然凭着几片硝酸甘油片，暂时度过难关，及时叫来了 120 急救车（那是一次何等的巧合啊。当邓起东回忆这件事时还感慨万千：有时候真的是造化弄人或者真的是天意难违，也许是中国的地震事业还有太多的事情在等着他邓起东去做，上天都不允许他中途退缩，因为叫人至今都无法解释的是，此前他从未感到心脏不适，也从未服过和准备过硝酸甘油这种药品，就在患病那天下午，他的妻子居然到研究所医务室要了几片硝酸甘油片，从而争取了宝贵的几分钟，挽救了其生命）。入院后，被认为是危重病人，在病床上煎熬了 18 天后，医护人员在为他做心脏造影时，却发生了意料之外的造影剂过敏，产生猛烈抽搐和高烧，邓起东又一次面临生死关头。

以后几年，坚强的邓起东虽然带癌生存，但又发生过四次房颤，其中后两次只能通过电击才得以复转。他有时也自觉真是人生不易，为此他经常提醒自己的学生一定要注意劳逸结合，千万不能重蹈他的覆辙，不然人到中年就会一身病痛。但即使如此，邓起东也拒不放弃工作，一旦投入就忘乎所以，自得其乐。他常常说，此生最要感谢的就是那些帮助过、挽救过他生命的医生和同事，是新加坡医生在最困难的情况下为他做了心脏支架，避免了开胸搭桥，是法国专家为他完成了我国第一例颈内动脉支架，是我国泌尿科专家为他做了肾癌切除手术。

多次大难不死，几次走向死亡边缘的邓起东，如今已年届七十有余，仍然以顽强的意志活跃在科研工作的第一线，人们还清楚地记得在四川汶川地震的废墟上，那个打着绷带，一拐一拐地艰难行走着的地震专家邓起东的身影。而邓起东一回想自己患脑血栓已三十年，患心梗和癌症亦已近二十载，现在尚能有机会带癌在科研战线上坚持工作，就感到心满意足，并且觉得自己更应该继续努力工作，才对得起那些挽救过他生命的专家和同事，每次谈到这些，他的感恩之心总是溢于言表。

## 创新思维是关键

让地震科学研究服务于国民经济建设和可持续发展是邓起东不竭的动力源泉。1991 年，国家决定从新疆至我国东部埋建一条 3000 公里长的石油长输管道，把工程安全的一个关键性问题——求解断裂活动未来一定时期内的位移量交给了邓起东。3000 公里长的地表，究竟会有多少断裂，哪是死的，哪是活的，它的位移量和位移速率有多大，未来一定年限内的位移情况又怎样……当时，要进行这种长线状工程活动断裂未来位移量的计算，还面临太多的困难，也没有一个科学而系统的方法可以把它计算出来。

活动断裂对工程安全的威胁主要来自断裂错动，包括断裂突发错动，产生突发位移。一般认为这种突发事件与地震相伴随，不同大小的突发位移与不同震级的地震相联系。大的地震，在我国大陆地区震级为7级左右的地震，才有可能产生不同规模的地震地表破裂带和不同大小的地表位移。断裂的蠕滑也可能形成地面破坏和地表位移，但其形成过程是一个缓慢的应变释放过程，其位移量也是一个缓慢的累积过程。但无论哪种方式的位移都会对工程造成威胁。

这又是一个难题，为了攻克这个难题，邓起东把自己关在了办公室里，把他编制的断裂分布图铺在地上，冥思苦想、钩沉索隐。当人们看到他夹着香烟、皱着眉头在屋子里踱来踱去的样子，特别是他想问题想到深处，坚定而仿佛痴呆的目光简直让人忍俊不禁又不免让人担心。

其实，邓起东非常冷静，在工作中遇到新问题、碰到新情况时，理论和实际的结合最重要，但创新思维是关键。经过一周时间的反复思考，他回顾了最近十几年来活动构造定量研究的成果，认为活动断裂研究有了长足的发展，表现在已由定性研究进展到定量研究阶段，其中包括断裂几何的填图和详测、断裂位移的实测和年龄测定及位移速率的获得、断裂突发位错历史、古地震和大地震重复间隔的确定及断裂分段性研究等多个方面。于是，他决定将这些研究成果运用到实际的工程安全评价中去，以获得一系列重要的工程安全设计参数。在具体的操作中，他提出用古地震法、非完全古地震法、滑动速率法、断裂长度转换法和预测地震转换法等多种方法来综合求取断裂未来一定时期内的位移量，以满足工程安全计算的需要。这是我国第一次对长线状管道工程活动断裂危险性进行研究和未来断裂活动参数进行定量评价。同时也将活动构造定量研究和应用推到了一个新的高度。

作为一个实例，该项工程必经之地包括海原、老虎山、毛毛山活动断裂带，是青藏高原东北边缘甘肃至宁夏地区最重要和活动性最强的活动断裂带，东起六盘山北端，向西直达祁连山东端。通过沿断裂带的大比例尺地质填图和详细研究，对这三条活动断裂的几何学和运动参数获得了不同程度的研究结果。根据三条活动断裂的有关资料和上述位错量的计算方法，对他们在未来100年的位错量进行了估算，结果表明，由于海原断裂带最晚地震事件发生于1920年，离逝时间仅为71年，远远小于该断裂重复发生大地震的复发间隔，未来百年内重复发生大的突发错位的可能性很小，可按滑动速率法估算的未来位错量来评价其危险性；老虎山断裂东段1888年发生过地震，而后1990年地震震级不大，所以，他们具有不同程度突发位错的可能性；而毛毛山断裂的重复间隔与离逝时间相近，已面临突发错位的可能。

1992年，在此基础上，邓起东又将理论与实践结合的成果在进甘宁气田—北京输气管道工程中进一步加以应用，可以说正是经过这两项重大工程的实践，为我国长线状工程活动构造未来错动量定量计量和地震危险性评价开辟了一条道路。几十年来，邓起东先后主持完成了多项大中型工程地震基本烈度和地震安全性评价工作，参加有关部门组织的重大工程和经济区咨询，并进行核电厂厂址评价、水库诱发地震研究等工作，为工程建设和经济可持续发展做出了重要贡献。

## 六句话指明了方向

开展城市活动断裂探测，评价其地震危险性和危害性，提出减灾对策是一项复杂的系统科学工程，必须解决一系列科学问题，其核心是要解决城市范围内的断裂定位、断裂的最新活动和深部背景、断裂的地震危险性和地表错动危险性及减灾对策。在2001年中国地震局召开的一次大城市活动断裂探测和地震危险性评价的工作讨论会议上，邓起东用六句话对这些科学问题加以概括。这六句话是："有没有、活不活、深不深、震不震、错不错、好对策"。这6句话正是大城市断裂探测和地震危险性评价要解决的关键问题；这篇指导性论文后来发表在《地震地质》杂志上（2001）。

"有没有"是要解决城市范围内有无直下型断裂及其定位问题。它可以根据具体情况的差别通过不同方式加以解决；首先要汇总已有的资料，包括已有的地质、地貌、遥感、钻探、地球化学和地球物理探测等多种资料，研究城市范围和区域范围内的断裂活动情况，对断裂分布特征做出判断，辅以实施控制性地球化学和地球物理探测剖面，在资料严重不足的情况下甚至要考虑进行网格状剖面探测，以确保不漏掉规模较大的断裂。通过上述不同类型的工作对城市范围内的直下型断裂进行初步定位。然后再在详细勘查中加大探测工作量和精度，逐步做到精确定位。在这方面要保证做好以下工作：首先，是不能漏掉规模较大的直下型断裂，因为断裂的尺度与地震震级大小密切相关，所以对较大规模的断裂更应加以注意；其次，断裂定位精度应达到一定要求，包括断裂的位置、产状、宽度、长度和细结构等问题，因为他们既关系到地震危险性和危害性评价，也关系到减灾对策的制订。

"活不活"是指直下型断裂的活动性评价。地震是活动断裂发生错动的结果，只有晚更新世(距今 10 万—12 万年)以来仍然活动的断裂才有可能被考虑具有发生中强地震的危险性，所以，一旦在城市范围内发现直下型断裂就必须评价它的活动性，即距今 10 万—12 万年以来是否活动。此时，断裂是否切割这一时期的地层和地貌面将具有决定性的意义，显然，详细的地层和地貌面的划分、地层和地貌面的年龄及断裂活动年龄的测定是必须解决的关键问题。一个特别值得注意的问题是断裂活动面的转移和最新活动面的确定。断裂在不同时期可能沿不同的错动面活动，在盆地和平原区边缘，断裂更常由山区向盆地（或平原）转移，在城市活动断裂探测中我们最应关注的是断裂最新活动面，要通过地质地貌调查和制图、地球物理勘探、钻探和槽探等工作来发现这种最新错动面并研究其活动历史。

"深不深"是要解决直下型断裂的切割深度或直下型断裂深浅构造关系问题。地壳浅表的断裂不可能发生大的破坏性地震，板内地震一般震源深度可达 10km 以上或接近 10km，因此，要查明地壳上部断裂的深部特征，即深浅构造关系，是否可能形成具有一定特征的震源构造。由此可见，对城市范围内主要直下型断裂的深部构造特征进行从浅部、中深层和深部等不同层次的探测是重要的，其探测深度至少应探测到该区域地震常发生的震源深度，最好探测到莫霍面。此外，对不同受力状态下不同类型构造的探测，如对走滑断裂、正断裂和逆断裂的探测必须考虑各自的构造特性，拉张区和挤压区的正断裂和逆断裂的深浅耦合关系可能更加复杂，细结构的探测使得有可能对震源构造和发震的可能性作出更好的评价。

"震不震"是指在直下型断裂定位、活动性和深部构造特征解决以后，对那些距今 10 万—12 万年以来仍在活动、且具有一定深部活动背景的断裂是否可能发生大地震作出评价。在这一工作基础上，可能对未来一定时期内是否会发生直下型地震及其发震概率作出评价。活动断裂的规模或活动断裂分段尺度的大小则与震级大小相关。

"错不错"是指直下型地震发生后，发震断裂是否会出露地表，在城市范围内的地表出现同震地表破裂带或位错带。若可能出现，则要评价其规模，即地表破裂带的长度、宽度、位移性质及水平和垂直位移幅度。中国地震资料表明，在大陆板内地区只有震级在7级左右的地震才有可能发生同震地表破裂带，小于这一震级的地震则可以不考虑地表破裂和位错带发生的可能性。震级与地表破裂带的长度、垂直和水平位移量等参数之间具有一定的统计关系，应加以利用，活动断裂未来错动量的评估可以用"古地震法"和"滑动速率法"等不同方法加以计算等。地震破裂带的宽度既可以参考历史地震地表破裂带宽度的统计资料，也可参考槽探和地质考查中发现的断层最新错动带和古地震破裂带的宽度确定。近断裂强地面运动带宽度的评价则可通过实际记录统计资料和理论计算结果进行评定。城市一般位于盆地或平原区，具有一定厚度的覆盖层，关于覆盖层厚度的影响又是一个必须考虑的问题。现时处理的方法似乎是倾向于规定超过某一厚度时即不再考虑地表破裂通达的可能性，其实这是很不可靠的，基岩中的破裂和松散盖层中的破裂可能具有不同的特征，后者更常表现为不连续的破裂带，但同样不能忽视，对此我们必须十分谨慎。

最后还有一个"好对策"问题。根据上述研究结果，针对不同情况，制订针对直下型断裂、直下型活动断裂、直下型地震和地表错动带的不同对策，其中特别是制订直下型地震和地表错动带发生时的对策，包括避让带位置和宽度的确定以及其他防震减灾对策。同时，建立活动断裂基础数据库，在计算机平台上反映出图形化和可视化的成果，供政府及有关部门决策时使用。

在邓起东的指导下，徐锡伟首席专家等基于不同类型不同地域地震活动断裂上的大量地震地表破裂带宽度、同震位移量等实测数据统计，结合横跨历史上发生地表破裂型地震的活动断裂，探槽地质剖面上的近地表破裂结构特征、倾滑错动型地震活断层的同震和累积断层陡坎变形剖面等资料论述，确定活动断裂地震重灾带的基本特征，特别是活动断裂错动对地面建筑设施直接毁坏带宽度的依据与方法，为新建国家重大工程、生命线工程、核废料处理场地等如何避让活动断裂地震灾害提供科学依据。

## 城市安全评价必须高要求

汶川地震的发生给北川县城造成极大的破坏。北川城市分两部分，新北川和老北川，旧北川县城那个地方是北川的"王府井"，县城的核心，结果就在汶川地震中被王家岩大滑坡深埋了，再加上滑坡体前锋带冲击波的巨大破坏，几乎把旧县城摧毁了，造成了许多人员伤亡。北川县城还有一所新北川中学，就在发生汶川地震的那条断裂带上，巨大的岩石耸立在学校后面，地震的时候哗啦全下来了，血的教训告诉我们：这样的条件是不适宜居住的，所以，必须要加以处理。在建设的过程中必须要考虑宜居环境问题。要考虑有没有躲过高陡斜坡也很重要。在建设过程中经常会发生这种问题，至于人为制造高切坡，等于人为制造崩塌、滑坡条件，所以，必须要有正确、正规的评价。城市的安全评价必须高要求、高质量。

从 2004 年开始的全国大城市活动断裂探测和地震危险性评价，到 2008 年 4 月 11 日通过了国家发改委组织的项目成果验收，完成了第一批 24 个大城市的探测和评价工作。2005 年出版了依据福州试验探测的科学进展和科学方法的改进，制定了项目内部的技术标准和地震行业标准。

关于城市活断层的探测，实际上是在邓起东与他的同事们和学生们几十年来在定量活动构造学研究领域取得的丰硕成果，在保证国家大城市安全而开展的实际应用中，邓起东颇感自豪的就是，做了几十年定量活动构造学研究，在这个问题上给出了一些新思想、新方法，并在保证城市和工程安全中得到了应用。人们说，城市活动断裂探测与地震危险性评价项目，就是要查明在城市屁股下面有没有断裂、有没有活动断裂？是现代仍在活动的，还是老的？它的规模怎么样，它的位置在哪儿？它的活动状况怎么样，它在未来有多大的危险性？

会发生多大地震，采取何种避让措施？因而它的作用实在是太重要，这真是一种真知灼见。

邓起东和同事们从一开始就强调，这是一个科学工程，正确的方向是为了保证城市的安全，一定要做到高要求，达到高质量。经过在 2002 年开始的福州市的三年的试验探测，以后自 2004 年正式开始全国 20 多个大城市探测工作，这项作为国家发展计划委员会高新技术项目的一部分，终于在 2007 年相继完成，此后，又在若干省市几十个中等城市中继续进行。通过该项工作，对有关城市区域内的断层定位、活动性鉴定，地震危险性和危害性评价作出了明确的判断，对确认活动断裂，

2008 年邓起东（右二）在汶川野外工作中与学生们讨论

尤其是可能产生地表错动的活动断裂有了明确的认识，有的城市还在所确定的活动断裂位置上作出明确的标志，要求进行避让，对城市规划和建设、环境安全和土地利用产生重要的作用。

## 下海洋，上青藏，看全球，征途犹长

作为中国活动构造研究的带头人，一种忘不了的情怀总是萦绕在邓起东的脑海中，他一直深感我国海域活动构造研究过于薄弱，是我国活动构造研究的另一个薄弱环节。早在20世纪90年代，他就开始筹划，并尝试进行海域活动构造探测。他先从渤海及其周围入手，组织中国地震局地质研究所、山东省地震局和辽宁省地震局有关人员，对渤海、张家口—蓬莱断裂带和郯庐断裂带海域段及海域地震进行研究，申请基金项目，组织人员到日本访问，吸收海域活动断裂探测和海域古地震研究经验，撰写了有关论文。他开始筹划中日海域活动断裂合作探测计划，在自己计划方案无果后，他仍然不肯放弃并多方设法，制订新的计划，最后由山东省地震局完成了设备采购任务，以该局为主体，首先在山东半岛北部海域对蓬莱—威海断裂带海域段开展探测工作，取得成功，然后进入1969年渤海7.3级地震区完成若干剖面探测。此后，山东省地震局又继续在莱州湾对郯庐断裂带和山东半岛南缘响水口断裂和千里崖断裂开展探测，这是我国早期对海域主要活动断裂进行的系统探测，并取得了成果，先后在我国《地球物理学报》《地震学报》及其他出版物上发表了这些探测和研究成果。

青藏高原号称"世界屋脊"，是由于新生代时期在印度板块的碰撞、俯冲和强烈挤压作用下不断隆升而形成的高原。早在 20 世纪 70 年代，邓起东等在研究中国构造应力场与板块运动关系时就对此进行过专门研究，80 年代，他又进一步研究了高原的活动构造，并在国际会议上对高原和高原内部次级块体的运动学特征进行了讨论，提出了高原内部次级块体的不均匀滑动模型，对高原活动断裂在晚第四纪的滑动和运动速率开展过专门的讨论。针对国际上几种地壳动力学模型，即逃逸模型和地壳增厚模型的争论，根据我国和青藏高原活动构造的实际资料提出了"多层次块体变形和有限滑动模型"，指出大陆内部存在多级别、多层次的块体运动，且陆内块体运动是一种有限滑动，它并不是一种高速率、大运动量的滑动，而是一种低速率、小运动量的块体运动，下地壳上地幔的流变与上地壳脆性变形之间是一种相关联的活动，板块驱动的水平作用力和陆内深部物质运动的垂直力存在着共同的联合作用。

青藏高原既是现代构造活动最强烈的构造区，又是我国地震活动最强烈的地震区。近年来发生的 2008 年汶川地震给人民的生命财产造成极大损失。邓起东此后即把全部精力投入到青藏高原活动构造与大地震关系研究。他与程绍平研究员等对高原南部喜马拉雅板块边界构造带和高原内部构造分区及其活动特征与地震活动进行了详细研究，发现了青藏高原自公元 1785 年以来，已先后经历了 5 次地震活动高潮，其中 3 次发生在 1900 年以后，最新的地震活动高潮发生在 1995 年以来，在这一次最新高潮期中，已先后发生了多次 7—8 级地震，形成了昆仑—汶川地震系列；该地震系列活动的主体地区为青藏高原中部的巴颜喀喇断块，自 20 世纪 90 年代以来，青藏高原乃至我国大陆发生的 7 级以上浅源地震均发生在该断块的边界断裂上，其南北边界为走滑断裂和剪切型地震，东南边界为挤压边界和挤压型地震，西北边界为拉张边界和拉张型地震，它们共同说明这些地震是巴颜喀喇断块向东南方向滑动的产物；从全球板块活动来看，青藏高原和巴颜喀喇断块这一地震活动高潮与印度—澳大利亚板块苏门答腊构造段的地震活动高潮及全球板块边界自 2001 年以来 8—9 级巨大地震活动高潮完全对应，这说明它们之间有共同的动力学联系；全球板块边界构造带是一个 8—9 级巨大地震发生带，而青藏高原和巴颜喀喇断块是一个 7—8 级地震发生带。从目前地震活动来看，全球板块边界和巴颜喀喇断块最新地震活动高潮尚未结束，昆仑—汶川地震系列主体活动区也未见发生转移的现象，所以，巴颜喀喇断块、青藏高原中南部和南北带中南段在未来一定时期内仍是 7 级，乃至 7 级以上地震活动危险区。正是由于该地震系列的主体活动区尚未见转移，今后一定年限内将仍处于地震活动高潮期，仍可能发生 7—8 级地震，如何在这一主体活动地区内追踪其后续活动，预测未来可能发生的大地震就是我们当前最重要的任务。因此，邓起东近年来一直在呼吁地震部门应调整思路，针对这一主体活动区，利用活动构造手段分析主体活动区内构造时的缺震段和离逝时间较长地段，利用有效地震活动性分析、地形变场变化、前兆异常，及前兆场的变化等，在这一地震活动主体地区内抓变化、抓异常、抓地震。他在会议上大声疾呼，向领导和领导部门呈建言，公开发表论文，提出相应建议。

邓起东说，科学研究是一个不断求索的过程，是科学家不断提出问题、研究和解决问题的过程，只有这样，研究工作才能不断前进，不断深入。在这里，科学家的主动精神是最为重要的。经过几十年的努力，在"七五、八五"以后，我国活动构造研究已走上了定量活动构造学的道路，中国学者已逐步将活动构造定量研究结果应用于地震危险性和危害性评价，获得了不少有意义的成果。可惜的是，在"八五"以后，活动构造全国性工作未能得到进一步安排，此时的邓起东可以说心急如焚，虽患心梗疾病，且面临退休，仍多次抱病向有关领导建言，陈述继续开展全国性工作的理由，并在各种会议上提出呼吁。直到2008年4月，又在山东泰安召开的"活动构造学、新构造学与地震危险性评价学术讨论会"上，宣读了"活动构造研究—历史、发展与建议"一文，在建议的第一条即提出"制订和实施一个活动构造大比例尺地质填图和定量研究的国家或部门计划，稳步推进中国不同活动构造区及主要地震带的活动构造定量研究工作"，并指出"若没有长期工作计划，缺乏持久工作经费支持，队伍将会涣散，活动构造研究将会停滞"。好在汶川地震发生后，我国又相继开始进行主要地震危险区活动构造地质填图，进行华北构造区和南北带中南段、北段活动断裂大比例尺填图，并将继续下去，计划已安排到 2020 年完成天山主要地区的活动构造填图工作。

## 关于地震预测的有关思考

1975 年，我国对海城地震做了一次准确预测、预报。2 月 4 日早晨发布了临震预报，并要求采取各种防震措施，包括不在电影院里看电影，要露天看电影，各个村、各个镇要把老年人从屋里背出来。虽然太冷了，为了安全也要到户外来。在 2 月 4 日晚地震就来了，因为预测、预报准确，减少了人员伤亡。不久，美国派了一个代表团来了解海城地震预测、预报的情况，后来中国也派了地震代表团去美国。当时中美尚未建交，中美之间交流第一个中国去美国的代表团是中国老科学家代表团，第二个团就是中国地震代表团。所以，那时我们真真切切地感觉到地震预测、预报真是需要，但也真真切切地感觉到地震预测的困难。现在国际上有人认为地震预测、预报是不可能的，应该说，他们看到了这个领域的困难，看到了地震预测、预报的困难。面对困难，邓起东说，在困难面前简单的退缩肯定不是办法。我国的地震地质科研队伍，经过这几十年的努力，在地震活动构造和地震预测方面的研究，还是取得了不可小觑的成就，而且仍在不断取得新的进展。尽管困难很大，但我们不是停顿，不是无能到什么都做不了的程度。目前，除了西藏一些无人区控制差一些以外，我们已经建立了全国数字化地震台网，对全国各个地区进行了不间断的地震监测。我们一定会在这一条困难的道路上不断有所前进的。

唐山地震救灾感天动地，可是当年唐山地震发生的时候，虽然知道这个地震发生了，而且也知道地震发生在什么位置，但是其他监测却比较困难。现在情况已经变了，现在可以很快就做到地震的良好定位，确定震源参数；可以预测地震烈度分布，帮助开展救灾工作；可以在很短时间内就能够反演出震源破裂的过程，知道破裂向哪个方向发展，破裂速度多大，位移有多大；国家也已建立了全国地震前兆台网，台站的同志长期坚持监测各种异常；地震预测的同志可以说时刻不敢松懈；正如前面所说，在活动构造研究方面，通过定量活动构造研究，也努力在为地震预测、地震区划、城市和工程安全及防震减灾服务。就地震短临预报来说，我们也曾不同程度预测、预报过二十几个地震，最大是 7 级多的地震，但是，我们还没有预报过 8 级地震。在这一点上我们并不弱于世界上其他的国家。可以说，在中共中央政府领导下，地震系统的工作人员是在踏踏实实工作的。

虽然预测、预报经常失败，但科学研究要成功，在成功之前失败总是难免的，这就是失败是成功之母的道理。作为年轻人，不要怕失败，也不要怕别人说什么，我们一定要看准方向走自己的路，我们从事的是很困难的事业，失败是难免的，我们在努力，只要我们努力去做，就一定会取得新的进展。

地震预测的主要困难是什么？邓起东认为，大体上有两方面的原因：第一个困难，地震发生在地下深处，至少几公里、十几公里、二十公里，这是我们现在还直接看不到、去不了的地方，我们不能直接观察，而只能是间接观察，间接地推测探测深部构造怎么样、深部断层怎么样、震源怎么样，间接的探测。全世界最深的钻孔在科拉半岛上，打了十一、二公里，但是那也只是一孔之见。中国许志琴院士在江苏东海打了5000多米的超深钻，台湾蔡义本教授和许志琴院士在集集地震区和汶川地震区都通过钻探打到了地震断裂，但是也还是几十个钻孔（一个主孔），所以确实是困难。上天现在可以有卫星，下海可以有蛟龙，但是地震还只有间接探测，这是一个困难。第二个困难，现在我们在地震预测中所做的事情还是经验和统计预测的方法，每一阶段都有自己的特点，每一个阶段都要根据它本身的表现、本身的活动特征来估计它的地震危险性，在短期和临震阶段，我们要估计未来短时间内有没有可能发生地震，但是，这些现象及与地震的相关性都只是经验的总结。从中长期变化到短期变化，然后到临震变化，这是一个复杂的过程，在短期变化阶段虽然有异常，但它还不是临震突跳，如果多种参数出现突跳，不断有剧烈的变化，那可能就是地震来临的前夕，这就是所谓亚失稳状态。但这只是一种经验总结。

要知道，这些异常或前兆与地震的对应关系往往很复杂，有时震前有异常，甚至短期前兆和临震突跳与地震对应很好，而且被观测到了，地震预测和预报就可能获得成功，就像海城地震那样，但有时候有异常没有地震，有时候有地震却没有发现异常，所以就难免有虚报、漏报、错报的时候，可以说这在目前是不可避免的。为什么海城地震那么准，而唐山地震一下子打了我们一记耳光，仅一年的功夫。这就是经验预测的局限性。有人说物理预测比较准，但是做到物理预测谈何容易？你对地壳深处或震源深处的情况要有准确地掌握，如果没有的话怎么去做物理预报，你还要知道它的受力状况、运动状况怎么样，等等。这些情况都要知道才行，虽然这些问题都可能有论文论述过，但是，目前更多的还是"推测多于实际的东西"，如果这也不确定，那也不确定，那么你的物理模型能准确吗！我们要向这个方向走，但是我们现在还有困难。未来很可能二者结合起来，就是既要做物理预测、物理模型的预测，又要有宏观的、各种各样地震前兆反映，当然并不只是鸡飞狗跳那些，这未来二者要结合起来。实际上，现在科学家们已经开始了尝试性进行物理预测，虽然只是尝试性工作，但这是预测、预报的希望所在，也是大众的希望。

另一方面，我们要看到最重要的是我们要把地震预测、预报和抗震结合起来。智利 1960 年发生全球最大的一个地震——9.6 级地震，是全球地震有仪器记录以来最大的地震，但是智利自从那次吃了苦头以后大力加强抗震，现状是什么？2010 年智利又一次发生 8.8 级大地震，其房屋破坏大大减轻，高层建筑倒塌尤其少，人口死伤也少。美国科学家说，现在智利抗震工程师比美国还多，智利的房子采取了各种各样的抗震措施，这起了很大的作用。在芦山地震中，汶川地震发生以后建设的芦山人民医院，由于采取了减震措施，加了橡胶垫圈，就起到了很好的作用，在后来的芦山地震中，人民医院不仅没有垮，还在救灾工作中发挥了极大的作用。所以，我们要把地震预测、预报和抗震结合起来。我觉得这是我们要特别加以注意的，这也是中国地震局在农村抓民居工程的原因。

## 三峡工程里的地质学

针对有人质疑三峡水库工程与汶川地震的关系，邓起东以他对于三峡地区和地震地质的研究成果，进行了解答。他认为其实人们不应该担心这个问题，三峡是在华南构造区，汶川地震是在青藏高原的龙门山构造带，二者相差大概有七、八百公里，构造环境完全不一样，汶川地震所在的龙门山构造带是青藏高原东部边界的一条活动构造 ，即所谓龙门山推覆构造，它是属于青藏高原东端的一条北东向构造。三峡根本与那个构造带没关系，它是在华南构造区中部的黄陵背斜区，它们之间隔着四川盆地，构造环境是不一样的，距离又很远。就目前研究来看：诱发地震的影响范围大概就在水库周围十公里左右这么一个范围之内，这个范围以外不会有大的影响。一个相距几百公里远的地方，又完全属于不同性质、没有直接联系的构造带是不应该有什么直接影响的，怎么能谈什么三峡水库诱发了汶川地震呢？但是，邓起东也严肃警告一些不科学的行为，他说，人类活动会对环境造成改变，甚至于破坏，这个是必须要认真对待的，不能随意改造，那是不妥当的。但是社会要发展，经济要发展，老百姓生活要提高，所以有些工程要实行，要开展。但我们一定要减少工程对于环境的影响，要经过慎重和严格的评价之后再去做。所以，不能说某个地区一定不能盖水库，一定不能开展某个工程，重要的是要慎重，要有翔实的论证和正确的评价，经过必要的工作，把影响降低到最低限度，并要采取必要的措施，以保证安全。他积极呼吁并推动在建设工作中一定要坚持进行地质环境评价，就是要从构造、地质、地貌等等条件出发，寻找宜居区，减轻人类工程活动的影响。他还总结了几句话是："避让活断层，走出峡谷区；防治崩滑坡，监防泥石流；躲开液化带，避开溶洞区；远离高切坡，阻断灾害链"。他认为，如果人类活动、工程建设都做到这八个方面，就能最大限度地减轻地震和地质灾害。

## 有志者事竟成

从 1960 年当时的中南矿冶学院当助教的邓起东，后来又回到班里重新补课、学习、重新分配。再到被中科院地质所选中，到了北京当时中科院的地质所构造室。一心想考研究生，得不到领导同意。1965 年，张文佑先生给邓起东在法国找到导师，说你去法国读博士吧。刚开始学了几个月法语，"文化大革命"来了，说不能去了。邓起东从不气馁、不放弃，无论身处何种境地他都不改初心。邓起东坦言，我这一辈子还是一个努力的、认真干工作的人，但身体一直不顺、不争气。70 年代做山西地震地质，做全国地震区划，80 年代做海原活动断裂和海原地震、鄂尔多斯活动构造，后来又当副所长，所谓双肩挑。紧张的工作，但没有强壮的身体，在 47 岁得脑血栓，偏瘫了 14 天，56 岁得了心脏病，又躺了 18 天，做造影、放支架，造影剂过敏把肾又搞坏了，肾积水，逐渐萎缩，到 1996 年又被确认已发生占位性病变，1997 年 1 月左肾被切除，为肾癌，以后又经历 4 次房颤。所以身体不顺，而且都是要命的病，但是自己有一个优点，是一个比较乐观的人，总算坚持到了现在，不仅在同事们的合作下完成了多项野外工作、综合研究，而且还完成了多本著作，其中《海原活动断裂带》一书还是在医院病床上统改的。一个人精神、理想和毅力是不能缺少的。在得脑血栓的时候，海原活动断裂分析正在总结，鄂尔多斯断裂系工作从 1983 年开始组织，1984 年已经开始实行，但 1985 年年中就患上脑血栓，回想这时的情况，邓起东说还真是要有点精神和毅力才行。

一个科学家走过的路总是不平坦的。它既要求敏捷的思维，又要求脚踏实地的努力。科学探索的道路是艰苦的，它要求一种忘我的精神，一种长期坚韧不拔的精神。邓起东的大半生是在一条不断探索的长期艰苦奋斗的道路上走过的，每一小步的进展都付出了艰苦的努力。他个人，他的科研团队，他的家庭都在这一艰苦的努力中付出了代价。但为者常成，行者常至，这就是邓

2009 年邓起东在国庆 60 周年天安门观礼台上

起东的人生哲学。

## 采访札记

见到了邓起东院士之后，方知虽然我和他相差整整一辈，但他年少时就曾生活在我很熟悉的长沙南门口、司门口、烈士公园、新河、德雅村一带。经过几次长谈，我为自己之前居然对出生在家门口这样一位杰出的科学家毫不知情，如此孤陋寡闻，真的感到汗颜！

因为有彼此都非常熟悉的成长环境，我们的谈话一开始就直来直去，没有客套，邓院士谈起他热爱的事业就会滔滔不绝，一副物我两相忘的境界。每次看他严肃认真的神情，让我不敢有丝毫的敷衍。

几十年来，邓起东除了中学时代因为读了很多文学名著，对文学产生过热情外，自从他立志于地质科学研究后，除了简单的家庭生活，就没有任何业余爱好，全神贯注地扑在工作上，唯一最大的乐趣就是工作中有新的发现。

也许在很多人看来，从事地质工作尤其是地震地质研究是一件苦差事，受不起那些艰难困苦。但在邓起东看来，没有什么比做自己感兴趣的事更快乐，没有什么比通过不懈的努力，实现自己的理想，实现了人生价值最大化更幸福的事。作为地震地质科研领域的杰出专家，他这一辈子遗憾的一件事，就是子女们没有跟着他学地震地质研究，生性乐观、豁达、坚强的邓起东，只有在谈到这件事的时候，流露出了淡淡的伤感。

一辈子只做好一件事，这就是邓起东的人生，而他光彩照人的一生正是对心无旁骛、一心一意和专心致志的最好诠释。

采访时间：2013年12月—2014年7月，完稿于2015年4月。

参考资料：本文引述了《地震地质》期刊及部分部分媒体报道作者写作的有关材料和中央国家机关团工委举办的《院士面对面》中有关的讨论内容。本文图片全部由邓起东院士本人提供。

致谢：国家地震局预报司、国家地震局地质研究所及所科技处、预报研究室、常德驻京办等单位及张培震院士、徐锡伟研究员、陈立春研究员等人。

张存浩院士

## 附：张存浩简历

　　张存浩（1928 年——　　），祖籍山东无棣。1943 年考入厦门大学，1947 年毕业于南京中央大学化学工程系，1949 年更名为南京大学化工系。1950 年获美国密歇根大学硕士学位，1980 年当选为中国科学院院士（学部委员），1992 年当选为第三世界科学院院士。

　　张存浩获 2013 年度国家最高科学技术奖。他是中国著名物理化学家，中国高能化学激光、分子反应动力学奠基人之一，长期从事催化、火箭推进剂、化学激光、分子反应动力学等领域的研究，取得过多项国际先进成果。

# 第 5 篇

# 为国而生：化学家张存浩院士

## 传奇的祖爷爷

电视里那些古装戏经常有那么一幕，富贵人家的千金小姐公开擂台招亲，有比武也有比文的，优胜者便可以得到长辈和青春貌美的小姐认可，招为东床，贵为乘龙快婿，从此可以享受到荣华富贵。传说，张存浩的祖爷爷就是这样一位幸运者。祖爷爷出生在山东无棣县车王镇段家村，年轻时长得英俊潇洒，是典型的山东大汉，且聪慧过人。可有一点很遗憾，就是家里太穷。祖爷爷当年不知是逃荒还是逃婚到了湖南一个叫湘潭的地方，有一天正准备离开到别处走走，就来到湘江边的码头上，要坐船得买船票，祖爷爷摸了摸口袋半个字儿也没有，只好四处看看，一抬头，看见码头的一角一堆人在议论纷纷，祖爷爷也跑过去凑热闹，一看，原来墙上贴了告示，可祖爷爷大字不识一个啊，于是连忙请教身边识字的人，那个热心人告诉他，告示上写着，有一家在本地教书的先生因突发疾病不治身亡，因为是河北人士，现要魂归故土，可是家中只有孤儿寡母。如有人愿意帮助护送先生遗骸到河北河间府献县的老家，夫人愿意将自己的女儿许配给他。那个热心人边说边打量了一眼正年轻力壮的祖爷爷，带点调侃的口气问，小伙子，要不你试试？正在寻找人生出路的祖爷爷，毫不犹豫地就上前揭了榜。

一路上，夫人发现这个小伙子，不但一身好力气，还精明过人，心也不坏，一家人相处得很是融洽。夫人本是出自书香门第，是清朝大学士纪晓岚家族人，也是读过书的，于是料理完丈夫后事，并信守诺言兑现承诺。这样祖爷爷就成了上门女婿。俗话说女婿是半个儿，书香人家的女婿不能光有一身力气，所以很长一段时间，老夫人就在家悉心教导女婿读书识字。可在当时那种封建社会里头，认为男的入赘到女的这边来，不是很光彩，应该是为了照顾女婿的面子，女儿出嫁这事就被隐瞒了。等到祖爷爷也能诵读诗书识文断字时，就被岳母家人介绍到了一个朝廷官员家里做了书童，帮助整理诗书和干些裁纸磨墨之类的活。有了祖爷爷的发迹，于是张存浩的爷爷就从小在诗书中耳濡目染，年轻的爷爷得中举人，还跟从名师，便有机会做了官，而且官自清朝两广总督。爷爷因为皇恩浩荡而光宗耀祖，自然要感恩戴德为朝廷效力，无奈历史潮流滚滚向前，爷爷的一己之力无力回天。晚年，经过人生跌宕起伏的爷爷感叹："家有良田千顷，不如薄技在身。"正是爷爷的反省和觉悟，张存浩的父亲还有伯父叔叔姑母大多学有专长。

## 母爱

虽然祖爷爷和爷爷的故事颇有些传奇，但对于张存浩来说，那都只是个传说，小时候对他影响最大的当然主要还是母亲。据说张存浩的姥爷是云南哈尼族的土司，颇有武将风范，后来因受朝廷提拔也做了官，官至两广巡阅，民国时期到了北京。估计爷爷和姥爷因为都来自底层，都属于精明强干之人，一起共事，比较投缘，合作的比较愉快，于是他们两家就结了姻亲。张存浩的父亲是不怎么管小孩的，而母亲对孩子就管得很厉害，动不动就打。这个不知道是不是与她有个做军阀的父亲有关。总之，母亲对张存浩管教得很严厉，恨不得马上就打出个才子来，她的行为曾经惹得心疼孙子的老祖母很不高兴，因为，母亲在这个大家庭里并没有太多说话的份儿。也许正是这样，更加重了母亲那份

1934 年，6 岁的张存浩

263

望子成龙的迫切。张存浩两岁时，母亲就开始教儿子方块字，一天要写 20 个，不写就打。到了 3 岁的时候，母亲就给他讲"岳母刺字"的故事，3 岁的张存浩听到母亲讲的故事当然似懂非懂，但看见母亲严肃的样子，所以在心中还是留下了非常深刻的记忆，也由此在他幼小的心灵烙下了爱国报国的种子。

到了中日发生"七七事变"时，幼年的张存浩和母亲及兄弟姊妹一家住在天津，有个机会姑父姑母来了，这时候姑父母在重庆教书已经有一两年了。母亲为了张存浩不在所谓的沦陷区受到日本的奴化教育，就主动提议请姑父姑母带侄儿到后方受教育。9 岁的张存浩，心里虽然是一百个不情愿离开母亲温暖的怀抱，但听了母亲的话，一个不字也没说，就同意跟着姑父母走。成年后的张存浩感慨地说，这大概就是我那虽然出生在军阀的家庭，却是深明民族大义的母亲，对我的爱国教育起了潜移默化的作用。正是母亲的胆识与胸襟让张存浩的人生与民族和国家命运紧紧相依。

## 二小姐的影响

姑姑就是张家长辈中的二小姐，1927 年，清华大学招收最后一批庚款官费留学女生，也就是这一年，17 岁的姑姑考取后赴美国密歇根大学留学，和已在这所大学就读一年她的大哥成为校友。姑姑获得密歇根大学化学学士学位后，又到伊利诺大学，师从久负盛名的有机化学家教授，攻读博士学位。1933年，年仅23岁的姑姑取得有机化学博士学位，是中国获得化学博士的第一位女性。姑父出生在中国的首批外交官之家，于1922年赴美国留学，获得密执安大学科学博士学位。在攻读博士期间，他结识了同在美国求学的姑姑，这对才子佳人惺惺相惜之下共结同心，定下了"科学救国"的宏愿。学有所成的姑父谢绝美国优厚待遇的聘请，先期回到祖国，先后于东北大学、北京协和医学院、青岛大学、重庆大学等高等学府任教。1935年，学成归国不久的姑姑与志同道合的姑父结为伉俪，也来到重庆大学任教。在山城重庆，他们夫妇相濡以沫，过着俭朴的生活。在重庆大学时，姑父姑姑属于高薪阶层，但他们把时间和精力都用在教学和科研上，一年四季都是身着黑布、蓝布衣衫，是学术界传为美谈的"一对布衣教授"。1939年，姑姑夫妇应厦门大学之邀，赴厦门大学任教，姑父还一度被聘任为教务长兼理学院院长。张存浩因为跟随姑父母一起生活多年，自然深受他们的影响，首先是他们对于中华文化发自肺腑的热爱，当年由于抗战期间，厦门大学曾一度在福建长汀办学，少年的张存浩随姑父母也来到长汀，并转入福建长汀中学就读。在福建长汀上中学时，每晚，两位先生和张存浩攻读于同一盏小油灯之下。有一次，姑父见他一连几天都是捧着一本英文书在读，就说，你是中国人，首先是要读好中国的书，中华民族有五千年的灿烂文化，你要读懂他，姑父还语重心长地谈到了振兴中华，谈到了青年一代的责任，指出一定要学好祖国的文化，当时，把这位聪敏而有些顽皮的小张存浩感动得泪流满面。

此外，姑父姑母的政治立场自然也影响到了张存浩。1943 年前后，当时的国民党推行"党务入校"运动，好多教授都被动员加入国民党组织。此时校长推荐姑父接任校长之职，国民政府教育部部长也来到厦门大学，准备亲自劝说姑父加入国民党。可倔强的姑父表示："我宁可不当院长、校长，也绝不加入国民党！"并找借口对国民党的教育部部长避而不见。在抗战期间的大后方，姑父公然拒绝国民党当局的"劝委"是要付出代价的，甚至要付出饭碗和生命的代价。也正是这个因素，姑父姑母夫妇最终选择离开厦门大学，离开中国，再次赴美国从事科学研究工作。

1949 年，大洋彼岸的一声炮响震惊了在化学王国中漫游的姑父。美国多家报纸以头版头条的位置，刊登了来自中国的"爆炸性"新闻：1949 年 4 月 20 日至 21 日，中国人民解放军渡江作战时，"紫石英"号等四艘英国军舰竟向中国人民解放军开炮，中国人民解放军进行还击，打伤了"紫石英"号。毛泽东、周恩来先后发表声明，向英方提出强烈抗议。这件事使姑父相信，祖国不再是国民党执政时期的"令人无可奈何"，而是有了希望。他与夫人当即决定回国。其时正值夫人怀孕，很多朋友善意地劝他们晚一点回去，因为凡是在美国出生的婴儿，即可成为美国的公民。然而，姑夫姑母却恰恰因为此事着急，巴不得早一点离开美国，为的是使未来的孩子不入美国籍。1950 年 8 月，他们夫妇拒绝了国外优厚待遇和良好学术研究环境的挽留，在旧金山登上"威尔逊"号客轮，驶向祖国的怀抱，回到了共产党领导下的新中国。

## 叛逆的少年

从爷爷算起，张家一直名人辈出，自然对张存浩人生有重大影响，但在张存浩获得国家最高科技奖后，记得有位记者问张存浩，您出生在名门望族，家里出了那么多成就卓著的名人，这样的家庭对您的成长有着怎样的影响呢？回答记者的问题时，张存浩脱口而出：当然主要还是靠自己！他的回答赢得了当时在场所有人的热烈鼓掌。说这话时，张存浩一点也没谦虚，让熟悉张存浩的人，感觉那个曾经的叛逆的自信的甚至有点骄傲的少年好像又回来了。是的，幼年的张存浩曾经是个叛逆的少年。因为幼时就在母亲的严厉监督下受到了早教，9 岁又开始跟随留洋回来的博士姑父和博士姑姑一起生活多年，两位名师常常在家里教张存浩学习，加上张存浩本身的天分，所以孩童的张存浩在学校里就常常不知天高地厚地对一些老师的讲课嗤之以鼻，觉得没什么意思。有了这样的思想，在学校里自然就不可能是听话的孩子，可是不愿意好好上课，就得找点别的事来消磨时光，于是张存浩就变着法子和一群孩子玩游戏。有一天，大约是游戏过头了，闹得有点凶。一位国民党的教官居然跑来干扰孩子们的游戏，可当时一群孩子游兴正浓，就不管不顾他是什么教官，调皮的张存浩便联合小伙伴们与教官斗智斗勇，毕竟是孩子，哪能斗得过大人呢？最后的结局是那个教官真的被惹恼了，居然抓住张存浩这个小个头的狠狠地揍了一顿。挨了这一顿打，对于张存浩这个内心骄傲的少年来说可是遭到奇耻大辱，本来就从姑父姑母那里感到国民党不好，这顿打不光是打出了张存浩内心原本就对于国民党的厌恶和憎恨，更打出了他的自尊和自信。于是，他发誓要离开学校不再受这份窝囊气。刚刚上高二，为了离开这个地方，张存浩决定不再游戏人生，开始发奋读书，他为自己订了计划和目标，强迫自己每天只睡五个小时，每五分钟就要做一道习题或者记住必须记住的内容。三个月后，张存浩就在姑父母的辅导下，学完了高中的全部课程。参加考试，高居榜单，这一年，张存浩以高中肄业学历破格地成为厦门大学化工系的新生。

虽然只在厦门大学学习一年，但厦大留给张存浩的记忆是终生的。有一次，张存浩在进行普通化学实验时发生了意外，浓硫酸喷进双眼。系主任刘椽老师立即到现场指挥，指导实验的石阿曹老师快速处置，校医吴金声博士在几分钟内赶来急救，使张存浩的双眼几天内就痊愈了。那时厦大的萨校长十分注重基础课程教学，他是当时具有最高学术声誉的名教授，但他每个学期亲自讲授"初等微积分"或"普通物理"。在他的影响下，谢玉铭教授亲自讲"普通物理"，傅鹰教授亲自讲"普通化学"。正是厦大的有效运作系统，训练了张存浩在处置危险情况时的从容和冷静，正是厦大对基础教学的高度重视，为张存浩日后科研工作打下了坚实的基础。

1944 年，张存浩转到重庆中央大学化学工程系，并于 1947 年毕业于南京中央大学化学工程系。1947 年，张存浩回到天津，成为南开大学化学工程系研究生直到 1948 年赴美国留学，先入爱阿华州大学化学系读研究生，后又转到密歇根大学化工系，在 R.R. 怀特教授的指导下从事酸性树脂相中的催化酯化反应研究，酯化反应过去多在液相中进行，其缺点为难以回收作为催化剂的强酸，而在强酸性的树脂相中进行酯化则可避免此缺点。其过程为使反应物在流经树脂小球填充床时，逐步扩散进入树脂小球，产物则逐步由小球内部扩散出来。整个过程可由反应速率方程和若干扩散方程组耦合来描述。据此，张存浩进行了大量的实验和比较复杂的理论计算，使二者达到了相互吻合。1950 年，年仅 22 岁的张存浩获得密歇根大学化学工程硕士学位。

## 不要受美国人的气

年轻的张存浩在美国读书期间，除了学习成绩优异外，业余爱好也十分广泛，他和另外几个同学一样怀揣梦想，与他们结下了深厚的友谊。他们个个身怀绝技，其中一个后来获得了诺贝尔奖，另一个则是歌唱家料子。由于都是海外游子，身处异国他乡，志趣相投的他们，课余时间经常在一起谈天说地，相互影响。张存浩对美术特别是对古今中外的绘画作品颇有研究和心得，就得益于那位有绘画特长的同学，而唱歌的爱好则伴随他的一生，无论是顺境或逆境，愉快或不愉快的日子，张存浩都喜欢用歌声来抒发情感。很多人都说，张存浩是个学识渊博、风度翩翩的谦谦君子，有着一份特别的儒雅气质，这应该得益于张存浩受到了东西方文化的熏陶，还得益于艺术的浸染。

1950 年 8 月，张存浩获密歇根大学化学工程硕士学位，准备攻读博士的张存浩意气风发，烦恼却接踵而至——朝鲜战争爆发。张存浩敏锐地嗅到了中美关系的走势，因为一打开报纸，头版头条的位置赫然把新中国称作"FOE"，就是敌人的意思。矢志追求科技报国的姑父和姑姑，几经周折终于拿到了美国移民局允许回国的签证，他们匆匆地踏上了归国航程。姑姑临行前，再三嘱咐张存浩，你一定得要念完博士才许回来。血气方刚的张存浩受不了美国人的种种歧视，跟国内的家人写信，表达自己的心情，说我宁愿回去跟着毛主席吃小米粥，也不要在这里受气。因为心意已决，张存浩第一次违背了待自己恩重如山的姑姑的意愿。没有听从姑姑说一定要读完博士才许回家的警告，他们是 8 月 20 几号离开的，张存浩就瞒着他们买了下一班船票。那个年代交通也不发达，也没有开通航空航线，即使坐船也需要一个多月的时间。所以，张存浩虽然买的是隔一班船票，也要到 10 月 12 号才能上船。等船的这段时间，因为归心似箭无心读书，那时候，美国的市场上随处都能买到装配收音机和发报机的图纸和零配件，兴趣广泛的张存浩也跑去买了配件，自己动手装了一部收音机，调试后效果不错，烦闷的时候可以用来收听新闻和听听音乐，以打发时光。但怎么也料想不到的是这个收音机在张存浩当成心爱之物带回国内多年后，曾经让人产生很多的误解和联想，也带给他无尽的委屈和心酸，甚至差一点要了张存浩的命，不过这是后话。

## 第一份工作

张存浩从美国回到国内，先是在上海上岸，再到北京的时间，已经是 12 月了。回国后，暂居在北京大学工作的姑姑家。不久，当时的东北科研所大连分所（即中国科学院大连化学物理研究所的前身）的奠基人张大煜先生来到北京，到教育部留学生管理处招揽人才。那天，也真的是缘分，张存浩与张大煜先生在管理处一见如故，当张大煜得知张存浩刚从美国回来，又在美国学习化工，并且满腔热情地怀揣要参与祖国建设的激情和理想时，便立刻就喜欢上眼前这个儒雅满身书卷气的小伙子，张所长连忙将他渴望张存浩能到他们所里工作的想法和盘托出，说能源是国家建设的一个根本。他们所里有目前世界上最先进的设备和仪器，还悄悄地告诉张存浩，说侵华日军为了更好地掠夺中国的各种资源，在

当时修建的南满铁路沿线开设了很多科研实验室，抗战
胜利后，日本人投降，于是匆促地留下了大批十分精良
的仪器设备，如今，这批设备正好用来为我国自己的能
源科研工作服务。眼见为实，当即就邀请张存浩到大连
分所参观，通过促膝交谈，张存浩也很敬重张大煜先生
高尚的人品和对事业的执着追求，而开展能源科研也正

张存浩与夫人迟云霞

是自己的兴趣所在。于是这对忘年之交一拍即合，当夜张存浩便跟随张大煜先生乘火车从北京到了大连。当张存浩在大连分所见到了很多当时国际上都是十分精良的先进仪器设备时，心头简直是一阵狂喜，这真是做科研的好地方啊，于是，毫不犹豫地就谢绝了北京大学等京区四家著名高校和科研单位的聘请，告别了姑父姑母和家人，只身一人来到大连，开始了为科研献身的漫漫求索之路。

张存浩在大连分所的第一份工作是在"燃料第一研究室"，研究课题是世界热门的"水煤气合成石油"。当时，中国只在玉门有很小的油田，石油资源十分紧张，再加上西方国家的全面封锁，燃油供应严重不足，亟待建设的新中国面临着贫油的困境。于是张存浩毅然接受了所里交下的任务，投身于水煤气合成液体的研究中。从煤经过水煤气合成液体燃料，过去用的是稀少昂贵且催化效率很低的钴催化剂。英美等国当时也在积极着手研究铁催化剂，但具有积碳严重、催化剂寿命短等严重缺点。

在我国催化科学奠基人张大煜的指导下，张存浩开始与同事们一起全力投入水煤气合成液体燃料的研究，至今，张存浩都非常怀念那段热火朝天的岁月，那时候，没有任何私心杂念，大家齐心协力，劲往一处使，经常废寝忘食、夜以继日地工作，为的就是尽快出成果，满足国家需要。经过一段时间的潜心钻研，张存浩和同事们研制出一种性能很好的催化剂——高效氮化熔铁催化剂，并创造了新的工艺——氮化熔铁催化剂流化床水煤气合成石油。张存浩在解决流化床传热与反混问题上也有所贡献。研究成果在产率、产品分布及催化剂寿命等方面都在国际上领先，张存浩与多位同行在短时间内研制出的高效氮化溶铁催化剂，每立方米水煤气有效成分产率超过 200 克，显著超过当时国际上 160 克的最高水平。之后，张存浩的科研团队从流化床小试到中试，一直做到工业实验和产业化，当时已达到年产 3000 吨，这是一个巨大的成功。不仅油产率超过了美国，而且运行周期长达两三个月，因此这项科研成果荣获了首届国家自然科学奖三等奖。事业的成功也让张存浩收获了爱情，成就了美好婚姻。妻子是实验室的工作人员，一个聪敏活泼的姑娘，和张存浩有着共同的爱好，也喜欢唱歌。婚后，他们夫唱妇随，妻子承担了家里所有家务并生育了两个儿子。

1955 年 9 月，年仅 27 岁的张存浩当选为全国青年社会主义建设积极分子，受到了周恩来总理的接见，张存浩回忆当年的情景时，还很激动地说，当我握住周恩来总理那有力的手时，我感到一股暖流温暖了全身。最令人激动的时刻是，1956 年年初，张存浩又作为全国政协会议的特邀代表，在北京人民大会堂受到了毛泽东主席的接见。张存浩每每谈到这些，仍是非常激动，他感慨地说："真的无法用语言形容我当时的心情，我至今还记得毛主席那双柔软的手，至今我仍然感到无上的光荣。"

1959 年 1 月，张存浩加入了中国共产党。也就是在这一年，大庆油田被发现，中国一跃从"贫油"国变为"富油"国。就在全国上下一片欢庆之时，水煤气合成液体燃料的项目却要被中止了：相较于石油低廉的造价，水煤气合成液体燃料的成本显然太高了。力量薄弱的新中国没有足够的科研经费支持这项研究继续开展下去，原油紧缺的问题也得到了缓解，这项研究也只好被搁置了。当时，作为这个项目的主要负责人的张存浩心情真的是五味杂陈，既有恨自己不够争气，也有些于心不甘。庆幸的是这一技术经大连化物所几代人不懈创新与推广，如今已成为新时期我国能源结构调整中不可或缺的一种手段。

## 重心转向火箭推进剂的研究

当国家做出建造"两弹一星"工程的决策，火箭推进剂作为"两弹一星"的重要燃料来源，被提升到国防安全与尖端技术的层面之上。于是，张存浩根据所里的指示精神，迅速将科研工作的重心转向火箭推进剂的研究。张存浩知道从事火箭推进剂研究是很危险的，燃料也有很大毒性。于是，他作为负责人，带着一群人离开大连，到 100 公里外的山沟里埋头研发。

在山沟里，张存浩和另外一位优秀的同志开始了负责指导火箭推进剂和发动机燃烧方面的研究，在这项重要前沿课题中，取得了一系列重要成果。火箭需要高能

张存浩在大连化物所新春团
拜会上演唱歌曲

燃料，为火箭研制新燃料是一个全新课题，一系列复杂
问题必须求得准确回答。张存浩和同事们在硼烷高能燃
料、固体推进剂、固液推进剂等方面进行了大量的实
验。这些研究在国外是绝密的，文献资料很少，而且实
验的毒性和爆炸危险性很大。作为项目负责人之一的张
存浩，不仅组织指导、出主意，而且亲自冒着生命危
险在火箭试车台上做高能燃料的燃烧实验。在从事大量
实验的同时，他和科研搭档提出了固体推进剂燃速的多

层火焰理论模型，第一次比较全面完整地解释了固体推进剂的侵蚀燃烧和临界流速现象。当时国外几十家科研单位也在同时研究这一课题，而张存浩与搭档推导的理论最为精确，得出的结论也最能说明本质问题。这项在1964年完成的成果在1982年获国家自然科学三等奖。改革开放后，在与美国科学界人士的一次交流中，美国科学家惊叹："没想到中国在20年前就有了这么完美的燃速理论。"

在承担指定国防任务的同时，张存浩和同事也能兼顾学科基础研究。六十年代，还和其他同事一道在国内开创了激波管高温快速反应动力学和气体爆轰波脉动结构的研究，也达到了较高水平。

而在此过程中，张存浩谦逊、宽和的性格更是让他身边的人如沐春风。张存浩在大连化物所工作期间的一位老下属和搭档，何国钟院士更是深刻体会到了这种尊重。当张存浩根据国家需求，将科研重心转向火箭推进剂这个全新的研究领域时，何国钟成为他的搭档。他们共同提出了固体推进剂的多层火焰燃烧模型和理论，第一次揭示了侵蚀燃烧现象中临界流速存在的根源。这些成果，破解了当时我国亟待解决的火箭推进剂燃烧过程中的关键问题。当这个项目在1968年申报国家自然科学奖时，作为项目的带头人的张存浩将自己列在第四位，而将何国钟的名字放在了第一位。如今已是中科院院士的何国钟，提起往事，仍对张存浩钦佩不已。

## 一心要打下 U−2 侦察飞机

年纪轻轻就得到了那么多荣誉的张存浩，总想着不要吃老本，要立新功。要为国家多作贡献。就在火箭推进剂的研制过程中，在一次会议上上级传达了一个关于应对美国 U−2 飞机入侵我国领空的文件。

20 世纪 50 年代初，美国就开始研制一种专用的远程侦察机，也就是大名鼎鼎的 U−2 高空侦察机。这种飞机全身漆成黑色，人称"间谍幽灵"。U−2 是当时世界上最先进的侦察机，长十五米，高四米，重七吨，时速 800 公里，配 8 台自动高倍相机和电子侦察系统，所用的胶卷 3.5 公里长，能把宽 200 公里、长 5000 公里范围内的景物拍下并冲印成 4000 张照片。U−2 只要在美国连续飞行十二次，就能以高清晰的照片把整个美国版图拍下来。U−2 的飞行高度为两万米以上的高空，而在当时，两万米对任何其他国家都是一个绝对达不到的高度，高射炮打不着，战斗机又跟不上。因此，从 1955 年 8 月试航一直到 1960 年，这种高空侦察机一直在其他国家的上空横行无忌。

U−2 从 1958 年 3 月开始对中国进行侦察。同年在福建省和沿海岛屿做了大约 6 个航次的侦察。正是由于 U−2 侦察机飞行高度远远高于当时世界上所有高射炮和歼击机的作战高度，它可以飞到中国大陆最偏远的地方再返回台湾。所过之处，地面上高度机密的设施一览无余。除了照相机，能全天候工作且分辨率高，4 部实施电子侦察的雷达信号接收机，无线电通信侦察接收机，辐射源方位测向机和电磁辐射源磁带记录机等，U–2 装有当时最先进的侦察设备，它能自动跟踪记录在各种波段上敌方的机密电码和语音联络，只要敌方的雷达照射 U–2，雷达的位置、雷达波的所有特征也都会被记录在案。U–2 侦察机虽然没有配备任何武器系统，但是它能在导弹袭击时撒出干扰金属箔片来干扰导弹、保护自己。U–2 在中国领空横行无忌，对新中国构成了严重的威胁。那一年，新中国还面临着另外一个更为严重的麻烦，就是和苏联的关系发生了变化，曾经帮助过中国的苏联专家已经全部撤出，同时，苏联也不再向中国供应任何兵器和零部件。

作为"两弹一星"工作中的一员，张存浩科研团队的工作受到了党中央和政府的高度重视，也给予了殷切的期望，当周恩来总理和陈毅外长对科技工作者说："你们的工作就是给我们撑腰！"张存浩感到了巨大压力的同时，也深感责任重大和使命光荣。他急切地希望能用自己研发的技术帮国家解决急需解决的问题，于是提出希望用自己和同事取得的火箭推进剂的燃烧理论进行指导，以提高飞机的升限，这样就可以尽快打下 U–2，由于求胜心切，他们科研团队做的提高飞机升限的助推器，没有考虑在非常高的温度进入到非常低的温度条件下怎么点着火的问题。正好试验的那天温度也特别低。当试验在众多权威专家面前以失败告终时，张存浩真的有点无地自容，从小到大都没有丢过这么大的脸，闹过这么大的笑话，无数个日日夜夜就这样功亏一篑，张存浩坦言，当时的我真的差点崩溃，差点忍不住哭了，这件事彻底打掉了我内心深处的一点点骄傲。可领导们安慰说，失败为成功之母。当然后来，张存浩团队并没有就此气馁，回到单他我们立刻着手总结经验，查找原因，很快就解决了试验中出现的问题，但他们的科研团队还是因此失去了一个机会。

## 太阳每天都是新的

"文革"开始时，张存浩因为年轻，也没参加过任何政治上的活动，就知道一心一意搞科研，对新中国的建设应该贡献自己的力量，这是他最大的愿望。所以他就把工作搞出来以后，赞成他的，表扬他的比较多一些。因此最开始的时候，别人有些其他的问题，他没有，尤其政治方面一点也没有。可是，后来居然有人发现，哎，怎么老张还在台下头，就有人使坏把他拖出去挂上"反动学术权威"牌子进行批斗，更有甚者污蔑他有"美蒋特务"嫌疑。张存浩一向是个脾气温和的人，在众人眼里是非常优雅的人，可这样的污蔑简直把他肺都气炸了，有一阵子都憋屈地直想骂人，他百思不得其解，自己怎么会是"反动学术权威"呢，自己冲破一切障碍，回国工作，干的都是国家交给的任务，克服一切困难，没日没夜地钻研和学习，虽然工作中有失误，但那毕竟是个学习过程，也是成功的必经之路，每个人又不是神仙，神仙还有犯错误的时候。毛主席、周总理都和我握手，这难道不是对我最大的肯定吗？他真的想不通。最可气的是说自己是"美蒋特务"，我怎么会是特务呢？于是，他急得脸红脖子粗地跟人辩驳，可造反派竟然动手打人，不允许他为自己辩解说自己不是特务，真是欲加之罪何患无辞？还有人强词夺理地批判张存浩，还说你不是特务，你怎么要从美国回来，你不是在那里过得很好吗？为什么要跑回来过苦日子啊？这是什么逻辑？难道爱国有罪吗？张存浩真的被气糊涂了。

尽管那个时候很多工作都已经停滞了，很多人都受冲击了，但张存浩还有本事能静下心来读书，无论怎样的干扰和打击，读书、学习和科研仍然会让张存浩无法割舍。

那段日子，大概很多人都跟张存浩一样有被抄家的经历，造反派每次来家里翻箱倒柜也没有找到什么东西，可是他们一连来了六次，只差没有挖地板了。一开始，张存浩和家人都没搞清楚他们找什么，后来才知道，他们在找张存浩在美国等船的时候，自己按图索骥装配的那台收音机，他们怀疑那是发报机，怀疑张存浩是不是用发报机跟美国特务联系，这简直是无中生有一派胡言。张存浩那时还年轻气盛，哪受得了这份折磨，于是造反派就把他关在一间大房子，用 200 瓦的大灯泡 24 小时照着。受不了折磨的张存浩也曾嚎啕大哭过，还自杀过，准备用死来证明自己的清白。他自杀了三次，但都被及时制止了。后来终于想明白了，自己还不能死，还有工作要做。再说，自己也的确没有什么问题，我是清白的，如果死了，那不是什么都说不清楚了，也什么都做不成了。200瓦的灯泡24小时照着他，原来是防止再次自杀，这样，张存浩内心也就开始平静了，他开始呼呼地睡大觉。慢慢地，造反派也不轮番地找他谈话了，的确也找不出有什么问题。睡醒了，思维活跃，不肯虚度年华的张存浩开始为自己找点事做，训练自己的脑子，于是，他每天看着太阳从窗口照射进来的角度好像都不同，观察了它的变化，但到底每天角度有多大变化，能够看得出来，因为在投影上面，大概也就是一两个公分，一两个厘米，这样倒过来是可以算出太阳的轨迹。张存浩就用三角函数计算，算得还很准。他惊喜地发现：原来诗人们说太阳每天都是新的，还真的是有科学根据的。

太阳每天都是新的，张存浩终于悟到了它的深刻内涵，这是个科学问题也是个哲学问题。只是在悟出这个道理的过程中，有过太多痛彻心扉的记忆，甚至差点付出了生命的代价，这个代价实在有点大。

从"牛棚"出来，张存浩被剥夺了继续从事专业研究的权利，还停发工资，并被派去烧锅炉。不久，家属就被通知要下乡插队。一开始就是让夫人带着孩子去到农村落户。幸亏夫人迟云霞是比较精明的，她坚持要走一起走，如果丈夫张存浩不去，她和孩子们就都不去。当时的理由是说张存浩的问题还没有搞清楚，所以还不能去。于是，妻子就去找工宣队，质问他们，我丈夫到底有什么问题？工宣队也说不出到底有什么问题。过了几天，工宣队就只好贴出一张大字报，只说张存浩是个"反动学术权威"，这样就消除了他的特务嫌疑。同时，夫人还坚决要求必须证明张存浩也同属于"五七战士"。因为，有着政治敏锐的妻子知道，如果丈夫带着特务嫌疑的黑帮帽子下放到农村，这就意味着在农村劳动期间，可能要与那些所谓"地富反坏右"等黑帮分子一起挨批斗，而这样的后果是无法想象的。

全家下放到瓦房店公社后，张存浩一家就和另一位所谓的"战士"一家，同住在一个驴打磨的房子里头，墙都是拿石头堆成的，三月份还很冷，风吹进来，里头都结冰结霜了，两个孩子一个十四，一个十二，结果全家就在这样比较艰苦的环境里住下了。但他们心情比较舒畅，因为这里没人老批斗你，压迫你。所以，张存浩去了农村以后慢慢适应了，当时化物所反动派送下去给一部分煤，但煤里头有好的还有烧不着的煤，所以妻子迟云霞一天从早到晚就是点炉子，有时，一连点八次都做不成饭，后来才知道哪些煤是好的，哪些是不太好的，慢慢挑，因为在大连一直用煤气。这个时候，以前从不做家务的张存浩也开始帮着操持家务。后来到了"五七干校"劳动，张存浩被派到苹果园里进行修剪果树的工作。在那个年代，又是东北的偏远山区，气候恶劣，劳动的艰辛自然无法言喻。在那里生活最大的困难就是严重缺水，除了在苹果园里劳动，找水占据一家人生活中非常重要的一部分时间。到现在张存浩仍然记得，当时总要先把小孩绑好，然后，将绳子一节一节地往水井里放松，让小孩子拿着一个茶缸舀一点水，一点一点舀到一起带到井里的木桶里头。舀了大半桶以后，就拎上来，然后再挑回家去。一般都会要下到将近30米的深度才能有水，所以是非常危险的，如果没搞好，一不小心小孩就可能掉到井里去上不来了。生活如此艰辛，能够生存下来成了张存浩一家人当时最大的奢望，自然就无法开展研究，但生性乐观的张存浩的心情还是很舒畅的，因为乡村环境的简单朴实让他心灵感到了前所未有的宁静。

## 永远的动力

在果园劳动了一年半后，1971年10月，张存浩从农村回到了大连的研究所工作，一方面是所里的科研工作逐渐恢复，需要人手；另一方面是他在农村劳动期间，一次在参加抬电线杆的劳动中，因为前面两位农民兄弟突然将扛在肩上的扁担放下，让后面的张存浩和另一位同事猝不及防而摔倒，造成了严重的腰伤，所里为了照顾他，安排他提前回所里工作。

早在1960年7月18日，毛泽东主席在北戴河中央工作会议上号召："要下决心，搞尖端技术。"按照毛泽东的指示，聂荣臻元帅就组织有关部门着手激光炮工程的研究。当年，中科院大连化物所遵照上级指示精神成立了激光研究的攻关小组，张存浩也曾经在这个筹备组的成员名单之列，只是由于当时正在集中攻关火箭推进剂的研究工作，分身乏术，所以在六十年代，张存浩并没有具体实质性地参与激光即被称为"死光"的研究，但他一直关注着激光研究在世界上的发展动态。自 1960 年，世界第一台红宝石激光器问世，激光因其亮度高，不需强大电能，而在军事、民用方面展现了广泛的前景，成为国际研究热点。1972 年以前，我国多个单位都开展了相关的探索，"有人做气动激光、有人做自由电子激光、有人做化学激光，但功率都不高，全国最好的只有 0.3 瓦。"功率要提高、光束质量要提高、传输性能要提高，这些就是激光研究必须解决的问题。

1973 年，大连化物所正式成立了"化学激光研究室"，并任命张存浩担任室主任。张存浩知道"搞激光比搞火箭还困难，主要是一无所有。缺资料、仪器、设备，连基本的光谱仪、示波器也没有。"所里当时有一个小组已做了几年的化学激光基础研究，但与强激光的要求还相距甚远。这是一项真正的尖端高技术，以当时的中国科技水平来搞这项研究，难度是很大的，而这项工作又需要相当多的光学知识。但如今，火箭推进剂的科研成果获得了国家奖励和肯定，U–2 飞机也早就用陈毅副总理的话说"用竹竿子捅下来了"，激光就成了张存浩重点攻关的项目。老实说，因为当年的那个飞机助推器试验时，出了个大洋相，不服输的性格让张存浩至今耿耿于怀，心里一直憋着一口气，希望有机会打个翻身战。

285

多年的专业训练和知识积累使张存浩懂得化学激光的能量来自化学反应，放大规律比较容易掌握，实用性很强，正是国家战略需要的前沿课题。于是，他认定"在科研上，一样'不入虎穴，焉得虎子'"。当时，超音速燃烧型氟化氢／氟化氘激光器的研制在国外也刚刚起步。张存浩就大胆选择不依靠国外文献的路子，自己独立摸索进行燃烧体系研究。在研制过程中，由于有了以前的经验教训，他对科技创新有了全新的认识："有时我们要走与外国人不同的技术路线，并不是我们想要标新立异，而是因为外国人在关键技术的应用研究上常常是把走不通的路线发表了，而把走通了的路线严格封锁起来。所以在确定研究路线时，一定要解放思想，保持清醒的头脑。一定要有开放的思维"。

这样，张存浩又带着科研团队一头扎进了大连郊区的一个山沟，半年内，实验室便将激光的功率从 0.3 瓦提升至 100 瓦，这个结果极大地提振了大家的信心。在艰苦的环境下，张存浩团队终于研制出了我国第一台超音速扩散型氟化氢／氘化学激光器，整体性能指标达到当时世界先进水平。

## 量子态分辨的传能取得重大进展

1979 年 3 月，邓小平同志在中央专委会上的讲话也指出，"激光我们要加点力，花多点力量。防御，打飞机、打坦克，将来主要靠它，肯定用得上。从一位华裔科学家那里得知，现在美国已经试验成用激光打卫星，已打下一个来。将来打坦克用激光，将来空中战争是激光时代，空间激光时代。据说成本比其他武器都低。"小平的讲话对激光研究团队是极大的鼓舞，因此，尽管虽然取得了一些成果，但张存浩的团队并没有固步自封，而是一鼓作气、乘胜前进。

进入八十年代，张存浩科研团队在激光化学和分子反应动力学的研究，取得了多项达到国际先进甚至领先水平的成果。1983 年开展脉冲氧碘化学激光器的研究，首次发展出光引发／放电引发脉冲氟碘化学激光器。激光器的化学效率达84%，超过苏联1988 年发表的水平，处于世界领先地位。1984 年，他们又发明了一种在超高速流中大量制备一氟化氮两种电子激发态的方法，为研究可见光化学激光创造了条件。张存浩科研团队用双共振多光子电离光谱学的方法，进行了小分子电子激发态的量子态间传能的研究，从实验中得到一系列倾向性定则，包括碰撞引发的角动量取向变化规则。还把量子散射理论中无限阶突变近似的不可约张量处理方法和半经验的指数能隙定律结合起来，拓展了半经典的理论，新得到的理论公式不仅能圆满解释大部分实验规律，而且可以计算出转动传能截面的相对数值，与实验值比较接近。这是在量子数广泛变化的范围内第一次做到理论与实验相一致，使量子态分辨的传能取得了重大进展。

如今张存浩和同事在谈起那段在大连郊区山沟里工作的往事，就想起曾经给他起的外号"张着急"。大家都忘不了当年一起在山沟试验站同住一个房间，每晚热烈讨论，周末同乘解放牌卡车满面尘土地回家的情景……这些构成了大连化学物理研究所很多人尤其是张存浩科研团队成员们青春岁月里，关于友情、亲情、合作、奋斗、创业、汗水、丰收的喜悦等等最美好的记忆。

## 据理力争"863"

当张存浩的科研团队在东北山沟里埋头苦干，取得了激光研究领域里的一些进展和成果，并沉浸在新发现的喜悦中时，外面的世界已经非常的精彩。从1980年开始，科学技术迅速发展，对人类产生了巨大的影响，引起了经济、社会、文化、政治、军事等各方面深刻的变革。许多国家为了在国际竞争中赢得先机，都把发展高技术列为国家发展战略的重要组成部分，不惜花费巨额投资，组织大量的人力与物力。1983年美国提出的"战略防御倡议"（即星战计划）、欧洲尤里卡计划，日本今后十年的科学技术振兴政策等，对世界高技术大发展产生了不小的震动。正是基于此，1986年3月3日，王大珩、王淦昌、杨嘉墀、陈芳允四位科学家向国家提出"关于跟踪研究外国战略性高技术发展的建议"。邓小平同志做出"此事宜速作决断，不可拖延"的重要批示，根据邓小平的重要批示，中共中央有关部门立即邀请部分科学家进行座谈讨论。中央有关部门将讨论会中的意见上报邓小平。这年的 11 月，中共中央、国务院正式批转了《高技术研究发展计划纲要》。这个计划选择对中国未来经济和社会发展有重大影响的生物技术、信息技术等 7 个领域，确立了 15 个主题项目作为突破重点，以追踪世界先进水平。这个于 1986 年 11 月，启动实施的"高技术研究发展计划（863 计划）"，旨在提高我国自主创新能力，坚持战略性、前沿性和前瞻性，以前沿技术研究发展为重点，统筹部署高技术的集成应用和产业化示范，充分发挥高技术引领未来发展的先导作用。由于这个计划是在 1986 年 3 月提出并批准的，因而被命名为"863 计划"。激光技术是继原子能、计算机和半导体之后人类的又一重大发明。由于激光技术的重要性，因此被理所当然地确立于 15 个主题项目之中。为此，根据实施原则和方案，专门成立了国家"863 计划激光技术"主题专家组即"863"计划"410"主题

1996 年，张存浩（左一）、唐敖庆先生与杨振宁夫妇

专家组，后又叫强激光主题专家组。

尽管激光技术的领域非常宽广，但张存浩的团队已经在这个领域取得了多项突破性的成果，而且他们从1979年开始，又在进行研究发展波长更短的氧碘化学激光，这是当时国际上最为前沿尖端的课题。可是国家启动"863"高技术研究发展计划，化学激光却不在其列。

其实，自激光技术发展初期，我国就一直存在技术路线选择的问题。尤其是当美国里根总统提出了战略防御倡议计划，使自由电子激光器成为美国"星球大战"计划中陆基或天基定向能武器中最有希望的候选者，促使美国自由电子激光器的研究、开发取得了一系列很大的进展。激光技术的研究和开发应用是以军事武器的研究应用为先导，而逐步推广应用于民品开发生产中去的，因此，当时世界上很多国家都紧随其后，在许多领域内尤其是自由电子激光领域内进行了大量尝试或试探性的应用研究工作。我国多位在激光领域里的知名权威专家也大多倾向于发展自由电子激光，而对化学激光前景心存疑虑，缺乏信心，甚至极力反对。此时，张存浩的团队不光要接受权威的质疑，还要面对保障更加有力的强大竞争对手，还有来自部门利益的维护者，但是，张存浩作为这个项目的领头人，以他的了解，对于未来还是充满了信心。于是在一次由"863计划"激光技术专题组召开的激光研究的规划会议上，面对来自全国在激光领域里所有知名权威专家，张存浩将化学激光功率易放大、不依赖外部能源等独特优势作了深入阐述和说明。急性子的张存浩并慷慨激昂地当场向主管科技的领导和专家组立下军令状，"我只要十分之一的经费，更快做出功率更大的激光！"1992年，张存浩的团队研制出我国第一台连续波氧碘化学激光器。

因为有了张存浩当年的坚持与奋力一搏，化学激光如今已成为我国应用激光的首要来源，氧碘化学激光如今取得的瞩目成就以及由于自由电子激光器体积庞大，造价高昂，极大地限制了其使用范围。因此，国际上研究自由电子激光器的热点转向了小型化、实用化、短波长（真空紫外线、软X射线）方面，也验证了张存浩当年方向决策的正确性。

国家有关部门对张存浩科研团队的工作给予了高度评价，40年来，正是由于张存浩的新概念、新思路、新方法为推动我国化学激光领域的快速发展发挥了至关重要的作用。如今激光技术在各个领域的广泛应用，不仅增强了我国国防实力，也在改善人们生活，让生活变得更轻松更便利。像平常我们日常生活经常要用到的激光尺子，就是最好的例证。最让人欣慰的是我国的激光技术占据了世界激光技术发展的制高点。

## 集聚智慧求发展

从1991年到1999年，张存浩先后担任两届国家自然基金管理委员会主任，为基金委的发展做出重要贡献。

　　1992 年，走马上任后的张存浩考虑的第一件事就
是如何完善和发展科学基金制。当时他跟前任也就是第
一届的主任唐敖庆先生达成共识，就是说如果光靠基金
委员会单独来做事情是很难的，能不能得到中央和国家
有关领导部门的支持？于是，他们一致同意，希望能够
组织一次对于科学基金的专题调查研究，总结一下国家
实行基金几年来的一些经验，同时也明确基金工作中间
存在的一些不足，以求得进一步努力的发展。当这个想
法酝酿成熟之后，他们就联名给中央当时主管和分管科
技工作的温家宝同志写信。信中详述了开展专题调研的
意义和必要性，诚恳地请求中办调研室能否组织这样一
个关于科学基金制的专题调研？温家宝同志接到信后非
常重视，很快就批示了要同意这样做，而且亲自过问这
件事情。张存浩和唐敖庆代表基金委是在 1992 年年底
提出的建议，不久，1993 年的 1 月 5 日，温家宝同志
就来到了基金委员会视察。听取了当时很多科学家的关
于基础研究、科学基金工作的一些意见和建议。而且就
专题调研做了专门的部署，成立了以当时的中办研究室
同志为组长，科技部、基金委员会的一些同志参加的一
个专门的调研组，温家宝同志还亲自过问调研提纲和目
的。这次专题调研工作花了半年多的时间，前后开了
四十几个座谈会，各方面的科学家跑了很多地方。听取
约五百位科学家们的意见和建议，而且专门到国外和美
国的科学基金会、德意志研究联合会和加拿大的科学基
金会都做了了解，在美国还听取了一些著名的美籍华人

科学家的意见。最后调研组经过分析、整理，形成了一个调查报告。这个调查报告的一个中心思想就是要持续不断地加强对基础研究的支持，要完善和巩固，发展和完善科学基金制。这件事情对科学基金工作后来的发展起到了很重要的作用。

在张存浩的领导下，国家自然科学基金委还专门制订了第一个科学基金的五年计划，包括优先支持环境与生态技术研究、高速信息网络和并行处理、能源的优化利用和潜在开发、面向 21 世纪新材料的科学问题、生命科学中的跨学科的前沿、重大工程中的力学问题这样六个交叉领域，形成了优先资助的重点领域，为我国的科学发展作了尽可能的安排和部署。

张存浩在他的任期内，国家基金委员会由原来五个学部发展到数理、化学、生命、医学、信息、工程和材料还有管理科学七个科学部，先后与 35 个国家和地区的科技界建立了合作关系，新增了 13 个资助类别。

## 乘势而上的杰出青年基金

自成立之日起到 1994 年，在首届领导班子的领导下，国家自然科学基金管理委员会经过几年的实践，已经逐步形成了一个面上基金、重点项目基金和重大项目基金三个层次的资助格局。接任第二届领导的张存浩团队发现当时基金虽然也有对青年科学家的支持，但都是以项目为主的，没有专门针对人才的项目。他认为仅仅这样是不够的。根据国外的一些基金会的经验，都有专门针对人才的科学基金，特别像美国、德国，他们都有高层次的青年科学基金项目，在科学的发展中间发挥了很重要的作用。于是，张存浩团队就考虑到能不能借鉴国外的这些经验，在我们的基金工作中间也能够建立针对青年科学家，特别是一些比较有潜力的这样的一些科学家的基金项目，经过多次酝酿，但是一直都没有时机，直到 1994 年，李鹏总理主持召开征求科技界对《政府工作报告》意见的座谈会。在这个座谈会上，北大留学回来的陈章良教授，就提出了希望我们国家能够建立一个仿造美国的总理科技基金，加大对于非常有潜力的优秀的青年科技人才的支持。时任总理李鹏同志当即肯定了他的意见。

就在陈章良教授提出建议的第三天，张存浩给李鹏总理写了信，再次向总理建议设立"总理青年科学基金"。李鹏总理很快做出了批示。3 月 7 日，根据李鹏总理的意见，张存浩就该基金的名称问题再次给李总理写信，除"总理青年科学基金"名称外，又提出"国家杰出青年科学基金"等作为备选，同时将如何运作基金的工作方案包括申请评审拨款等具体操作步骤一并上报中央。3 月 14 日，李鹏总理圈定"国家杰出青年科学基金"的名称并划拨专款予以支持。

1994 年春天，被誉为"总理青年科学基金"的"国家杰出青年科学基金"正式创立。它是我国人才资助体系的重要组成部分，定位于培养高层次的科技人才，支持优秀青年学者立志在国内从事基础和应用基础研究并鼓励海外学者回国工作，培养和造就一批冲击世界科技前沿的优秀学术带头人。时任总理李鹏同志，还有中央其他领导同志也都非常重视，在中南海专门接见了第一批获得国家杰出青年科学基金的青年科学家。从此，在我国科学的百花园里，陈竺、白春礼、张杰、王志新、刘德培、田刚、卢柯……这一长串熟悉的科学家脱颖而出，这些科学之花的绽放无不渗透着张存浩为此而倾注的心血，他们取得的科学成就都曾得益于"国家杰出青年科学基金"的培育和支持。

令张存浩颇感欣慰的是，在朱光亚、唐敖庆、侯祥麟等一批老科学家的精心呵护下，"国家杰出青年科学基金"的评审工作始终贯彻尊重知识、尊重人才的方针，

张存浩（右一）与 DFG 秘书长米勒签订"共同建立中德科学中心协议"

实行"依靠专家，发扬民主，择优支持，公正合理"的原则。在评审过程中，专家们重在考察申请者以往的工作业绩、科学素养以及学风和学术道德，是否具有创新研究能力，并实施异议期制度，整个评审过程充分体现了"公开、公平、公正"的原则，使得该项基金保持着良好的声誉。如今国家杰出青年科学基金，在中央政府的高度重视和支持下，通过科学家们和基金管理者们的不懈努力，已经沃野千里，硕果累累。

## 不可或缺的管理科学

在国家自然科学基金委员会成立之初，管理科学在当时的基础是非常薄弱的，也没有受到各个方面重视，因为它既不是自然科学，又不是社会科学，它是交叉科学，所以基金委成立的时候有五个学部，而管理科学当时没有能够建立学部，仅仅在当时基金委员会政策局的下面设了一个管理学科组，每年也支持一点项目，但是这个经费和支持的项目都很少，一些管理科学家很有意见，他们就呼吁基金委员会能不能把管理科学升格一下，提高一下管理科学的地位，增加一些经费的投入，这是很重要的，虽然有那么多科学家都反应这么一个意见，但要不要成立管理科学部，这个问题仍然是很棘手的问题。他不属于自然科学，但它跟自然科学也沾边，管理科学很多手段，很多理论跟数学，跟信息科学有很密切的联系，但本身它又不是自然科学。这件事情怎么办，他酝酿了好几次，各个方面科学家反映的意见，包括管理学科组，管理学科组的同志也都反映了意见，但是这件事情怎么来解决，一时没有想出一个办法。张存浩同志说我们能不能向中编办提出，把原来的管理科学组变成管理科学部，但当时的情况难度比较大，因为当时国家正在实施精简机构的政策，基金委员会还要增加一个部门，而且编制还希望能增加。张存浩做事情就是锲而不舍，他亲自带着到中编办反映，反反复复好几次，最后中编办同意了，管理科学学科从政策局的学科组独立出来成为管理科学部，这样就大大提高管理科学的地位，而且增强了管理科学资助力度。

1996 年，管理科学学部成立，还特别聘请了民建

1996 年张存浩（右一）向成思危颁发管理科学部主任聘书

中央主委，时任全国人大常委会副委员长成思危先生担任管理科学部主任，开了一个学术座谈会，当时是副总理朱镕基亲自来了，因为他一直对管理工作非常重视，并热烈地祝贺基金委员会把科学基金组升格为科学基金部，还发表《管理科学，兴国之道》重要讲话，这对推动我国管理科学的发展是战略性的一步。

## 爱才若渴

2015年10月9日，在美国西雅图，中国科学院院士、激光等离子体物理学家、上海交通大学校长张杰走上国际惯性聚变科学与应用大会的颁奖台，接过了美国核物理学会授予的2015年度爱德华·泰勒奖。这是我国科学家首次荣获这一激光聚变领域的国际最高奖项。

爱德华·泰勒奖每两年颁发一次，每次授予两名杰出科学家，奖励他们在运用激光和离子粒子束产生高温高强物质来进行科学研究及可控热能核聚变上的前沿研究和领导力。张杰摘得这一荣誉，缘于他及他所带领的团队在快点火激光聚变研究和强激光实验室天体物理研究上的重要贡献。张杰曾在英国学习和工作，也正是当年作为国家自然科学基金委主任的张存浩爱才若渴和不拘一格的努力，让张杰尽快回国，因而成就一段佳话。

1997年，张存浩和几位同事们一起来到英国享有盛誉的卢瑟福实验室考察，因为这个以主要从事基础研究的实验室，培养了一批获得诺贝尔奖的科学家，真正是人才济济。当年卢瑟福实验室有 6 个大的分部，其中一个分部的主任就是来自中国的张杰，张杰当时的工作在国际上已经产生了一定的影响。比如《Nature》的文章要做前言的时候，综述的时候就会提到张杰。当张存浩先生去考察的时候，在实验室走廊的墙壁画框里就看到了张杰的有关介绍，张存浩先生当即询问陪同考察的英国同行，能否一见这位来自中国的张杰，当张存浩得知张杰正在外面参加学术会议不在实验室时，张存浩立即表示他马上改变行程继续等待。于是，第二天，张存浩来到张杰所在的实验室，非常仔细地了解了张杰过去所做的工作，张杰也敞开胸怀向张存浩介绍了在英国研究所十年的时间怎么样去首先建设自己的研究基地，如何在这样的一个平台上做出全世界最短的饱和 X 线激光的最短波长的世界纪录，张存浩听得非常地兴奋，他详细询问张杰接下来还有什么长远的研究计划，那一天，他们在实验室里谈了整整三个小时。

当张存浩了解到张杰虽然也有回国做一些事情的愿望，但是心中还是有一些犹豫和担心时，爱才若渴的张存浩用一口纯正的英语，字正腔圆地从以国家的兴亡为己任，到邓小平的"解放思想、实事求是"的思想精髓，从佛罗伦萨，文艺复兴一直讲到中国先哲的诸子百家，从改革开放再讲到中国的未来，同时，讲到中国的发展既要解放思想，同时又要脚踏实地地做工作，这样中华民族一定会有更加灿烂辉煌的前景。张存浩渊博的学识和爱国热情以及他对中华民族未来的憧憬深深地打动了张杰。得到张杰的肯定回答后，回到国内的张存浩就在基金委以不到 10 个月的时间，以委主任基金的形式，为张杰回到中国科学院工作办好了所有的手续。尽管经费还很有限，张存浩就果断决定将自己作为委主任的基金和其他几位与他达成共识的副主任基金共计一百万元，一次性地投入给张杰的科研团队。张存浩一方面以基金资助的形式支持张杰，另一方面他还去找了科学院陆院长，希望科学院也给予落实相关的政策。

受到精神鼓舞的张杰很快就回到国内，而且也很快做出了成就。在回国一年多时间内，他与同事们一起用国产元件建成了 TW 级的飞秒激光装置，并利用这台装置取得了一系列的成果，得到了国际学术界的认可。成为了科技界一颗耀眼的明星。张杰院士曾感激地说："张存浩先生对我们的支持，时时激励着我、温暖着我。"

在培养青年人才方面，张存浩倾注了大量心血。对真正优秀的青年人才，他从来都是发自内心的爱惜。把获得的何梁何利奖金和在香港等地讲学所得的酬金全部捐赠给了大连化物所设立奖学金，以此激励更多的青年学者发奋学习、献身科研、报效祖国。他以战略家高度深刻认识到国家目标与基础研究中间的关系，他把爱惜人才作为他不遗余力地推动和落实这项工作的具体行动。在这其中，张存浩的个人魅力也是让很多人对他心悦诚服。他从来就不是说教型的，而是一种感染型的，总是在探讨学问的过程当中，通过梳理一些大的历史事件的脉络，将这种精神落实到每个人具体的思考当中，从而潜移默化地影响着大家思维方式和思想行动。

对此，山东青年学者彭实戈也是感同身受：1986年，彭实戈在完成导师布置的课题之余，根据自己的研究成果独立提出了"含高频振动的最优控制系统均匀化理论"，彭实戈博士的研究方向正是被时任国家自然科学基金委员会主任张存浩慧眼识中，改变了彭实戈曾长期以为数学是纯粹的学术问题的看法，因为他的"倒向随机微分方程"在金融上将有很高的使用价值。在研究了金融方面的有关资料后，彭实戈也惊喜地发现，自己的成果确实能够应用于金融领域。

张存浩的高度重视，也得到基金委另外两位副主任胡兆森和分管数理学部的陈佳洱及著名数学家吴文俊院士以及一些有识之士的积极响应和大力支持。1994年，国家自然科学基金会在一片"金融数学"是否不伦不类的质疑声中，打破常规、果断立项，成为优先支持发展的学科。从这以后，彭实戈的数学基础研究又有新的进展，他不仅在资产定价上面提出一个非线性方程；在风险的度量和控制方面，还给出了一个公式。将数学理论应用于金融研究，可以决定数百亿美元的资金流向，让彭实戈越发认识到基础研究成果对国家宏观经济决策的指导作用。张存浩常说的名言就是：我们的工作要像弹钢琴一样。他并不是说很简单的处理这件事的时候只关注这件事，是因为他同时要关注很多事情，但他做事情时头脑之清醒、记忆力之好，安排事情节奏能力非常之强。他首先是个优秀的科学家，但他那时作为国家基金委员会的负责人，面对的是各方面对于基础研究作用于国民经济的这样一个认识并不是那么深刻。另外经费也很不足，再有就是国家对于基金发展的法律保障也不健全等等这些困难，他扛起了前任唐敖庆先生交给他的基础研究的大旗，坚持了"十六字"评审的原则。他作为自然科学基金委的主任，关注着整个国家的基础科学的研究，他自觉地把自己所从事的事业，真正的放到国家的战略高度去思考，希望通过科技创新来实现国家的昌盛、繁荣、富强。

## 终生难忘的日子

为了廓清高能激光与物质相互作用的本质，张存浩、沙国河等测得了脉冲氟化氢激光支持的气体爆震波的波速，在此基础上，张存浩率领团队开展了一系列的短波长化学激光研究，其中最具有代表性的是氧碘化学激光。这与国际上开展氧碘化学激光研究基本同步。在张存浩、庄琦、张荣耀等的带领下，于 1985 年在国际上首次研制出放电引发的脉冲氧碘化学激光器，处于世界领先地位。

1992 年，张存浩领导团队研制出我国第一台连续波氧碘化学激光器。此后，氧碘化学激光的研究在张存浩、桑凤亭、金玉奇等的带领下仍不断取得新的突破，激光器整体性能保持在国际先进水平，先后荣获国家科技进步二等奖、国家科技进步一等奖等重要科技奖励。

四十年来，在国家的支持下，张存浩开创的氟化氢（氘）和氧碘两大类化学激光均取得了巨大进展。他为推动我国在这一领域的快速发展发挥了决定性的作用。早在 20 世纪 80 年代初，张存浩等人就意识到分子动态学是当时化学物理学领域的前沿热点。张存浩与沙国河合作带领研究生一同发展了当时国际上刚出现的"双共振多光子电离光谱"方法，并进行了小分子和自由基的电子—振动—转动光谱以及高激发态物种的转动态分辨传能这两方面的研究。由于分子预解离态的短

张存浩（左二）陪同卢嘉锡院长访问苏联远东科学院

寿命所产生光谱的弥散，几十年来未能使转动谱线成功分辨。依靠自己设计的新型双共振电离光谱—离子凹陷光谱，成功得到极短寿命的（$10^{-13}$ 秒量级）激发态—氨的第一电子激发态（NH3（Ã）（v2=0,1））的转动分辨谱，这项方法普遍适用于研究分子预解离态的转动结构和一般的分子电子光谱，这是分子激发态研究的一个突破。在此基础上，又获得了 $ND_3$（B̃）态 $V_3$、$V_4$ 和 $V_3+V_4$ 的转动分辨光谱，测得了 Jahn-Teller 分裂常数，发现了一种新的非绝热费米共振及其选择定则等一系列研究成果。分子传能永远伴随着化学反应，并且是后者的先导和后继，分子传能的研究是化学动态学的重要组成部分，并与化学激光和光化学等领域密切相关。虽然分子传能的研究已有近百年历史，但量子态传能，特别是分子的电子—振—转态间的传能以及亚转动态的分子传能还研究得很不够。张存浩与沙国河院士发现了在碰撞作用下 CO（$e^3\Sigma$）三重态精细结构（F1, F2, F3）间能量流动的倾向规则，指出传能能量的流向，其意义类似光谱学中的"跃迁选律"。提出了激发态复合物中电子交换传能机理，成功地解释了 $N_2$、CO、NO 等双原子分子间的电子传能。此外，还观察到 CO（A—X）光谱线在近共振强微扰光场下发生分裂，即 Autler-Townes 效应等成果。这些工作先后发表在当时权威的化学物理领域刊物上，并多次在国际会议上作报告或进行学术交流，获得了 1999 年中科院自然科学一等奖和2000 年国家自然科学二等奖。尤其是他们的上述研究导致了分子碰撞传能过程中量子干涉效应的发现，并认定它本质上是一种物质波的干涉。2000 年在牛津召开的戈登会议"Gordon Conference"上作了"激发态分子碰撞传能中的量子干涉效应"的特邀报告。2000 年被评为中国十大科技进展之一。

由于张存浩在激光研究领域的杰出成就，张存浩获得了 2014 年度国家最高科技奖。2014 年 1 月 10 日是张存浩终生不会忘记的日子，在庄严的人民大会堂，国家新一届的领导人习近平亲自给张存浩颁发奖励证书，那一刻，张存浩真的有些激动得不知道说什么好，因为他觉得自己一路走来要感谢的人太多，他想起几十年来与自己同甘共苦的妻子，尤其是那些和自己日夜奋战在科研第一线的默默无闻的同事们，他更忘不了那一年在火箭试车台上做高能燃烧实验时，他小心翼翼地打开这个阀门，突然哗地一下子一堆火苗蹿出来迅速遮住了两眼的视线，立刻就让人无处可逃，意外发生了，是当时和他站在一起的那位转业军人在关键时刻果敢地立刻就反向把阀门关住，避免了一场不堪设想的灾难。何况科学就如大海，自己能做到的仅仅是一点点，只是庆幸地把自己放在了一个正确的位置上，没有太大的失误。

## 采访札记

采访张存浩先生的过程比较顺利，最初我从一位资深院士那里得知，在中国科学院院士里，有名的"文艺范"分别是：植物学家吴征镒对古典诗词研究堪称专业，"两弹一星"功勋于敏的京剧二胡拉得动人心弦，而化学家张存浩却拥有歌唱家天赋的好嗓音。

此后，我又见到了一位曾经在张先生身边工作的同志，用一种生活中已经久违了的，充满崇拜和羡慕的神情告诉我，存浩先生如果不是一流的科学家，他就一定会是一位一流的歌唱家。和张先生联系确定采访时间，果真，电话那端传来先生磁性、甜美、圆润、舒畅的声音，让我心驰神往。及至登门拜访，张先生和夫人热情地为我的到来准备了糖果，环看四周，客厅四壁仿真的名画和艺术品彰显主人雅致的生活品位。由于先生祖上与我的家乡湖南素有渊源，而且先生的夫人迟云霞阿姨年幼时，也曾在湖南的衡阳躲避战乱，因此，我们的谈话在洋溢着亲切和温暖的氛围中进行。大约我的提问让先生和夫人唤起了对似水年华的美好追忆，原定40分钟的采访一直延续了将近3个小时。张先生矢志科技报国的传奇人生几乎让我如痴如醉，以至于我忘了要向他求证关于名画鉴赏的一件趣事。浑身艺术细胞的张先生工作之余，缓解压力的方法除了和家人一起唱歌抒发情感，聆听中外古典音乐沉淀心情外，还有一大爱好就是鉴赏中外古今绘画佳作，并从中得到创造的灵感。曾经有人拿了一本印刷精美的中外名家画册，兴高采烈地送呈张先生悦赏，不料张先生看后有些落寞，认为画册的实际价值因为缺少一位很重要的画家作品而黯然失色。

一年后，我再次登门拜访并即刻请教张先生，是哪

个画家的作品在您心中如此重要呢？原来张先生钟情的
这位画家就是法国印象派画家莫奈。在谈到莫奈时，张
先生特别提到中年的莫奈在吉维尼定居后，在庭院里修
了一个池塘，在池塘里种植了睡莲，成为他晚年描绘的
主要对象。在《睡莲》的画中，莫奈竭尽全力描绘水的
一切魅力，水照见了世界上一切可能有的色彩。水在莫
奈的笔下，完全成为世上所能有的色彩绘出的最奇妙和
富丽堂皇的织锦缎。与其说他是用色彩表现大自然的水
中睡莲，不如说他是用水中睡莲表现大自然的色彩。画
面的水时而呈浅蓝色，时而像金的溶液，在那变幻莫测
的绿色水面上，反映着天空和池塘岸边以及在这些倒影
上盛开着清淡明亮的睡莲，它兼备了造型和理想。睡莲
系列作品是莫奈一生中最辉煌灿烂的巅峰之作。在古埃
及神话里，太阳是由荷花绽放诞生的，睡莲因此被奉为
"神圣之花"，成为遍布古埃及寺庙廊柱的图腾，象征着
"只有开始，不会幻灭"的祈福。在中国人的审美中，
自古就有"出淤泥而不染，濯清涟而不娇"的赞誉，开
则是纯美的"水中女神"，闭则是寂寞的"睡美人"，散
发着清雅的香气，纤尘不染，高雅超凡，遗世而独立。

　　此刻，无需语言，我早已从先生清澈明亮的眸子里
读懂了他的内心世界。

　　就在该书将要出版之前，我再次走进先生的书香门
庭，当我看见书房里摆放着先生夫妇年轻时的合影，便
提议能否让我将照片为新书增色时，在先生默许下，迟
云霞阿姨毫不犹豫地卸下相框，将他们十分珍贵的照片

交给我，就为这份信任，我一口气写下了上述文字，借助文字的芬芳，我祈福中华民族因为一代又一代杰出的英才而繁荣富强！也祝愿张存浩先生和迟云霞阿姨健康长寿！

采访时间：2014年1月，完稿于2015年4月。

参考资料：央视《大家》栏目及部分媒体公开资料、郑永和、邵赛兵所撰《科学概览》。文中所有图片由张存浩院士本人提供。

致谢：李德平院士、韩宇、赵学文、邵赛兵。

李德平院士

# 附：李德平简历

李德平（1926—），原籍江苏兴化，1926 年生于北京，1948 年毕业于清华大学物理系。

先后在中国科学院近代物理研究所（后易名为原子能研究所）、中国辐防护研究院工作。历任中国科学院近代物理研究所助理研究员、副研究员，原子能研究所研究室副主任，核工业部辐射防护研究所所长、研究员，中国辐射防护研究院研究员、院长。1991 年当选为中国科学院院士（学部委员）。

著名辐射物理、辐射防护与核安全专家，我国核工业辐射防护事业的主要奠基人。作为国际放射防护委员会主委会成员，参与制定辐射防护基本标 ICRP1990 年建议书，并参加审议国际劳动组织 (ILO) 的职工辐射防护规定。

# 第 6 篇

# 智慧之光：核辐射防护领域开拓者李德平院士

20世纪八十年代初，国际原子能机构（IAEA）辐射防护专家组第一次来中国考察后报告说，这次考察的重要收获之一是"发现了中国有像李德平先生那样出色的人才"。

李德平先生是我国辐射防护领域的重要开拓者和奠基人之一，也是我国辐射探测技术的主要开拓者之一。他是我国自己培养的科学家，用李先生的话说，就是百分之百的国产货。李先生的科研学术成就以及科学思想和方法得到了国际公认，成为国际著名的辐射防护专家，曾连续三届担任国际放射防护委员会主委员会委员。

## 在战火中成长

1926年11月，李德平出生在北京的清华园里，父亲李继侗，是中国结束科举开办西学的早期留美归来的青年学者，先在南开大学任教，在南开李继侗以严厉、严格出名。他一人开设两门课程，学生们对他敬畏有加，敬他学贯中西，知识渊博，厚爱学生，倾心相教，可谓呕心沥血；畏他要求严格，近乎苛刻。后来李继侗到清华任教，也是清华教授里的活跃分子，更以勤奋和热心为大众服务而闻名。父亲平日忙于教学工作，因为教的是生物系的主要课程，还时常带着学生去野外考察和学习。尽管父亲因为繁忙而很少在家，但一有空闲就

"七七事变"前与父亲（李继侗，1955 年第一届学部委员），母亲及两个妹妹在清华西院（后排中为李德平）

会带着儿子出去散步，父亲对儿子的教育是启发和诱导，他们常常边走边聊，见到什么就聊什么，而幼小的李德平脑子里也有着无数个为什么，一次父子俩就这样一直从清华园走到了西直门。

1933 年 1 月，日军攻到承德，为躲避战乱，除了祖父和父亲仍留在北京工作外，家属们都到苏州暂避一年。后来为了孩子们的学习，母亲带着他和妹妹回到北京。1937 年"卢沟桥事变"，中国抗日战争全面爆发。当时父亲正在外地考察，慌乱中，母亲带着孩子们辗转回到了江苏兴化的老家。童年和少年的李德平虽然在动荡和颠沛流离中度过，但他从未放弃过学习。除了上学，小时候，他和小伙伴经常玩的游戏是动手做各种玩具，哥哥还教会他做无线电收音机和发报机。到了李德平要上高中时，由于战火蔓延，很多学校停课，当时的兴化已没有一所中学能正常开学，李德平只好在家里自学，偶尔找家里亲戚朋友帮忙指点一下。读书对于李德平来说仿佛是与生俱来的事情，一次他就将一本数学书上的习题全部做完，让给他上课的老师大喜过望，直夸这孩子"不简单"。除了高中课程的学习，那个时代虽然能看到的书籍非常有限，但从小就是书迷的李德平只要是能找到的书籍他都会拿来一睹为快，因此他还读了很多文言文小说，而对少年李德平影响最大的还是中国科学社创办的一本综合性科普期刊《科学画报》，这是他从小学到中学期间翘首盼望的必读书刊。当时中国的许多知名科学家都是这本期刊的特约撰稿人。书中的新思想、新概念让这个求知若渴的少年不亦乐乎，也唤起他无穷的遐思。印象最深刻的就是茅以升连续发表的如何用沉箱法建造钱塘江大桥的科普文章，让这个满脑子问号的小小少年李德平觉得科学家真是太了不起了，从心底由衷地佩服，也激发起他对自然科学探索的极大热情。

## 幸得良师益友

1944年，李德平上完半年先修班，保送入学进了西南联大物理系。1948年，李德平毕业于清华大学。毕业后从师于霍秉权教授和孟昭英教授，留校任助教。开始他在孟昭英先生的无线电实验室学习，一段时间，连他在内的三个助教（后都被选为学部委员）有空就去帮着干，略有"新得"就随时到黑板前讨论一番。同学陈篪理论功底深厚，王竹溪先生留他为助教，却安排他和实验能力最强的同事金建中筹建热学物性实验室。他们的新主意很多，李德平也会常去凑热闹。

年轻的助教们竭力充实实验室，没有教材就动手编写新的讲义，同事间遇事不管分内分外总是一起商量，大家都出主意，干得热热闹闹。师长们对年轻一代工作上是放手的，但又时时让人感到前辈的爱护与支持。吴有训先生听过李德平的一次报告后，就把收藏的抽油印本送给他。那段时间，物质条件虽然差，却使人长进很快，尤其是师长们的科学作风与品德对李德平的感染更是终身受用。

1950年，中国科学院近代物理所正式成立。这个一开始还不到20名科技人员的研究所成立，标志着中国核科学迈出了坚实的一步。刚刚成立的近代物理所求贤若渴，以动手能力强而闻名的李德平于是在1951年，就被彭桓武和钱三强两位先生选送到了近代物理研究所工作。当时这里的师长均为著名学者，他们的科学成就很高，却又把最大精力用于培养青年与推动科学的进步。李德平先是作为助理员在钱三强先生组里工作，钱先生对徒弟们是启发鼓励多，工作上放手，但当让李德平测量一医用镭源时，钱先生却坚持一定要看到备好防护工具与屏蔽，才给镭源并亲自演示操作。因为李德

1949年，在清华大学任助教时与一年级学生在一起。从右向左均为老师：坐三为何成钧，蹲一为章士敢，蹲二为洪川诚，站一为慈云桂，站四为吴全德，站七为李德平，站九为金建中

平兴趣广泛，动手能力强，钱三强就指导他从事辐射探测器的研究。钱先生很明确，要吃面包就要从种麦子开始，要搞原子能，原子核物理就要从加速器建造、探测仪器建造开始。所以，最早的时候李德平做的是探测器，一开始就是盖革计数管。

那时国家很困难，李德平制作出的很多仪器设备用的材料都是同事到处去找来的，因为那时制作设备用的材料多用到玻璃，李德平还专门跑到一个私营的商人那里采购了一批玻璃，回来做了静电计、示波器、定标器等。探测器需要真空，需要机械泵，水银扩散泵，水银扩散泵是李先生用化学用的烧瓶做的底吹出来的；当时做实验时要经常用到风箱，号称"皮老虎"，而心灵手巧的李德平自制了一个打气泵，比一般的"皮老虎"要好用多了。钱三强先生在中南海做科普演讲时也是带了李德平先生制作的计数管做演示，因为会发出嗒嗒的声音，哲学家艾思奇风趣地说：我们听到了来自原子的声音！

后来，这个由李德平亲手制作的计数管还被带到北京其他地方和外地做了多场演讲。当年和他一起工作的同事回忆起他们一起工作的情景，都对他的一专多能的本领心悦诚服，称赞他能吃苦，精力充沛，尤其是别人往往问他一个问题，他写的比问的还多，是诲人不倦的楷模。他知识丰富，更乐于与人分享，他不为名不为利，工作没有半点虚假。他晚上看书白天到处走，不知道他知识为什么那么广，跟他一起工作就是一种享受。

## 为核巨人装上"眼睛"

1955 年，李德平和戴传曾合作开展了"卤素计数管和强流管的制备及其放电机制的研究"和"对面源的有效窗厚"研究。当我国核工业铀矿勘探和开采急需被誉为核巨人"眼睛"的辐射探测仪器时，李先生和戴传曾一起合作，在同事们的帮助下，研制出卤素计数管等多种盖革计数管移交工厂批量生产，成功地为核巨人装上了"眼睛"，同时他也对计数管的放电机制、计数管 r 效率等基本过程进行了研究，得到了些与前人有所不同的结果，在实验方法上也有独到之处。在研究过程中，李德平还自行设计制造了试验所需要的一些高精度电子设备，如高增益电子管静电计等。为此，他和戴传曾先生共同获得了中国科学院自然科学奖三等奖。

1957 年 12 月，李德平所在单位更名为中国原子能科学所（401 所）正式从中科院物理所分离出来，由于新中国受到西方国家的封锁，所以经济建设主要是学习苏联，因此在中国核工业起步之初，辐射防护方面主要参考苏联经验为主。随着核反应堆的建设，我国也逐步建立了基层核辐射防护的技术力量和管理机构。1958年，原子能所就成立了主要从事技术安全工作包括辐射防护技术研究工作的技安室，由董汉雄任主任。由于原子能所需要开展厂址周边辐射水平测量，从北京大学选调了潘自强、戴均国、韩奎初、刘锦华共四个学生开展辐射防护方面的科研工作，当时作为电子学探测器和剂量防护小组副组长的李德平，负责带领这四个学生专门担任此项研究工作。从此一发不可收拾，李先生开始进入对辐射防护学科更深入和更全面研究的漫漫求索之路。

在他的领导和参与下，原子能研究所完成了重水反应堆运行前的环境放射性本底调查，这是我国核设施第一次环境放射性本底监测。本次监测完成了设计、试制和安装、调试了零功率反应堆剂量监测系统，这也是我国自行设计研制并投入运行的第一套剂量监测系统；初步建立了原子能研究所个人剂量、现场勘测和环境监测体系，与此同时，还对原子能研究所辐射探测器和放射性活度测量项目进行了指导，为我国放射性计量工作建立提供了智慧。

李德平尤其注重实验技能，认为"必须要有实现自己想法的手段，包括数据处理"。自己之所以显得手巧，其实主要在于多用脑；要想在事前，不要出手太快，还要想在事后，总有"几点下次就不这样做"的经验。如果老是"一如既往"那就可悲了。在仪器设备方面，起初只有自己动手。条件好了，他也从未把自己看的有多贵重，不至于花几天几周就能做出的硬件或软件还要高价去买。花钱时，他也总会想起前辈科学家精打细算的用数万美元就收集建立起来的完整实验室的器材，总会想起早年爱系如家的清华同事为普物实验室器材绞尽脑汁或为了些许差价在东奔西跑的情景。他直言："商品供应，人人可得，恐难提供优势，退一步讲，如果自己不下足功夫，高价设备也难发挥作用"。

## 建议采用国际标准

对于辐射防护，李德平的认识也有着一个发展的过程，一开始，他的理解就是认为这只是"实验者的自我保护"本领，尽管需要掌握一些相关知识，并未看成一门专业，乃至反应堆建成后，安排他兼任此方面的工作后才感到其中的分量。由于国内此专业刚刚起步时，被视为测测量量或一般卫生工作（源自苏联）的误解，也意识到其间有自己既非所长亦非所好的社科成分，做好工作绝非易事。李德平坦言：但既已承担，只有力求做好。及至深入下去，始知此乃一门多学科的应用科学，涉及广泛的知识，小到气溶胶，大到生物圈、气象、水文，知识稍有欠缺就会出错。兴趣较广倒成了有利因素，当然还得有一批人去干，但此类学科只让年轻人自己去闯，也有学术上可能得不到承认或误"参野孤禅"的顾虑。作为带头人只有闯在前面，要求别人能做的要自己先做到，待等到有了基础，再让别人深入下去。

辐射防护在有些国家又称保健物理，基本目的是在各种有关辐射的活动中有效地保护人类而不过分限制有益的引起照射的实践。一个世纪以来，辐射及辐射所伴随的核能与同位素计数给人类带来了巨大利益。然而，这些有益的人类活动又都不可避免地引起对人类的照射。辐射防护的目的不是为减少照射而取消这些有益的实践。而是借助于提供有效保护来支持这些实践或至少是不过分限制这些有益实践。在我国核工业发展之初，就安排了李德平先生开创辐射防护事业，无疑具有深远的战略意义。

在核工业创业初期，中共中央和国务院就十分关心职业人员和核设施周围广大居民的安全和健康，周恩来总理一再指示要搞好安全防护卫生工作。为此，1959年当时的二机部提出了"生产未动，防护先行"的方针。与此同时，在实际工作中，以李德平为代表的一批从事辐射防护科学研究的专家学者们，以前瞻眼光和敏锐的观察力，在时刻关注和跟踪那些西方发达国家，特别是美、英、德等核技术发展和应用受益最早的国家，在核技术发展前沿领域及其应用上的最新动态。从吸取西方发达国家经验教训的基础入手，李德平先生和他的科研团队从一开始就建议采用国际公认的辐射防护标准，避免了某些核大国曾经走过的弯路。在辐射防护体系方面，他十分重视现场防护，建立了一整套面向现场的科研与科技服务体系，包括个人剂量，水、灰、气和表面污染的监测与控制，他从培养人才入手，使先进的辐射防护原理和方法迅速成为我国核工业打开安全之门的金钥匙，使得我国的辐射防护科学发展一直走在世界前列。

## "四块牌子"的专家

1962年，因为在测量方面的成就，李德平被聘为中国科学技术委员会计量组组员，成为科委计量局放射实验室导师。这时他已是赫赫有名的专家，同时拥有核探测器、核电子学、辐射剂量和剂量防护四块牌子。

这一时期，为了事业需要，李德平在培养人才上"三面开弓"。一方面他继续指导各辐射探测器组的研究工作，一方面开始保健物理科研工作，培养二机部内首批物理保健科研人员，另一方面他还协助国家计量院建立放射性室，培养首批活度测量人员和部分剂量测量人员。为了加快人才培养，当时他除了指导各项科研工作外，还开办多次防护训练班，并组织在科技大学开剂量学和防护课，及时满足了事业对防护人才的急需。

1962 年也是李德平在科研学术上取得硕果累累的丰收年，他在《电子束和 β 射线的吸收剂量估算方法》一文中，澄清了当时国内外文献中出现的一些错误或含混的概念，提出了按深度剂量降为最大值一半的射程来计算吸收剂量的近似方法，使理论计算工作大为简化。他的理论计算结果已成为我国制定《辐射防护规程》中 β 或电子束外照射国家标准的依据。

在辐射防护监测方面，李德平致力于建立符合我国国情的监测体系，热情推行国际上行之有效的新概念、新方法，纠正了某些错误的实践。1960 年，近藤和伦道尔夫按各面积元射出的电子的电离能力服从余弦分布，计算了不同面积源的贡献。李德平先生使用独创的准直束照射法测出各面积元的贡献与入射角及位置的关

系，结果表明比余弦分布复杂得多，进一步近似可以将
次级电子分解为余弦成分和基本沿射线入射方向的前向
成分，所以总电离电流可以表示为辐射强度对电离室内
壁的面积分与对气体体积的某种平均值。

李德平在核电子学方面的造诣也相当了得，他常
常对辐射防护中一些亟待解决的仪器电路提出新颖构
思和巧妙的测试方法，为此，他发表了《盖革计数管
对 r 射线的效率》和《有限道宽对分辨率的影响》以
及《补偿式电子管伏特计的几个特性》等多篇有影响
的论文。

## 一鸣惊人

1962 年 7 月 13 日，经国务院副总理聂荣臻批准，
将北京工业卫生研究所、华北原子能研究所及山西工
业卫生研究所三所合并，组成华北工业卫生研究所并
定址山西省太原市。由于当时国家连续三年发生自然
灾害，各方面条件的限制，已经成立的华北工业卫生
研究所，先暂时在原子能所即代号 401 所新建的一个
楼里办公，此时，作为开创我国辐射防护事业领头人
之一的李德平也正式成为七所的一员大将，任命为七
所二室副主任，主要开展辐射防护、核应急与核安全、
核环境科学、放射性三废治理与核设施退役、辐照技
术、环保技术、核电子信息技术、生物材料等领域的
研究、应用及生产经营，并为国家职能部门提供辐射

防护与核安全管理技术支持。

尽管那时国家正处于三年自然灾害困难时期，经常面临吃不饱，但李德平和同事们丝毫没有减少对工作的热情，正是在这个时期，李德平和他的团队开始了个人剂量问题研究。

在指导科研工作时，李德平十分讲究方式方法，他会对学生进行详细的指导，帮助拟订工作计划，他批改调研报告非常仔细，一次课题组报告中归纳的对个人剂量计的 12 项要求顺序不对，他也用红笔把顺序号重新排过，以明确哪个是更重要的。后来他指导研制，直读式剂量笔电性能研究取得的知识很快在我国首次核试验现场派上用场，同事们也从工作中找到了工作的意义和价值。他非常重视培养年轻人的独立工作能力。凡是来到单位工作不久的新同事，他都要给每个人安排一个与实践紧密结合的课题。他只提出原则要求，从调研、方案选择到实验数据的分析和处理都需要独立去做，但他会不时对工作进行审查和指导。

1963 年，在军事医学科学院和中科院生物物理所及七所联合召开的第一届全国辐射防护学术会议上，来自七所的姬婉华、胡遵素、陈明焌、张延生、刘殿生、李文学、丁建生 8 位青年学者，发表了由李德平亲自指导下所撰写的 8 篇论文，论文分别从辐射防护学科的 8 个方面，以学科的前瞻性和翔实的数据以及实践应用的可操作性，让七所一鸣惊人，更让这批年轻的学者与尚在"襁褓"中的七所牢牢地立足于学界。

## 情急犯上

1964 年，为了继续辐射防护科研事业，李德平举家从北京迁往太原。早在作出发展原子能事业的战略决策之初，我国就高瞻远瞩地把握核工业未来发展的方向，明确了首先在中国科学院原子能研究所建反应堆和加速器。除国防需要外，也要和平利用原子能。参照国外经验，要把原子能所建成一个综合性科学研究所。充分利用反应堆、加速器，开展其他学科的研究，其中包括开展生物、农业、医学方面的研究。

特别是当苏联专家总顾问扎基江根据苏联原子能事业发展的经验教训，向三机部（核工业部前身）、卫生部领导建议，要"在原子能工业生产中注意防止放射性对人体的危害"，并建议"立即着手在我国建立放射性疾病的研究、防护和医疗工作"。两部领导对专家的建议十分重视，采取了一系列措施：抽调大批医务和安全防护人员充实基层厂、矿的医疗、安防部门；建立医院和疗养院；建立卫生防护研究机构；建立医疗卫生干部培训基地。正是因为当时我国整个工业都是学习苏联，包括医学、卫生和测量，而苏联专家又一直在讲要注意防止核工业中的慢性放射病，加上当时地矿部门也发现了严重的矽肺病，需要大量的医务工作者对其进行医治包括如何及时掌握矿工和周边地区居民健康状况，在中共中央的高度重视下，国家有关部门花费了大量的人力、物力、财力，组织了有关的专家和科研工作者埋头于研究防治放射病和矽肺病。应运而生的"七所"，也因此史称"华北工业卫生所"。

顾名思义，卫生所工作重点当然就是"卫生"，重点是治病，而非防护。在那个特定的时代，作为一个专业的辐射防护科研工作者，李德平感到了极大的压力，甚至委屈，更为在很长一段时间辐射防护与环境科研工作仅仅只是作为七所的"二室"存在感到无比的焦虑。在太原的中辐院里，至今还流传一个关于李德平"情急犯上"的故事。当年有上级领导到七所检查卫生工作，发现桌上有一层厚厚的灰尘，于是当面向陪同检查的七所同志提出批评："你看你们还叫卫生所。"领导话音刚落，在人群中的李德平当即回击一句："我们的名字是代号，根本不是卫生所"，令当时在场的很多人都感到了些许的尴尬。如今，如果不了解情况的人仍会把这件事作为一个见证迂腐的笑谈，但只有明白李德平内心苦闷的人才会懂得为何一生谨慎小心的李德平会在这种情况下显得如此的莽撞和冲动。

生活上的困难李德平不会在意，就是因为离开北京良好的科研环境，很多实验无法开展，遇到疑难时，也一时难以找到指点迷津的师友让李德平感到了无言的凄切和苦恼。好在对于科学的探索会让李德平着迷，他几乎把实验室当成了家，夜以继日地工作，实在累了就和学生们讲讲前辈们在探索科学道路上的故事，有成功的喜悦，也有一时焦虑和苦恼，更有他们舍身取义的品德光辉，还有在探索中的得与失。

　　1990 年，在苏联《自然》期刊首次发表了《原子能工业第一个企业经验（照射水平与工作人员健康）》一文，其中包括第一个生产堆（A 厂）与后处理厂（B 厂）工作人员剂量（γ 胶片）数据，对 1958 年前参加工作的职工约 30 年的随访调查所得癌症死亡率数据，慢性放射病数据。该文中第 5 段内容说明他们所掌握的主要是 γ 辐射剂量或者更确切的讲是胶片剂量示值。对于某一类具体的放射性工作，其他类型辐射的剂量大致正比于 γ 辐射剂量，但不同类别工作则比例可能不同。对于操作纯 α 放射性物质的后处理末段作业，可能主要为内照射。对于多数工作人员用 γ 剂量为指标分析，可能是有效的。但文中所述在工作人员中发现的辐射效应也是 γ 射线效应，则未必确切（可能近似于贯穿辐射全身的外照射）。当看到这篇文章的李德平，一下子恍然大悟，明白了过去难以理解的苏联专家关于在核工业中存在所谓的"慢性放射病"是怎么回事了。由于原文作者隐藏了实际人数，李德平曾试图反推出原始人数的可能范围以期对其规模有所了解。虽然原文中没有对癌症死亡率按流行病学调查规范表述，但可以预见它能提供有用的职业照射危险度的数值。对照上面第三条中的慢性放射病数据结合第一条中剂量数据就好理解了，而且明确表示，在 1958 年以后，按每年 15rem 控制后已不再发生慢性放射病。

　　战后的苏联急于建立核武器系统，而防护经验不足，虽也投入相当的医学力量，但过分侧重于医学体检与病后能治，未能形成综合的防护体系，而理工人员涉及防护的多精于辐射屏蔽学，而不涉及更多防护问题。当时的苏联科学家正是由于防护经验不足，工作条件恶劣，又缺乏强有力的现场保护力量，所以在新中国成立后的 1948 年到 1958 年间工作人员所受剂量之大是难以想象的。他们确实付出了惨重的代价。但这些情况在 1990 年前是严格保密的。

为此，李德平强调说，科学事实的陈述要求完整，不完整的陈述很可能是错误的，误导的甚至是有害的，庆幸的是苏联的慢性放射病仅仅限于长时间受到较大剂量照射的职工，而不涉及公众。

## 科学的魔力

在太原，李德平尽管遇到了各种各样的困难，但他依旧保持着对于科学探索的激情和对于解决实际问题的高度责任感和热情，空腔理论的探索就是后来成为四川大学罗正明教授与李先生合作研究的一个重要课题。

对空腔理论的研究源于 1964 年去湖南某矿联系实际。矿上的同志提到他们应用固体源对测量氡气的电离室进行（电流与剂量的转换）刻度，结果总是不正确，当时作为队长的李文学同志把这个任务交给罗正明，要他找出原因，大约一个星期的时间，发现他们的刻度方法不对，他们应用自由空气电离室的公式而实际情况应该应用空腔电离理论。表面上看，电离室直径 10cm，怎么也与小电离室联系不起来。但他们所用的固体源的次电子在空气中的射程可达 50cm，因而，电离室仍然是"小"的，室壁效应仍然是占统治地位的因素。因此，罗正明改用了空腔电离理论处理这个问题，结果与实验测量符合了。但是直径为 10cm 的电离室毕竟不是小电离室，需要估计电离室空腔的影响，为此，应用了辐射场的扰动理论和电子输运方程的球谐近似来估算空腔对测量的影响。

从该矿回到七所，李先生十分关注这个工作。原来李先生一直在研究空腔原理，因为它是辐射剂量学的基础。在 1964—1966 年间他们多次讨论这个问题。李先生经过仔细阅读罗的扰动理论后，发现整个复杂算法其实可以用一个很简单的概念来概括：因室壁存在而引起的光子次电子能谱的扰动可以归因于分布在空腔中的一个虚电子源（等效电子源）的影响。虚电子源这个概念是李先生发明的。李先生的解释使罗正明感到十分兴奋。因为他们有可能发现了一个新定理，简单、清晰而重要的定理，可能是更高一级研究成果，因此深受鼓舞。然而李德平指出，如果结果只是停留在一个形式解，那最多也就是有此一说。这是一个警句，同时又是一个清醒的评价，要想获得一个具有存留价值的结果，需要将这个初步的结果，发展成精确而可计算的形式，李先生的评价使罗正明理解到一个优秀的空腔理论必须满足三个条件：1. 要阐明新理论与已有的空腔理论之间的关系，特别是与著名的 Spencer-Attix 斯潘赛尔·阿迪克斯）理论关系；2. 虚源的公式不能只是一个形式解，它必须是可计算的，而且新理论的精确度应高于已有的空腔理论；3. 整个理论应该超越 CSDA（连续慢化）近似，必须建立在考虑电子级联碰撞的电子输运理论上。但是，当时国际上并没有这样的输运方程，一切都得自己从头做起。由于有了一个明确的目标，它鼓舞着罗正明和他的团队将已开始的工作坚持下去。

## 成就快乐

正当李德平的研究工作处于高潮时，"文化大革命"来了，被打成"反动学术权威"的李德平，有一段时间被限制行动并不准他和其他人交流学术心得，但他还是不放弃研究，他一个人在实验室里闭门不出。有一天晚

1955 年，科学院近代物理研究所科研攻关小组成员（站立右二为戴传曾、右三为唐孝威、右四为李德平、右六为王淦昌、右七为陈遥伫、右八为胡仁宇、左一为卢竹轩）

上，罗正明在走廊里遇到他，于是就鼓起勇气请他到实验室请教一些问题，罗正明请教的问题比较多，他都非常清晰地一一作答。他还指出，有些是基础知识欠缺，要在某些方面补补课，他也告诉大家说他也在设法看一些新资料，大家很兴奋，完全忘记了时间和当时的处境，直到先生夫人王怀珍来找，才意识到已是次日凌晨了。

当时罗正明的空腔理论研究正处于攻坚期，于是每隔一段时间，罗正明就去拜访李先生，与他交流研究成果与聆听他的意见。到 1968 年年初，所内已成"半无政府"状态。于是罗借出差机会，待在 401 所（中国原子能科学院的前身）将近一年时间，继续探索和构思新空腔理论。401 所有丰富的图书资料，而又处于两不管的自由状态的罗正明，算得上是能静下心地研究环境。经过长时间的思考、推导、发现问题、再思考的反复过程，终于回答了李先生曾先后提出的问题，包括：首次提出了含电子输运的新电子输运方程；导出了可以实际计算的精确的虚电子源公式。清晰地阐明了新理论与 Spencer-Attix 等已有理论的关系；有力地论证了新理论可以取得比 Spencer-Attix 理论和 Burlin（波林）理论更好的结果。这些进程和结果是与李先生不断切磋中取得的。当听到罗正明报告研究结果时，李德平既兴奋又激动，两人都沉浸在快乐中。特别是取得虚源公式的经历，从非常一般的前提中逐步导出能准确刻画空腔影响的虚源公式。

这个结果是在 1968 年研究了 Bethe（波特）阻止理论之后恍然大悟的。罗正明后来谈到当时师徒俩的发现时，他说当时的感觉仿佛是不可思议，像做梦似的，就像王国维先生说"众里寻他千百度，蓦然回首，那人却在灯火阑珊处"。

## "肝炎策反团"

在"文化大革命"中经历的另外一些事，可能带给李德平更多的思考，这就是当年核工业 404 厂发生的"肝炎策反团"。事情发生在 1969 年，肝炎策反团由当时患了肝炎的职工组织起来，这个组织不分派别，主要是肝炎患者。闹得很凶（情绪激动），他们认为之所以得了肝炎是因为工作中接触了放射性的原因。

早在 404 厂建厂前和基建中，防护专家李德平就和当时的卫生部副部长钱信忠等人多次到厂检查和督促防护工作，特别是对一些必要的防护设备配备和防护措施的落实进行了认真的指导，限于当时部分人防护意识的淡薄和生产生活条件的落后，也的确发生过因放射性物质伤人的事件，但都是在可控范围内，经过医学专家的精心治疗都已全部治愈。需要强调的是，多年来，我国因对放射性物质处置不当或因无知愚昧造成至伤至死的人数屈指可数，从核工业创业初期，我国就有严格的防护措施和标准，包括核工业之内的所有的放射性物质都在可控范围内。为了更好地保障工作人员和周边居民的健康，404厂建厂之初就成立了安防处，全面负责安全防护工作。厂里职工医院也有职业病防治科，每年都要对职工进行体检和健康调查。而肝炎策反团中的患者，经过职工医院的检查，发现他们的肝炎主要是接触性传染，根据体检报告显示，肝炎患者主要是一部分承担基建任务的青年职工，尤其单身职工得病的比例较高，这部分人群的工作也根本就不可能近距离接触到放射性物质，原因是他们住集体宿舍吃食堂，卫生条件比较差，所以患者中以年轻人为多，通过仔细检查和分析原因，属于接触性传染。404厂安放处认定肝炎与放射性没有直接关系。由于很多人情绪激动，一时难以接受。正是由于群众组织提出的问题，二机部（核工业部）领导非常重视，就分别派了防护专家李德平和医学专家孙世则到404厂调查了解情况并负责安抚和解释工作。李德平详细查看了安放处所测量的关于辐射照射的相关数据，包括测量的方法是否正确等因素，面对群众组织的激烈态度，随时有被揪斗和戴上"高帽子"的危险，但他还是顶住压力，以科学为依据，实事求是地耐心向大家解释，并坚持职工医院和安放处得出的结论，引起肝炎的原因至少当前不是因为工作中受到了辐射照射而患的放射性慢性病，而是接触性传染。最后由军事医学科学院负责，将肝炎患者接到北京——治愈才解决了问题，平息了事态。

正是由于有了直接与生产和现场处理事故的经历，一向做事严谨、注重实践和解决实际问题的李德平，开始深度关注 404 厂的防护工作。在厂方负责同志的帮助下，他对该厂的科研计划、实施步骤以及取得的成果认真研究和探讨，他还积极为该厂进行辅导和培训有关辐射防护方面人才。同时他也积极参与并指导该厂在辐射防护方面的科研工作，帮助厂方解答了很多实际问题。在此过程中，李德平对该厂负责安防工作的同志能处乱不惊，即使在派系斗争最激烈的时候仍能坚守工作岗位，不人云亦云，坚持科学论证，坚守科学工作者的良知，而且在一片质疑声中和巨大压力面前，持续保持钻研新技术发展的高昂热情感到由衷的欣慰，也因此与厂里负责生产一线安防工作的同志结下了深厚的情谊，他们的师徒情谊一直延续至今。

## 指引方向鼎力"制造"

1972 年春，经过两年多湖北"五七干校"生活磨练的七所干部职工，终于回到了太原。虽然回到了太原，但工作并未走上正轨，科研几乎处于完全停滞状态。特别是 1965 年从各个大学毕业来到七所工作的那一批学子，正当年富力强，但从校门出来还从未涉足科研，大家都担心一个问题，这样下去学业荒废了，人也是要变老的，怎么办？他们中很多人还是单身，开饭时间未到，就拿着碗筷拥到食堂。晚饭后，又都聚集在单身宿舍，探听北京来的小道消息，常常十多个人挤到一间屋子七嘴八舌地谈论着，有的人则闷头抽烟，一声不吭。但都在考虑一个问题：中国向何处去？核工业会不会下马？七所会不会解散？当他们获悉，核工业要搞，核工业需要辐射防护，他们的心才稍稍安定下来。

辐射防护到底要搞什么？对于这些大学毕业 7 年来还未涉足科研的人来说确实感到迷茫。这时 1962 年从清华毕业的陈明焌同志已经默默地进行了调研，看准仪表校准这个方向。因为陈明焌认定，国家强大一定要搞核，要搞核就离不开辐射防护，辐射防护又离不开各种测量仪器，测量仪器更离不开校准。特别是 X、γ 辐射剂量仪器的校准及他们的能量响应的测量，当时国内尚属空白。要搞这项工作，需改制一台 X 光机用作射线源，再研制一些必要的测量仪器和其他必要的机械装置及附属设备。有大量的机械加工和实验，不仅工作量大，而且有相当的难度。当陈明焌将自己的想法请教老师李德平先生时，立即得到了李先生的鼓励和赞成，他不但详细询问了陈明焌的工作思路，之后又对陈明焌团队的设计方案进行认真的审订，同时对有可能出现的问题都进行一一提示。

于是由陈明焌牵头，加上之前曾在原来用作动物实验的老式苏制 X 射线治疗机上做过一些简单初步尝试实验的刘阳和当时比较年长且具有丰富电子学实践经验的石海容一行三人，在国内进行调研。他们先后到丹东、西安和上海三地的射线设备生产厂家进行摸底调查，了解其生产能力及有无合作意向，最后选定了与上海仪表工业局下属的上海探伤机厂展开合作。工厂在有限的条件下主动挤出一间十平米的房间用于办公，后来又腾出一间 100 多平米的厂房，进行测试和实验。双方合作，共同研制一台 400KV10mA 的工业探伤用 4010 型 X 光机，研制成功后，由七所购买，用于产生"过滤 X 参考辐射源"。合作中，双方发扬了协作精神，使得研制的各项工作得以顺利进行，在短时间内完成了大量的加工。

1974 年后，在所领导和李德平先生的积极支持下，除了陈明焌、石海容、刘阳之外，所里又派出了一批骨干参加这项工作。在研制 400KV 光机的过程中，科研人员坚持精益求精，考虑到了每一个细节。

经过几年的艰苦奋斗，在上海探伤机厂的大力支持下，陈明焌科研团队于 1976 年 6 月基本完成了标准实验室设备的加工及一些仪器的研制和 400KV 的 X 光机的研制，又经过一年多调试安装，终于在 1980 年 10 月正式通过部级鉴定，获得"国内首创填补空白" 8 个字的评价。这套过滤 X 参考辐射的成功研制，不仅为国内有关单位仪表研制提供校准服务及能量响应测量，还为全国性的剂量测量比对提供参考辐射场和公证的剂量数据。这台光机的优良品质使其一直服务到九十年代。

在这套仪器的研制过程中，作为师长的李德平自始至终关注着陈明焌团队的每一个节点的工作，他倾尽全力为研制工作指明方向，在很多关键技术方面及时解疑释惑，常常让一头雾水沉迷其中的人们豁然开朗，而李德平则认为正是年轻人的闯劲让他不论身处何种境地也能保持对于科学探索永远的恒心和毅力，并从中得到快乐。李德平的无私奉献也让学生和同事们深切感恩。正如陈明焌在祝贺老师 80 华诞时，撰文写到的"先生像水，水居下无形，滋养万物，方见一片生机盎然，先生又是一面旗帜，高高飘扬，汇聚着四面八方的目光，指引着方向"。

## 厚积薄发

从 1974 年到 1979 年 5 年间，经过了几年沉寂的李德平先后发表了《受到射程限制时探测器几何因子之计算》《对晶体三极管唧筒电路的分析》，《一个简单的电流——频率变换器》通过对晶体三极管唧筒电路的透彻分析，设计制成了一种简单的线性良好的宽量程电流—

20 世纪 80 年代初，在居里夫人故居（右一为李德平）

频率变换器并使用于热释光测量。为了测量该电路极为稳定的微小频率变化，李德平提出了"尾数模数变换电路"，该电路可以用普通长图记录仪以任意精度记录一个量的微小变化。受这一电路启发而提出的"分段数模变换"应用在胡遵素的"地应力测量仪"并在国际展览会上展出。同时写出的《用滑移脉冲产生器测定多道脉冲分析器微分线性时各道计数之计数统计涨落》，深刻地分析了当时国际上通行的微分线性测量方法的一个漏洞，即由于各道计数存在统计涨落而使实测微分非线性变大的现象，并指出了减少这种干扰的途径。

1977 年，他当选为山西省第五届人民代表，这一年他发表了关于氡子体测量的一系列论文，着眼于在国内推行子体监测以改变早期在矿山防护实践中只测氡而不测子体，因而测量结果不能正确反映对矿工健康影响的状况。李德平在 60 年代就深入研究了氡子体的潜能及其测量方法，阐述了当时对氡子体导致肺癌的认识。他还进一步根据国内测量氡子体 RaC 的 a 效率时常发生的错误，发表《受到射程限制时探测器几何因子之计算》一文，并组织专门研究组，建立了一套考虑 a 粒子效率不同的严密测量方案，提出了必要时可减小系统误差的新方法，较完整地解决了氡测量中的问题。该成果获得了 1977 年全国科学大会奖。在这些工作发表后十余年，全世界由于进一步认识到氡对居民健康危害的重要性而掀起氡的研究热潮时，人们领略到了李德平在科学发展上的独具慧眼和高瞻远瞩。

## 获得国际公认

1984 年我国加入国际原子能机构（IAEA），这一年 11 月底 IAEA 防护专家组（RAPT）对研究院进行考察，当考察组的专家们来到太原的中国辐射防护研究院，简陋的实验室里，看见李德平和同事们正在做的实验，他们惊讶地发现，眼前简陋楼的设备，正在实验的是废水排出进入地下所发生的状况，而这正是辐射防护所要研究的内容之一。

1985 年，李德平正式加入国际放射委员会主委会委员（ICRP），1989 年再次当选为新的一届主委会委员，同年，他作为全国核能标准化技术委员会委员，核环境技术审查委员会副主任委员，学位委员会第二届学科（原子能科学与技术）评议组成员，为我国核电站的安全建设进行把关，李德平应邀参加了 IAEA 顾问组会审查 IAEA 出版物《核电站设计中剂量限制体系之实施》。

李德平（右四）和国际辐射防护委员会成员合影

被选为 ICRP 主委员会委员，更直接地参与了推动国际辐射防护基本原则与概念发展的工作。对于 ICRP26 号报告中防护最优化的一些原理性与规律性问题，李德平根据我国和第三世界国家情况，论证了防护水平固然与一个国家的经济水平有关，但由于没有很大的放宽余地，故不能有很大差异，并据此在委员会内说服其他专家，撤销了按国民经济人均产值计算 a 值资料的附录。

1987 年，作为联合国原子辐射与效应委员会（UNSCEAR）中国代表团成员，1989 年为主代表（我国于 1984 年参加该委员会）。由他担任了 IAEA 合作计划中国辐射防护现代化的主科学家。为此他在国内广泛组织了核电站和一些有关的研究所，拟定了实施计划，在个人剂量管理、放射性物质运输安全评价与管理、核

电站事故应急计划与准备、运行保健物理、辐射防护最
优化等方面积极开展工作。目前在这些方面，我国已经
从无到有进行了广泛的科研工作，建立了相应的机构和
管理程序。

## 关于辐射防护的哲学思考

在多年的实际工作中，李德平对辐射防护的原理和
哲学进行了更多思考，他不厌其烦地反复宣讲近代辐射
防护的一些至关重要的而被人们常常误解的概念，如辐
射防护的目的是"防止那些将会受到而又可以避免和减
轻的照射""个人剂量限值不是安全与否的分界线""监
测的基本目的是验证而不是控制"等。国际辐射防护委
员会在制定基本原则和标准时，遇到很多社会科学问
题，如一个国家愿意或应该用多少资源通过某一途径来
改善健康与安全，是制定标准的重要依据，国外曾有
人主张用人力资本论证法，按人员的劳动价值来确定为
减少伤亡所应该付出的资源在辐射防护中即最后一个人
"希沃特"的代价。李德平则认为，除考虑国家的经济
实力外，这一问题涉及更多社会因素，如果简单按国民
产值来确定，则既会在伦理与实践上遇到困难，也不符
合第三世界实际情况，有的国家（如中国）的医疗力量
及效果（如平均寿命）就显著高于国民产值邻近国家，
他努力说服了西方专家，防止了在国际权威文件中单纯
采用人力资本的论点。

辐射防护的高度综合性与迅速发展，使他的基本内容很难确切界定。为此，李德平先生发表了《辐射防护的全部内容和实践的防护体系》一文提出了精辟的见解，他认为，近代辐射防护的基本内容包括科学基础、基本原则与哲学、基本标准、防护技术、基础结构等，它以基本原则、哲学和基本标准为一端，而以防护手段，即减少照射技术为另一端；其间需要有效的基础结构即国家主管部门和运营单位的职责、职权划分、法令、法规体系以及监督、管理制度等，以推动合理地应用防护手段达到基本标准，而所有上述环节都建立在一个多学科的不断发展的科学基础上，包括：辐射的生物效应，主要着眼点是对人类的健康效应；恰当地反映健康效应的物理量和单位；测量这些量的原理方法和仪表，在不同工作或环境条件下估算这些量的方法包括放射性物质在人体内的代谢转移规律和污染物在大气、水和生态环境的迁移和弥散规律；防护与减轻照射的方法包括去污与放射性废物处理处置技术；对已受照人员或既已存在的照射进行干预和补救的方法包括事故应急、医疗和核设施退役与厂址恢复技术；辐射防护所涉及的社会、经济、政治与文化因素等，李德平先生的精辟论述对我国辐射防护的发展至今仍然具有重要的指导作用。

## 不囿旧制，组建大气实验组

随着环境科学的不断发展和国际国内环境保护工作

提到重要的议事日程，1977 年 3 月，二机部十七局在下达的《部工作会议对七所今后工作意见》中明确指出："七所今后的科研任务，重点应以三废治理：环境检测仪表，大气扩散，气溶胶净化，剂量防护仪表，放射病的诊治指标与治疗方法等方面的研究为主。"为此，七所根据业务的需求和发展，重建大气扩散和地表水实验组，为未来筹建环境科学研究室做准备。成立大气扩散实验组和研究室，面临的第一个问题就是谁来做这个组和室的带头人？在这之前差不多十年的时间里，许多生产、科研都处于停产、待产和停滞状态，期间，又有两年多时间，七所的全体干部职工都下放到了湖北"五七干校"劳动，而且在十年时间里，七所几乎没有接收到相关专业的毕业生，在新的形势下，科研人才面临青黄不接的窘境，令所领导层深感忧心。此时，担任了多年七所二室副主任的李德平积极支持和赞成由时任技安室负责人的陈竹舟来领头大气室，陈竹舟是 1965 年从清华大学毕业分配到七所工作的，资历尚浅。但在平常的工作中，李德平留意到这位年轻的后辈，并没有因为特殊的环境而放弃自己在科研上的追求和探索，即使在组织涣散的恶劣条件中，他也能严格自律，他和一群有志青年一道依旧保持对于专业研究探寻的激情和活力。李德平积极支持陈竹舟在今天看来这似乎只是小事一桩，但在当时论资排辈、墨守成规的年代，凡事不能越雷池一步，提出这样的建议是需要勇气的。值得欣喜的是当时以王玉章为首的老领导们具有远见卓识，果断拍板，破格启用陈竹舟出任大气扩散研究组负责人。确定了领头人，大气扩散研究组成立后，接下来的首要问题是根据大气扩散实验需要，招兵买马，组织一支合适的研究人才队伍。鉴于实际情况和工作需要，李德平及时提出了科研队伍可由科研人员根据自己个人的志趣和意愿，实行自由、优化组合（当时只是一种做法）的建议。大气科学当时在我国还是一门新兴学科，国内学这个专业的人本来就少，环视本单位更是寥寥无几。只能从物理、化学专业调些人来做骨干。好在这方面过去有些技术积累。早在1967年至1969年，七所有关环境科学研究的机构就在二机部十七局直接领导下，不顾四川等地群众组织武斗烽烟四起，冒着生命危险，克服种种困难与兰州大学、中国原子能研究院合作，在09地区开展了我国首次大气扩散示踪实验与剂量评价。1976年，时任原子能所技安室主任的潘自强和一位有关部门领导在葫芦岛周边地区进行了考察和调研，写出关于开展大气扩散实验的报告并得到批准后，七所一室、二室胡二邦、王景书等十多人参加了以原子能所张永兴科研团队及北京大学陈家宜科研团队共同承担并开展的我国葫芦岛丘陵地区大气扩散实验，首次在国内开展六氟化硫示踪实验，获得成功。参加这次实验的胡二邦、王景书等人后来都是新成立的大气扩散研究组的主要业务骨干。由于所（院）领导的高度重视，各研究室的大力支持，大气扩散研究组很快就又从二室调进许光隆、雷金典、周洪贵、温联中、王守恕等一批骨干，到1978年年底大气组已经发展成 30 多人的规模并且由于实行优化组合，整个研究组人才结构涉及的专业素养都是比较合理和科学的。

七所在创建大气扩散模拟实验室和地表水污染模拟实验室的同时，又成立了地下水污染研究组。1981 年环境生态（陆生态和水生态）研究组也从一室并入技安室。届时，技安室内的大气扩散组、地表水污染研究组、地下水污染研究组和生态研究组共有科技人员 113人。为从技安室分离出来，成立环境科学研究室创造了基本条件。二机部要求大气扩散研究组和地表水污染研究组在 1979 年 3 月底前，必须进入"827 工程"现场开展大气扩散实验和长江水污染稀释能力实验。在一年内不仅要组建起两支队伍，还要准备好实验方案和各种实验条件，工作繁重和紧迫可想而知。审时度势的李德平在所（院）领导层支持下，首倡打破人才一次分配定终身，画地为牢的人事制度常规，冲破习惯势力的束缚，在优化组合的前提下，提出各兄弟研究室尤其是保健物理研究室（当时的二室），在所内第一次实行双向选择，来去自由的政策。大气扩散研究组和地表水污染研究组实行双向选择的政策，在湖北宜昌市水文站、长江水源保护局、宜昌市航政局和宜昌市航道段等地方政府多个单位协助和支持下，为任务的圆满完成，提供了人才和制度。同时，由于张永兴团队和陈家宜团队为七所的环境科学研究提供了大量的技术咨询和实验数据，李德平先生始终强调学习他人长处、强调协作精神，更是为七所环境科学研究的发展奠定了良好的基础。

## 开环评先河

古交工矿区建设是山西能源重化工基地重要组成部分，是我国"六五"重点建设项目，环境影响评价是矿区建设前期主要工作之一，根据山西省政府 1981 年 11 月协调会议精神，由七所承担古交工矿区环境影响评价。当时任技安室负责人李书绅向李德平先生汇报环评大纲时，他一语道破要害，说这个任务困难，不仅在于国内非放领域环评基本尚未开展，无先例可寻，主要的是你们陷入了两个争论（矛盾）之中。第一个是中央部门与省市政府之争，古交矿区位于太原市上风向，水源地上游。中央部门要开矿，省市有些人有顾虑，怕太原市大气和水源地被污染，不同意开，这个争论已持续了几年。因此地方政府要求开矿必须回答对太原市大气和地下水有没有影响，有多大影响？要定量回答，不能定性说明。第二个争论是学术之争，关于太原市蓝村水源地的补给和水利联系问题，不少地质院校和科研院所来此地做过大量勘探和研究工作，结论并不一致。在这么短的时间内，我们怎么办？我们能解决这两个争论吗？他告诉项目负责人只有靠院内外省内外大合作，充分发挥三个优势，才能解决这两个问题。

第一个优势靠院内各研究室大合作，充分发挥本单位多学科的综合技术优势，充分利用 20 年来对核工业企业选址和环评积累的技术力量和能力。古交区地形复杂，可用数据又太少，必须用自己实测数据，要用野外试验和实验室模拟实验两种手段探讨污染物迁移规律。在野外实验中，要几种手段互相印证，数据自洽。野外实验不确定因素很多，做到这一点难度很大，比如，污染气象观测，在李德平为首的专家团队的指导下，采用了铁塔分层测风测温、小球测风和低空探空测温仪测温、系留探空装置测风测温等。再如，测大气扩散系数，利用了铁塔双向风标、六氟化硫和1211（二氟氯溴甲烷）双元示踪实验、烟雾照相和等容气球四种方法。第二靠省内大合作，充分发挥省内气象、水利、地质等部门的研究院所、高等学校和队站的技术优势，充分消化吸收已经取得的成果，利用他们的技术力量开展相关工作。古交气象站，山西煤田勘探公司229队、山西省水文地质一队、水文常观站等单位做了大量工作，还有70多个单位从不同方面给予了支持和协助。第三靠国内大合作完成任务，充分发挥国内技术优势，开展各项实验工作，除认真研究消化各地质院校和研究所已取得的研究成果外，还与其他专业单位进行合作。

由于开展了所内大合作、省内大合作、国内大合作，经过两年的努力，圆满完成了古交工矿区开发环境影响评价任务，得到了国内专家的高度好评。在七所、成都地院、北京大学162名科技人员的共同努力下，在古交气象站、山西省水文一队，清华大学核能所等16

个单位，几十名科技人员直接承担部分任务、太原市气象站等 79 个单位提供资料和方便的条件下，完成了 200 平方公里野外水文地质调查，以及古交区社会、自然状况调查。用半年时间进行了污染源和污染物调查，对煤样、矸石和矿井水做了全分析，写出"古交矿区社会、自然状况报告""古交矿区污染源和污染物调查报告""拟建矿区有关工艺流程污染参数的确定报告""矸石污染参数及矸石治理对策探讨"报告。现状监测：大气在古交矿区布有 11 个监测点，每个点在春夏秋冬各测一次，每次取样 6—7 天，每天取样 4—5 次，每次测 7 个项目（个别点 $SO_2$ 和苯并芘连续监测），写出了《古交区大气环境质量现状评价》，写出了《古交煤矿开发对汾河古交段地面水环境影响评价》报告。

鉴定委员会一致认为："目前提交的《报告书》达到了国内同类研究报告先进水平。SF6 冷冻技术的应用和地下水水质预测模式的建立，在国内均处于领先水平"。

古交环评最大成就是开创了为国内大型能源工程项目进行环评的先河，也为以后的工程项目开展环评提供了经验和重要的参数及相关工作模式。同时也发现了存在的问题，需要不断研究和完善，后来通过国际合作与交流得到了很多经验，促进了新技术的发展，使得我国环评工作进一步科学化、规范化和国际化。而作为主要领导和指导专家的李德平自然为此付出了不懈的努力，作出了应有的贡献。

## 担纲中日合作

1985年3月，日本原子力研究所(以下简称日原研)和日本动力炉与核燃料开发事业团9名专家来核工业部综合考察，双方就中低放废物浅地层处置安全评价方法研究方面开展合作达成了共识。核工业部外事局、安防局、科技局及核燃料局共同决定，由七所（现中辐院）承担与日原研合作。同时要求七所制定具体合作技术方案，并报地方环保部门批准。

通过将近三年时间的艰难谈判，正式签订了中华人民共和国政府和日本政府《和平利用核能协议》、中华人民共和国核工业部和日本原子力研究所《核能和平利用的合作协议》。协议签订后，这时已经从幕后走到前台担任七所所长的李德平担纲中日合作，成为合作的技术顾问专家组总负责人，他首先提出了在技术合作方面总的原则就是，强调第一不是为了利益，而是本身我们就需要做这样一个实验，同时，强调实验后不留后患，能恢复到原样。

国内先后参加合作研究工作的单位就有：中国原子能研究院（两期），成都地质学院（两期）、中国地质大学、地矿部水文地质工程地质研究所、山西省气象科学研究所、长春科技大学、北京交通大学、北京大学、北京师范大学、兰州大学、中国科学院生态环境研究中心和华东地质学院等。

项目所开发的中低放废物浅地层处置评价技术与方

法，模型与程序成果应用推广快。在"国营404厂中放废液和泥浆混合大体积浇注水泥固化体近地表处置环境影响报告书（补充报告）"："广东大亚湾核电站中低放废物浅地层处置场建造前期工作"中等实际应用，取得良好效果。

在11年的合作中，有二百多人先后参加了科学实验研究工作。其中不少人对国内外这方面的研究动态有了比较充分的了解，对近地表废物处置的实验技术和评价方法能比较熟练掌握。在第一期合作中，每年有两名科技人员去日本原子力研究所东海所工作六个月，五年共10人。他们在那里接触了一些先进技术手段。

两期合作期间，七所先后增建了一批实验设施：地下水核素迁移模拟实验室；人工降水现场迁移实验场；包气带水分运移研究实验装置。实验装置由一座负压计竖井和两个中子测管系统组成。超铀核素实验室。野外实验场（含中层）地下研究设施（URF）。1989年日方按协议规定为七所的科研提供了六套大型设备。

两期合作，日方共向我方投入科研经费10.01亿日元。这些经费为七所圆满完成合作研究计划，支持体制改革，二次创业和缓解减拨事业费压力等都起到了重要作用；两期合作达到了核工业集团安防局关于合作要达到"技术上有益，经济上有利"的要求和目的。但李德平一直强调核安全是全世界共同的事情，所以在世界范围内的核科学家特别是安全方面的技术，大家都乐意也应该分享经验，因为都不愿意对方出事。任何一方出事都会最终影响核事业的可持续发展，所以在国际合作中应该更重视它的公益性。

2001年10月，国家环保总局解振华局长在中日合作第二期"超铀核素近地表迁移行为及其处置安全评价方法学研究"的最终研究报告的序中指出"'放射废物怎么处置？处置的安全性如何'是世界各国关注的问题，也是核技术应用，核能发展两大障碍之一。中日两国都面临如何把放射性废物处理和处置好的重大课题，如何确保废物处置的安全性问题。"本研究项目，中日两国合作达11年之久，开展内容广泛的研究工作，取得了丰硕的科研成果，是成功的范例之一。

中日合作的丰硕成果令国人欣喜，虽然后期工作李德平已经离开，但他在最初科研布局的前瞻性以及在对待外事工作的纪律和原则制定上，特别是他为培养中日合作的领导团队所付出的努力，使得这支科研领导团队一直保持着高昂的工作激情以及在科研上精益求精的工作作风，为高质量地完成任务奠定了坚实的基础，为他的人生写上了浓墨重彩的一笔。


## 在对外开放的大舞台上绽放光彩

中日合作成功也得到了国际原子能机构的高度肯定，同时，在李德平所（院）长的领导下，这个时期七所的国际学术交流与合作特别活跃，也大大提高了七所在国际学术界的影响和地位，增强了我国在国际上的话语权。

1980 年 10 月，七所正式对外开放，从无到有，从小到大，由单一的人员往来交流发展到多方位、多层次的中外技术合作。1980 年 10 月，七所首次接待了由戴传曾（曾任原子能所长）出面邀请的美国纽约大学辐射环保专家艾森伯德来访。1984 年 11 月，IAEA（国际原子能机构）官员 Strohal 带队由 4 位专家（包括 ICRP 时任主席 Lindell 和 Benision）组成的考察组，来到七所考察，李德平先生亲自接待，安排了 40 多个参观点。此次参观比较全面地展示了七所在辐射防护方面的科研成就，而且与五大国际机构——国际原子能机构（IAEA）、国际辐射防护委员会（ICRP）、联合国原子辐射效应委员会（UNSCEAR）、世界卫生组织（WHO）、国际标准化组织（ISO）均建立了密切联系，实现了多项技术合作。从 1985 年起，七所参加了 WHO 国际放射性参考中心组织的样品分析比对活动。参加 IAEA 分析质量控制处组织的样品测量活动 17 次，测量 10 多种样品，20 多种核素。

1986 年，由李德平和潘自强作为项目负责人，首次承担 IAEA 技术救援项目——核燃料循环中的辐射防护现代化，以后又有多个研究项目，如"中低放废物处置技术开发研究""辐射防护最优化"等。

1988 年，七所正式更名为中国辐射防护研究院。李德平在 1985 年到 1997 年间连续担任三届 ICRP 主委员会委员。期间，由中国辐射防护研究院翻译的 ICRP

建议书的中文出版物有 10 多个，李德平先生作为国家代表还曾多次参加 UNSCEAR 会议。他还从 1988 年起，多次参加 IAEA-RCA 组织的热释光个人剂量监测比对活动等。这一时期的七所分别与美、日、德、法、俄等四十多个国家和地区开展学术交流与技术合作。1989年，美国人民代表团 55 人来到已经更名为中国辐射防护研究院的七所访问，李德平先生亲自主持座谈会，陪同参观各研究室，帮助讲解人员回答各种问题。此时，得益于改革开放的中国辐射防护研究院盛况空前，形成了国际合作的多元化格局，成为中国核工业系统重要的对外交流窗口之一。

## 国家荣誉至上

李德平先生考虑处理问题总是从国家荣誉、全国一盘棋的大局出发。当他发现联合国原子辐射效应科学委员会（UNSCEAR）在报告中，由我国有关部门提交的放射性本底数据存在问题。他开始做了大量的技术储备后，积极推动我国刚刚成立不久的环保部门，在全国开展放射性本底调查。在我国的科研体制尚未健全完善的时候，他要求在申报国际机构的科研项目时，必须有完成 60%—70%的工作基础，留有充分的攻坚克难时间，保障能按时保质保量地完成任务。不要因对疑难问题事先估计不足，应对预案不细，到时完不成任务，影响国家的信誉和形象。他这一实践也间接地推动了科研体制改革时有必要考虑科研预研经费保障的要求。

在外事工作中，他要求遵循的原则就是不能承诺自己权限以外的工作，即不要越权承诺。而在执行国家任务时，他从不打一丝一毫的折扣，天津4号机退役任务下达初期，研究室某些领导有为难情绪，一怕靠退役金属回收利用入不敷出，给单位造成经济负担，二怕技术储备有漏项，不能按时完成任务。李德平当时强调"这是国家交给我们的任务，不要算小账，要算国家大账，"他鼓励研究室有关领导不要怕困难，要发挥多学科的技术优势。为强化组织协调工作，他亲自出面请常务副所长秦苏云挂帅总项目负责人，规划方案，分解任务，协调进度；由科研处长李书绅具体组织实施；各研究室和有关部门按总进度要求制定了实施细则。经过两年多的奋战，在国家和有关省市领导机关的大力支持下，圆满完成了我国第一个核设施退役任务。

在涉外问题上，李德平先生深知外事无小事的道

国际原子能机构（IAEA）核安全咨询顾问组全体成员（维也纳，1992），后排右一为李德平

理，在同国外学术交流和技术合作时，他都要上报方
案，请示主管部门和外事部门，并要求外办深入了解要
办事情的中外背景、指导思想和原则要求，他反对自作
主张。他经常提醒办事机关，我们是基层单位，不掌握
全局，不充分了解国外情况，按国内办事的思维方法搞
外事，很容易出问题。因此无论接待外宾还是涉外科技
合作，他都不辞劳苦，认真进行准备，反复推敲技术方
案，遇到问题就及时请示上级。他对外事工作的原则要
求是需要谨慎，避免出"洋相"，特别要注意敏感的问
题，还有容易被误解和可能被有意误解的问题。

## 自行车的启示

在坚持勤俭办科研上，他总是自己身体力行，也要
求科技人员切实这么做，他经常鼓励人们要用三流的设
备，做出一流的科研成果。他特别欣赏当时技安室的做
法，为完成古交矿区环境评价任务，利用器材处一座废
旧仓库，用水泥砌成沙（土）槽，进行污水净化实验，
取得大量实验成果，为建立数学模型奠定了基础。他多
次夸奖这个实验室，还经常带领来访外国学者去参观。
李德平先生一贯主张用现有条件学习新知识，掌握新技
术，培养新本领。他反对不管自己懂不懂，不管用多用
少，听说什么设备先进就买什么，买后造成大材小用，
甚至闲置不用，给国家造成浪费。他经常用某单位学骑
自行车的故事警示大家。说有三个人学骑自行车，一个

人先买辆新车，用新车学骑车，因刚学骑车不得要领，连跌倒再摔磕，很快新车就变成旧车，甚至成破车了，但是还没学会；一个人用新车练习，虽然学会了，但新车已很快变旧车；而另一个人找了辆旧车练骑车，学会骑车后再买新车，人会骑车了，车还是新的。

李德平先生对大型科研设施建设更是慎重，除要求要详细调研外，还主张分步实施，积累数据，不断改进。他反对在缺乏实践的情况下一步到位。比如环境风洞建设，他要求先调入从事过风洞工作的专业人才，再摸清国内外环境风洞运行存在的问题，可以先到国内的风洞做些实验，再回来自己进行风洞设计。当时国内仅有的三个环境风洞，根据这个精神，七所先建了一个实验段为 $2m \times 1.6m \times 24m$ 的环境风洞。由于吸收了国内外的环境风洞实验室的经验教训，这个风洞的性能还是比较好的，为核工业系统、国内其他行业和地区做了大量大气污染扩散模拟实验，取得了丰硕的科研成果。

## 保持个性

担任所长的李德平依旧保持自己的个性，并不在所长办公室坐着，而是只摆了一张桌子。日常的管理工作在前、后期则分别请秦苏云常务副所长和李书绅常务副所（院）长处理，自己却常年在实验室里，仿佛只有实验室才是他自由的天地，他可以在那里尽情发挥。而对待需要交代工作的下属，他一般只提出各种可能发生的状况或相关需要考虑的因素，让负责工作的同志自己根据实际情况适时作出判断和决策，而不是直接下达命令。他不下指示，并不等于他袖手旁观，而是会不断地跟踪和关注事态的进展，及时提醒可能出现的复杂问题，不断优化执行方案，直到任务圆满完成。

李德平较早就开始关注和学习原子能与气象学方面的知识，在推荐当时的技安室主任陈竹舟承担大气实验室的工作后，李德平更是一头扎进对于气象学与原子能的研究中，在此之前，李德平就将由原子能科学院张永兴研究员等人翻译的美国 D.H. 斯莱德的著作《气象学与原子能》一书研究得彻彻底底，他往往从细小的问题中看出大问题，对科研中出现的问题进行适时的指导。比如在测量大气扩散规律的试验中，采用烟雾照相法是国际上已经成熟的做法，但李德平却从中发现一个关键问题就是不能用广角镜头进行照相，这样产生的厚度和角度都会出现错觉，会得出不正确的数据进而影响整个研究的效果。因此他提醒相关工作人员看书时不要忘了还要认真细心看清书中的图片，李德平对于细小事物的发现和对工作方式的不断改进正是他源源不断的创新思维的最好体现。

## 智慧之光　蜡烛精神

从进入辐射防护科研领域之初，李德平就注意设立核工业真正需要的课题和挑选一批勤奋踏实有能力的人员担任研究组或课题负责人，让他们挑重担，并对他们的工作给予深入细致的指导。他经常与科技人员讨论问题直到深夜而不倦，经常把科技人员提出的问题放在心上，经过反复琢磨然后给出精辟而又富于创见的解答，他的思想常充满创造的火花，而他又从不吝惜用火花去点燃别人的智慧之火；所内许多重要科技成果都是在他的启发下做出来的，他指导从事放射性活度绝对测量的同志用化学方法把强活性（毫居里级）的钴 –60 源化整为零以弱活性（微居里级）的测量方法去标定，从而大大提高精度。他亲自带领氡及其子体测量工作的同志完成了对由 Rac 衰变率计算氡子体 a 潜能方法及其快速测量的研究任务。

为了更广泛地培养人才，李德平十分重视学术期刊工作，作为《辐射防护》的主编，虽然刊物稿件在送审前都做了反复修改和编辑加工，但他仍然一丝不苟地逐篇审阅，对每一期稿件都要写出二三十页意见。他把修改稿件看成是有益于读者的重要工作。凡有一得之见的稿件，即使表达不好，他也要出主意帮助作者反复修改，甚至亲自推导公式重新计算直到达到质量要求为止，他这种热情常令作者感动不已。除刊物外即使是一般征求意见的文章，他也毫不马虎。一次某单位一篇有关脉冲反应堆的立项报告，由于原作者在计算中采用点堆模式，没有考虑堆芯通量的不均匀性引起的反应性变化，因而其分析是不充分的。为此，李德平亲自在计算机上计算，写出了长约5000字的意见反馈给作者。

《辐射防护》杂志从1998年正式发行出版到第170期约2000篇文章，总计约2000万字。其中，李德平主编终审约115期，1000篇文章，1200万字，所写终审意见约1500页，70万字。李德平常说为杂志审改稿件就是指导科研，他正是这样实践的。

在西大亚湾海水中3H浓度与大亚湾核电站3H排放的相关分析一文中，李先生对其几乎全部数据进行了复核计算，提出了很多具体帮助修改的意见，其中最重要的一条是：需补充全部采样时间的采样前第2次排放的排放量、排放日期和时间（海水中浓度与最接近采样时间的前几次的排放量及其与采样时间的间隔有关）。原则上所有采样点的这一修正量的大小均应列出，然而根据一定的定量准则，如：对采样时的贡献超过测量浓度的±5%，均作修正，小于此相对量时，不予修正，但是各采样时间相应的采样前第二次排放数据必须均补充列入表3中。表2中序号为2、4、12、15、16者，均是残差较大的点，按原来的原则，若其前第2次排放量大、时间间隔短，均要考虑修正，全部列出前第2次排放的数据，就可以合理确定修正而不具随意性。作者接到意见，很快就按此处理了，后来此稿排在杂志第一篇发表。作为《辐射防护》杂志总编，李德平对稿件的终审实际上就是最细致的指导科研。

## 大智慧

从清华大学毕业后，有一段空闲，李德平在清华的系图书馆自学了《数值计算》和关于误差的统计学《观测值的处理》两本课外书籍，这些知识都在后来的科研中得到了应用。这两本书都在清华图书馆里不准拿回家去看，是系里指定的参考书，也告诉学生这些书将来很多都是要用到的，但并不专门开课。多年后，当李德平指导自己学生刘森林进行博士论文的研究时，这两本他大学毕业后利用空闲时间学到的知识终于派上了用场。1996 年刘森林通过了国家博士研究生的入学考试，拜李德平先生门下，学习航空伽玛谱仪测量技术。1996 年 9 月—1998 年 9 月期间，进行主要基础理论学习，包括：射线与物理相互作用高级课程、射线探测器结构及技术、随机模拟方法、伽玛谱仪基础理论等。1998 年 10 月，李德平先生为刘森林选定的博士研究生论文题目是核与辐射事故应急航空测量技术研究。李德平选定的这个题目的目标非常明确，首先是快速机动测量技术，是当时国家之急需：第一，可以快速、大范围寻找失控放射源，以及划定污染区域及定位污染热点；第二，在航空测量技术方面，过去核工业的航空测量，主要是针对天然核素的测量用于发现铀资源或天然辐射异常带，因此，其所有技术只是针对天然核素进行的刻度，没有解决或没有考虑人工核素的测量技术问题。刘森林的论文题目重点就是解决航空测量技术中人工核素的刻度，以及定量问题。

另一方面就是蒙特卡罗随机模拟技术，用于模拟探测器响应，为所谓的"无源"刻度提供一个理论计算手段，但是其中许多技术环节，以及探测器准确的几何参数在当时几乎没有得到应有的认识和重视。刘森林论文的第二技术点，就是针对单项探测器开展实验研究，以验证理论计算与实验之间的差异及其原因。对此李先生特别严格要求，刘森林也做了不同形状探测器及其电子线路影响的分析计算，包括对某些细微差异的琢磨以及与同行专家的讨论。

论文开题后，导师指导团队有：李德平院士，张永兴研究员，胡遵素研究员，顾仁康研究员。论文研究工作的主要内容包括两个方面：第一，全面调研国内外航空测量技术的现状与取得的主要成果；深入调查伽玛谱仪系统刻度方法的理论与实验研究工作。第二，验证所采用蒙特卡罗程序 –MCNP4A 的可靠性，并开展基准问题的实际应用。

在导师们的精心指导下，研究得出如下主要结论：第一，航空伽玛谱仪监测技术具有灵活、机动、快速实施大范围寻测的显著优点。据不完全统计，目前大多数欧洲国家，美洲的美国、加拿大，亚洲的中国、中国香港特别行政区和日本等国都建立了自己的航空伽玛谱仪系统。近年来，尤其是苏联切尔诺贝利事故以来，航空伽玛谱测量技术在核与辐射事故应急监测中得到了广泛应用，并发挥了重要的作用。航空伽玛谱仪技术在核事故中后监测，以及寻找失控辐射源和航天卫星残骸、核设施运行环境监测、早期核试验基地污染水平调查、勘查天然气和石油油田等方面已经得到了广泛的实际应用；在核事故早期烟羽监测中也有实际的应用事例。因而该技术是一项具有重要实用价值的高科技。第二，航空伽玛谱仪系统刻度与数据分析方法也有了新的进展。蒙特卡罗方法与技术将是最终解决航空伽玛谱仪应用于核事故早期监测效率刻度的主要手段，目前该技术完全可以处理核事故中后期地面沉积物监测的刻度问题。但是针对核事故早期监测的模拟技术目前还不成熟，需要进一步研究与其他有关处理飞行几何的理论、方法结合。第三，作者及其课题研究组在国内第一次采用实验测量得到了国内现有的航空检测系统采用的方箱式 Na（Tl）晶体效率的角响应，单箱晶体各个方向的响应变化约在 10 倍左右，是非常明显的；在该系统全配置状态下，采用蒙特卡罗方法计算得到该系统的地面无限大平面均匀污染 137Cs 的响应系数在 $(1.6—1.8)\times10^{-2}cps/(Bqm^{-2})$。第四，针对中国核工业航测遥感中心现有的 MCA-2 谱仪航空检测系统，研究了在该系统全配置状态下，在假定的飞行条件和飞行方案时，可以发现的失控辐射源的最小活度是 1.1mCi（137Cs）0.6mCi（60Co）。在实验室准确分析与测量了该系统于 2001 年 3 月 8 日试验性飞行中意外发现的一个 152Eu 污染热点的准确活度为 70.4mCi，航空测量分析结果为 51.5mCi。二者在 30% 以内符合。同时，推荐了一套寻找失控辐射源的建议实施方案。第五，作者探讨了应急航空辐射剂量测量推算事故释放量的原理和一种新的计算的数值积分方法，以及一种实施方案。同时，对航空伽玛谱仪进行早期核素鉴别需要装备的配置设想提出了一些初步建议。

在整个研究过程中，由于李德平要求严格，刘森林不敢轻易给李先生汇报。因为，在读博士之前，刘森林一直以从事理论计算为主，于是在这几年里恶补了不少探测技术方面的知识和见识以及动手能力。为此，这个博士比别人多读了两年多才被准许进行论文答辩。特别有意义的是论文工作最后验收环节，专门组织了一次在原子能院工作试验验证飞行，还颇有收获和发现：测到了原子能院 101 堆后期运行期间释放的放射性核素氩 –41 正常排放形成的烟羽轮廓，并得到了相对分布图。航空测量和实验室理论分析结果表明：在航空测量空中定位和活度定量测量方面都取得了较好结果。

李德平正是利用了《数值计算》和关于误差的统计学《观测值的处理》上面的知识，对刘森林的研究进行了适时指导，也让刘森林学习到了许多思考问题、解决问题、提出问题的方法；特别是李德平让学生明白了航空伽玛谱仪地面有限面源刻度与勒让德尔节点积分的关系，这也是刘森林第一次理解到数学问题与实际问题是如何联系起来，刘森林坦言有一种大彻大悟的快感，原来大智慧家就是这样把抽象的数学理论应用到了具体的物理问题。

## 任核安全专家委员副主席

20世纪80年代初，我国核电事业开始起步，按国际惯例对核电站应分段审批其环境影响报告书。环境影响报告书涉及自然科学和社会科学各类问题，涵盖许多专业；对其审评并不容易，需要有多学科的专家参与。在对环境影响报告书的审评中，由李德平担任核环境专家委员会副主席，他领导专家委员会一直努力工作，认真审查。在环境影响报告书的审评时发现报告书中存在若干问题，甚至错误。国外编制也不例外。在专家委员会的审评工作中，他以科学家的严谨认真和高度负责任的态度，指出环境影响报告书中一些描述不确切的地方，尽管对有些问题甚至要花费相当多的口舌，专家委员会的工作除了对核设施环境影响报告书进行技术审查之外，专家委员会的结构也便于作辐射环境管理的技术咨询。

在评审中，坚持大型企业废水的槽式排放要求。针对当时管理"九龙治水"的局面，提出环保局在群堆管理中应该强调统一管理的观点，也是核环境专家委员会提出的建议。建议虽然受到当时技术水平和客观条件的限制，但也推动了相应的改进。受到管理体制的干扰，以前在大型设备环评中未进行同位素专项审评，因为同位素生产中可能进入环境的放射性物质的量还是很大的。而在不同操作工艺与管理水平下，产品回收率伴随着放射性物料的产生及去向，放射性废物的处理处置水平都有很大差异，所以李德平也建议应该开展专项审查，而且很有必要。甚至还需要有一种机制，对新开展的任务项进行审管。

在他卸任核环境专家委员会副主席时，本着向前和发展的眼光来看，他也提出自己的建议，认为环境保护领域很宽，对核与辐射设施或项目，虽然人们关心的问题是核或放射性问题，但对非放射性问题不能掉以轻心。由于严格管理核电站这样大型核设施，在正常运行时，经气液流出物对公众产生的辐射剂量已经很小了。相比之下，对一些非放射性影响，热污染、生态问题，关注不够，研究不够。对于热污染，核电站三分之二的核能以热的形式进入环境。其中大部分通过冷却水进入海洋，使局部海水温度升高。在国外，为减少热排放产生的生态影响采取一些工程措施。我国的海水水质标准关于水温控制条款已在向国际标准靠拢。这就要求我们要加强对海洋生态的研究。而不能只靠改变海洋功能区的办法来适应新标准。在非放射性领域还有许多事需要我们关注，比如，社会上不断宣传锂电池的污染，在核电站使用许多硼和锂，对这些废物是如何管理的，也应该要在环评报告中说明一下。

改革开放以来，核工业在主要工艺上有相当大的进展，但仍然存在相对薄弱的环节，而在配套技术上恐怕缺陷更多。需要主管部门对此有清醒的认识和安排（包括相应的科研）。从另一方面看，在当前的工作习惯上也缺少激励技术人员在配套技术上下功夫的机制，必须认真严肃对待。在今后，希望更多地关注一下以往工作中的薄弱环节，多关心生态问题、公众介入问题与非放射性领域的衔接问题，他的这些观点和建议，在今天仍然具有现实的指导意义。

## 关于切尔诺贝利事故的反省

1986 年 4 月 21 日，位于苏联的切尔诺贝利核电站发生了严重的事故，由于事故的严重后果，从 1986 年到 1996 年，国际上召开了不少会议，评估切尔诺贝利事故的后果。最具权威性的是 1996 年 4 月在维也纳由国际原子能机构、世界卫生组织和欧洲委员会联合举办的"国际切尔诺贝利事故 10 年大会"。大会目的是总结切尔诺贝利事故 10 年来对社会、健康和环境造成的后果。尽管国际机构对切尔诺贝利事件有了权威的结论，但它产生的严重后果却持续发酵，人们对于核恐怖的心理却越来越重。

作为一个具有国际影响且负责任的辐射防护与核安全专家，他以科学家的严谨和责任感，开始广泛收集与此有关的资料并进行科学的分析。他通过由人口学资料推得的俄罗斯男性青壮年在同期内的死亡率，与应急人员的死亡率比较，及介绍俄罗斯资深防护专家在其著作《切尔诺贝利：神话与真想》的有关评述，阐述了这些死亡数字的真实含义；并结合 5 万名二级残废数据，讨论了其产生的原因更多与苏联社会由于政治改革引起的社会动荡不无关系，认为人民需要基于科学分析的真理和事实，而非臆测或激情。就是很小的附加的紧张引起的危险也是不可饶恕的。引燃受事故影响区域居民的恐惧的人应受到谴责。面对大灾大难，李德平认为他这样做的目的是力求能使切尔诺贝利事故绝后，但其经验可用于较小的核事故与放射学事故。作为一个科学家他更以科学的态度呼吁并警醒需要十分重视有关这次事故的社会及心理效应即大灾大难后群体及个体恢复正常生活有很多心理学和社会学问题。

后来，专业人员感到由于管理过严，放宽某些限值，可以使人相信辐射可以绝对无害，有助于缓解恐核心态。核大国的军工设施的退役或清理费用昂贵，有些实际污染很低的废建材也不得不按放射性废物处理。于是 BSS 也就是国际电离辐射防护委员会出台了辐射安全的基本安全标准中某些豁免条款。为此，李德平适时撰文，表达自己的观点，他针对我国国情，提出了国内实施豁免应注意的一些问题，同时特别强调实施豁免首要考虑的应是持续发展。

建立节约型社会保持持续发展，必然要加强资源的有效利用与材料循环复用，为此，势必加强开发有效的去污手段。原理上不尽力去除表面沾污而把它转化为体污染只是一种稀释法，增加了而后分离的困难。剂量估算所考虑的情景应包括再循环，目前发展中国家现实的再循环可能出现很多复杂情况：要注意免管与其他规定（放废、运输、排放、干预、食物、饲料、肥料、饮用水、玩具医药、建材等）间的衔接与相恰；要注意放射性物质所处物理化学状态对其近期危害影响很大，而对其在环境中的远期危害很可能作用不大，有必要按危害最大的途径考虑。除短半衰期核素外两方面均须考虑；关于对建材废料的管理，也要考虑集体剂量的贡献；严格区分免管和解控；法规的制定要尽力杜绝可钻的漏洞；积极开展对豁免水平的研究。

## 关于辐射防护的有益观点

辐射源是客观存在的，在自然界中有宇宙射线与天然放射性物质的辐射。在 1 秒钟内就有上万个光子打在每个人的身上，有几千个原子在每个人体内衰变。在人们认识辐射以前，早已受到了辐射的作用。在生物进化的过程中，辐射引起突变，被认为是一个重要环节的一部分。至于辐射对于人的严重损害，远在居里夫人发现镭以前（大约在 15 世纪），在欧洲中部厄尔士山（今德国和捷克的边界处）的几处矿区，矿工由于一种"山病"死亡率很高，1879 年才知道主要是肺癌，到 1921 年才与吸入的氡子体的辐射照射联系起来。氡的存在很普遍，不通风的菜窖中氡子体浓度会比合格的矿井还高，所以我国北方居民可能都不知不觉地受过此类照射，好在受照时间不长，而长期有人工作的地窖，一般通风较好，氡子体不会像菜窖那样高。住房内的氡子体浓度，当前也是一个引人注意的问题，因为平均而言，它几乎占据了天然辐射照射剂量的一半，而且住房内，它的浓度很高（甚至有的剂量可比职业性照射的限值还高）。当今人类已经能够提取与浓集天然放射性物质，还能制造大量的各种天然的放射性物质和用X光机、加速器产生各种辐射，从而开辟了利用辐射的广泛领域，但同时也增加了人类受到辐射照射的机会。

正因如此，国际上科研工作者们将受到各种不同来源的照射，按其目的分为：天然存在的辐射源，不是直接为利用辐射而伴有辐射照射的实践，如燃煤电站、磷酸盐岩的利用等；直接为利用辐射的实践，其中有的直接为了受照者的利益而自愿接受的照射，如医疗照射（诊断或治疗）；而有的是并非自愿接受的照射，如核电站排放物对周围公众的辐射照射。既然辐射照射是客观存在，辐射防护科学的首要任务就是要如何根据现有资料、知识和经验，把辐射照射降到合理可达的水平。

在长期的科研实践工作中，李德平根据国际先进的辐射防护科学发展和积累的工作经验，和其他同事一道，结合我国的科研实践和生产发展水平，对如何有效地管理放射源提出了自己的观点和认识，并得到了同行的普遍认可，在国家核安全局的支持和督促下，这些理念都在实际工作中得到了有效运用和执行。

比如按照国际规则要求，各类照射可分别管理，对不同目的、不同可控程度的源，可分别考察、分别管理，各自寻求现实而合理的防护。要着眼于随机效应防护的ICRP（国际放射防护委员会）推荐的限值，不是一个仅由医学结果决定的生物量，它需考虑其他的社会、经济和技术等因素，是 ALARA 原则（As Low As Reasonably Achievable），即放射防护最优化。

按源的可控程度，又大致分为可控源和非可控源（或更确切地称不易控制源，如宇宙射线等多数天然辐射源）。事故导致可控源失控和事故后暂态状况的辐射源（如大面积污染），亦属后者。这些不同目的，不同可控程度的源，可通过不同途径使人受到照射。控制这些照射的办法是管理源、管理人和管住照射途径中的某些环节。

一般而言，控制源或邻近源的环节比较有效易行；但对不易控制源，则要在其他方面想办法，有的如天然辐射源也就不加控制。控制照射首先要求不发生严重的定性效应，即不得超出按定性效应的阈值（阈值又叫临界值，是指一个效应能够产生的最低值或最高值）和安全系数而规定的限值。近代防护水平，已使在绝大多数情况下（除医疗照射的副作用），极少发生严重的定性效应（包括一般的事故性照射）；但是值得注意的是，意外的情况——严重的事故照射还可能发生。所谓事故照射，必然是一种非自主照射，即不知道被照射或者知道了也无法逃避的照射。所谓意外，它在何时何刻发生在何人身上是无法预料到的，而存在这种意外事故的可能却绝大多数不是不可预料的，我们非但要预料到（常常是以惨痛代价换得的），而且是要认真地采取有效的防范措施。近代的辐射防护并不满足于"没有放射病"而要求限制随机效应的发生率，并事实上已把它作为主要的着眼点。为此，传统的"保证绝对无害"——阈值加安全系数的办法已不再适用，这就要求用一些更新的观点和方法，来考虑如何合理地控制和减少辐射危害。

在远低于定性效应阈值的情况下，现实而合理的控制照射的办法是先把容易做到的先做到；正像为了得到一定营养，可以先购买价廉物美的食品而不必把市场上所有食品每种都买一样一份。例如体内 40 K 所致的年有效剂量当量大致为 180usv，而对核电站附近公众成员的年有效剂量当量限值不到 250usv；我们限制后者，但不打算用同位素分离器把天然钾中的 40K 都分离出来制成无 40k 食用钾，或者宁可出现缺钾症状也不吃含钾食品。又如对可控的伴有辐射照射的实践，要求对周围居民的年有效剂量当量不得超过 1msv，就是要最大限度地保证核电站周围居民的健康。

对于医疗照射，由于对患者有利，所以甚至超过定性效应的阈值也是合理的。例如肿瘤放疗，除副作用反应外，也增加了一些再发生癌的概率，但治疗当前肿瘤是首要的，所以不能为减少照射而放弃它可以带来的治疗上的利益。这就形成了工业毫仑医用仑的抱怨。当然在医用中也要防止误用、滥用辐射照射及由于责任性和技术差而使病人受到任何不必要的照射。

只要在防护关心的范围内（天然本底到限值内），有害效应大致随剂量线性地增加，或者我们决定各种来源应分摊最后造成的总危害，而不是要求"压死骆驼的最后一根稻草"负全部责任的话，那就可以对不同源，对每一项实践，分别考察分别管理，各自寻求有效的现实而合理的防护，而不必犹豫发现合同医院放射科的诊断剂量太大或出差飞行次数太多而要紧缩对实验室中照射的限制。

李德平还与国际社会有关组织和机构及权威专家达成普遍共识，那就是辐射防护要考虑的是合理地选择防护水平，合理系指对整个社会而言，在整体利害权衡中最有利的方案，属于最为合理的。对于整体最优化，只与平均照射水平有关，为防止把危险集中到少数个人身上，还需要有保护个人的限值。这主要是用在剂量分布的高端人或工种。按前述原理，这个限值是对可控源而言，不包括医疗照射、天然照射和事故照射。

对于职业性照射来讲，既然一些较为危险的职业仍然有人干，就表示在一个可以接受的危险水平（当然要结合报酬和补偿来考虑）。如果经过有效控制的辐射照射加上该职业的"常规危险"（在于放射性有关的工作中应该做到很小），并不达到已经熟悉的较为危险行业水平，则表示它大概是可以接受的。

为了做到切实有效地防护，李德平积极推行国际上先进的理念和经验做法，首先要对辐射源及伴有辐射照射的实践实施有效管理，国家必须设有审管部门，在我国主要就是国家核安全局。要使辐射源在任何时间都处于负责人的有效管理和保护下，对任何不正常情况都被觉察并及时采取有效对策，必须实施由授权的审管单位所设立的执照登记申报制度。

由于天然放射性到处存在，人造放射性也会通过种种途径进入环境，所以不能规定放射性为零，而总要规定一个起点。在这个起点上，除了豁免项目以外，一概要接受这个制度管理。所以不是任一公民或单位均有权持有或使用放射性物质或产生辐射的装置，而要有国家核安全局的许可；同时，当其使用能力受到怀疑时（如出了事故）首先要撤销其执照或资格，查明情况后再决定是否恢复。

国际上的经验表明，在缺少有效管理的情况下不大的辐射源可以造成大规模的危害。人类本来就要在实际中不断总结经验，使自己变得更聪敏，辐射防护更是如此。主管部门有责任深究事故，推动对事故作认真总结，传播和推广防止事故发生和处理事故的经验，并用之改进和充实自己的管理细则。最担心的是满足于形式上的建立执照申报制度，而未能从它是技术管理体系的本质上去认识、完善和认真地实施它。

所以李德平和同事们始终认为，辐射防护的目标是使人类免受辐射危害。因此，真正有效的防护应该使我们得到对人体危害的资料，特别是有统计意义的直接资料。辐射防护过去不是，现在和将来一段时间也不会是在辐射对人的效应完全（或基本）搞清楚上进行的。所以，辐射对人的效应究竟如何？剂量效应关系是直线还是曲线？有阈还是无阈等，固然是重要的，但也是难以彻底解决的。辐射防护中首要任务是如何根据现有的资料、知识和经验，把有正当理由的辐射照射降到合理可达的水平；特别是要把可能酿成严重后果的漏洞先堵起来，把不花很大代价和力气就能有效降低剂量的事先做起来，把影响较广、明显的非正当性照射先限制住。要真正做到这些，必须十分重视国际、国内同行的信息、经验和建议；尤其是来自一些权威组织如国际放射防护委员会（ICRP）和联合国原子辐射影响科学委员会（UNSCEAR）的。因为，无论是辐射防护中为防患于未然的最有价值的经验和知识，还是辐射对人的效应的直接资料，大多来自人类的疏忽、无知或错误而做的蠢事，是付出了惨重代价而换得的人类的共同财富。从这个意义上，李德平一直强调辐射防护比其他行业更不能闭关自守。

事实上，辐射事故的发生总是通过一系列的过程发展而来，通常在发展的每一环节中都有可能被制止、减轻或改变所造成的危害。核工业的辐射安全主要靠的是冗余性，即多重保险来保证。这个原则在设计上叫单故障准则，设备可能发生故障，人也难免发生误操作。假若任一设备发生一次故障或某人一次误操作就导致一次辐射事故，那核工业就不是安全的了。为此，在实际工作中都是采用多道防线，在每一道防线上都设法减少故障的发生，那么万一发生一次误操作或发生一次故障，都不至于发生事故。这样安全性就大大提高了。

因此，作为资深的防护专家，李德平不断呼吁有关部门，特别是涉及的专业领域和相关管理机构要高度重视，要得到公众信任，首先要使人感到所有从事伴有辐射照射的实践的人，都是认真、尽力去保护公众的。他们是遵守国家法规，力图符合先进的国际标准，尊重国际权威机构意见，并且还在不断改进自己的工作。勉强和抱怨的态度是不能取得信赖的。另一方面，还要保持良好的安全记录，包括对职业性照射良好的防护记录，否则人们怎么会相信连自己都不能保护好的人怎么有能力去保护公众呢？

## 关于核安全的思考

作为具有国际影响的辐射防护专家，李德平在长期与核打交道中，对于如何保证核安全有着更多细致深入的思考。

首先，他认为积累经验很重要。毕竟人类和核放射打交道不到 100 年，经验还是很有限的。比如医院的拍片或 B 超，一般正常情况下是没有的，但如果在不正常情况下，累积到一定量就会有问题。所以，照射技术需要小心又小心，慎之又慎。特别是核电站建厂开始，就有人不断地想着如何防范，所以，配备专门人员细心认真地层层把关，因为有可能一点想不到就酿成大祸，很多微细的地方都需要认真考虑。虽然在国际上受关注的，一般不是我国在相关核事业领域的弱点，即使有一些问题，我们的组织机构和单位一般一年内就改掉了。但如果不重视实验，只看报告，就可能发生意想不到的事故，因为各方面的条件和环境都在不断变化中。所以说，积累经验很重要。

在如何看待核电站安全壳还要不要建造或者到底需要建造一个什么样水准的安全壳问题时，李德平认为建造一个符合国际标准的核安全壳，是目前国际上核电站技术采用的普遍标准。安全壳其实是替公众造的。因为安全壳对发电没有任何作用，只是在发生事故的时候对公众环境发生作用，一旦发生任何级别的事故，都可以采取适当的措施控制核反应堆内产生的各种情况，并将它们稳定在安全壳内，不至于发生泄漏而导致严重后果。所以，建核电站的安全壳至关重要，对安全壳的重视程度就能知道对安全的重视程度。当年在美国三里岛事件后，美国的卡特总统就围着安全壳转了几圈，表明他是安全的。

尽管世界上曾经发生的比较大的核事故，分别是1957年英国的核废料基地发生事故；美国的小型核电站发生轻微爆炸；苏联发生放射性废水管道爆炸；美国三里岛事故。但李德平根据各地反馈的资料和自己多年的工作实践，分析这些重大事故的原因，他认为造成切尔诺贝利事故原因——是没有正式的安全壳。一个科学家在做实验而酿成大祸，实际与电厂无关。

由于福岛核电站燃件外壳是锆材，如果温度上千度，就会生出水蒸气并产生氢气，就会爆炸，如果能尽早采取措施测试出锆材产生的氢气，然后想办法消除氢气防止爆炸，就不至于造成灾难性的后果。另外，一个重要原因还是压水堆的安全壳相对粗糙。因此通过福岛

事件就可以看出安全壳还有待需要加强。美国科幻小说
《中国综合症》，预测中国的安全壳是可以烧穿的，如果
真的烧穿了，怎么办？所以需要有效措施来防止它。因
为安全壳是替公众造的，从这个意义上培养安全壳专家
很有必要。而对社会上一些不明真相的人们，有意或无
意地将核武器和核电站混淆概念等而视之的情况，李德
平给出了科学地回答，核武器与核电站完全是两码事，
当然得确实有技术保障。事实上核武器需要高浓缩的核
材料，浓缩度要求在 90% 以上，而核电站只需要浓缩
度在 3%—5%；核武器的引爆技术相当复杂，而且是
可控的，要它炸才会炸。

李德平坦言核安全要高度重视事故的报告总结工
作，在一次国家环保部和国家核安全局主持召开的会
上，他专门就加强工作报告和总结工作谈了自己的看
法。他认为为了能总结经验，使上级单位掌握情况，兄
弟单位吸取教训，同时也为了防止日后纠纷，任何事故
均须有完整的报告，这种报告在职工健康与法律责任方
面有重要的意义。同时，为防止将来发生同类事故，可
帮助防护人员对该事故做好详细的研究，写好事故和处
理过程确实详尽的报告以及其中一些技术措施应写成正
式的书面材料。有些单位技术失传了，有些值得进一步
完善的技术措施夭折了，其中一个原因就是缺失书面资
料。没有总结出一个共识，结果"人去事废"，一旦遇
到事故措手不及。

总结经验只是事后诸葛亮。也许有人认为这是事后

指手画脚，从而产生反感，但是既然没有做到防患于未然，亡羊补牢，总结经验教训，健全必要的措施以防止类似事故的发生，或在万一出了这类事故时能有得当处理，以减少损失还是必要的。诸葛亮还是非当不可。事故之发生，自有其直接原因和主要原因，也不难找出"罪魁祸首"。但从技术上总结经验教训来看，却是远远不够的。

对于很多细节问题，李德平总是会想了又想，总是希望从中能找到更多有可能的遗漏，尤其是核事故发生到处理的全过程，以避免重蹈覆辙。而从那些已发生的事故中，除了技术手段外，李德平还想到了以下几个问题，因为事故的发现最重要，通常也是最困难的，问题是识别到事故确已发生，有些事故是明显的，有的则是要用一定的手段才能发现，有的是在预期容易发生事故的场合找，有的意外情况则只有通过普查才能发现。在辐射监测中最怕误测与漏项，这都将导致错误的判断，在预期不一定明显辐射源的地方抽查也很重要。

安全连锁是安全设备的一个重要组成部分，怎样使连锁可靠，工艺和安全设施中有一个"故障安全"的基本原则。连锁设计要尽量可靠，但使用连锁的人却不要认为它万无一失，完全依赖它"不应认为连锁能排除危险！"一旦连锁失灵就会出事故。尤其是多重故障引起的事故，在某些事故中，多重防线都被突破。李德平常常提醒管理部门必须要认真对待这些足够严重问题。同时，李德平还根据国际国内经验，积极推动和落实事故中的应急与善后处置都必须有计划，在应急状态下，时间紧迫。所以必须事先考虑一下事故处理原则，作一些事故预想，并提出应急计划。这样临时加些补充就可以很快地有步骤地实施，不会慌乱。

很早他就提出，虽然目前作出一个完善的应急计划是缺少经验的，但从简单的开始逐步完善总是做得到的，况且还有些国外资料可供参考。计划要具体，会出现什么事故，该怎么办，什么事情应找谁都要明确。但更要注意它的灵活和机动性，因为事故发生总是千变万化。应急计划订好后，还要进行必要的演习，从中可以发现计划中有些不足之处，也可以使操作人员熟悉这些计划。

在谈到如何看待医学处理问题，李德平是这样说的，对医学急救设施需要花一定的人力、物力和财力，要做到有备无患。如果出了事故，少数超剂量受照的人员需要去观察，早期发现病变，尽早进行处置，这是防护工作的重要职责。

李德平直言，专家就是能看出问题的人。在采访中，社会上关于内陆核电站建设支持者的热情与质疑者的声浪此起彼伏。作为资深的辐射防护专家，李德平也对笔者谈了自己的见解和认识。他说，本质上核电站是没有所谓的沿海与内陆的区分，一些发达国家都有成功建造和运营内陆核电站的先例。但在实施中是需要严格差别对待的，因为沿海与内陆首先在环境上就有差别，尤其是我们国家本身内陆与沿海在地理位置和气候条件上的差别，以及人口密度及我国淡水资源缺乏等问题就决定了它的设计需要考虑更多安全因素，比如内陆建造的核电站，它的大气扩散是向四周扩散，而四周都是居民，这不同于沿海建设的核电站是三面环海。因此需要考虑如果在不正常情况下，如何更好地保护周围居民的生命健康。再如内陆建造的核电站一般都在内河的边上，如果在不正常情况下，如何保证因事故产生的废水不向外泄漏而导致严重的后果，都是从决策者、管理者、实施者到运营单位和实际操作者需要认真严肃考虑和对待的问题。为此，李德平呼吁有关方面一定要严肃对待一些专家关于核电安全问题的质疑，认真回答别人提出的问题，并备有科学合理的对策和预案，首先严肃认真的科学态度是取得公众信任最基本的保障。当然，这其中不包括恶意炒作和故作悬疑，毕竟核事业的发展事关国计民生，更需要安全性和可持续性。

## 采访札记

到目前为止，李德平先生是我单独采访时间最长的一个，我观察到李先生有随手记录的习惯，在他的书桌上有很多写得满满的纸张，这些都是他随时想到看到便记录下来的。这些记录里有的是推导公式，有的是心得笔记，更多的是他回忆年轻时在清华大学担任助教和在中国近代物理所工作的一些情景，他还专门送了我几张在中国近代物理所时和同事合影的图片复印件，足见他对那段岁月的怀念之情。

在写作这篇文章时，我常常会停下来听听音乐再翻翻关于李先生的资料，突然有一天竟有惊人发现，这是一张纸片，确切地说是由几张小纸片拼接起来的纸片，一面只是一个标题：像科学家一样思考，像科学家一样做实验。另一面则是一篇完整的文章，居然是台湾著名演员林青霞的专栏：《二十余年如一梦》，写的是她与作家三毛、导演严浩的友谊，到底是演员出身，她将与严浩、三毛一起吃饭喝茶聊天以及他们之间关于生死的约定娓娓道来，我读了这篇文章也像看了一场电影。这篇文章里说到一件重要的事，就是三毛和林青霞还有严浩有过"生死之约"，他们三人一起喝茶时，一起研究"死"是什么感觉，最后大家约定，如果三人中有一个先离世，就得告诉另外两个人"死"的感觉。

李德平先生为什么会专藏这篇文章呢？以他科学家的本能，也许他正在探索生命之谜。这只是我的猜想。

采访中，和李先生谈得最多的还是辐射安全与防护，特别是他对于科学的探索以及思想和方法。他成长在中华民族刚刚打开西学大门的年代，深受西方科学文明精神的熏陶和影响，但纵观李先生大半生的求学与工作历程，使我第一个想到的是"良禽择木而栖，士为知己者而搏"的中华古训。

李德平是具有国际影响的辐射防护专家，以李德平为代表的专家学者们，经过多年的努力，使我国的辐射防护科学实现了由原来的主要以"治疗放射病为主"到

"重在预防"的根本性转变，在此过程中，李德平先生为此付出的努力和取得的成就可谓功在当代，利在千秋。正如李德平先生在他的《安全随笔》中说道的：只有知晓各种措施的预计效能与所耗资源，通盘安排，才能用有限的资源有效地保护人类。通过多次的采访和深刻领会李德平的精深理念后，我不得不佩服他在辐射防护和核安全方面严谨务实的科学态度，他对监管机构出现的"九龙治水"局面深感忧虑完全出于一个知识分子的责任感和使命感，李德平先生在自己专业领域里的深谋远虑和前瞻眼光，以及他倾心授徒，毫不保留地将自己的知识传授他人的人格魅力至今仍有巨大的影响力。我更欣赏的是他尊重科学的态度和自我反省的能力，尤其是他天资聪颖，受过非常好的教育，但他从不把聪明和智慧浪费在一些琐事上，而是全身心地倾注到对于科学的无限探索和推动人类文明进步的事业中。

采访时间：2013 年 11 月—2015 年 3 月，完稿于 2015 年 4 月。

参考资料：《原子能所简述》《院士自述》《李德平院士文集》及《辐射防护》杂志等。文中图片都由李德平院士本人提供。

致谢：中国原子能科学研究院辐射防护所、中国辐射防护研究院核应急所以及王鹤斌、潘自强院士、何振云、胡逢全、罗国桢、吴德强、岳清宇、于凤翅、胡遵素、秦苏云、李书绅、陈明焌、张延生、陈竹舟、王鹤斌、李锦玉等人。

责任编辑：宰艳红
装帧设计：王春峥
责任校对：白 玥

图书在版编目（CIP）数据

大国院士 / 龙巧玲 著 . —北京：人民出版社，2016.8
ISBN 978 – 7 – 01 – 016267 – 6

I.①大… II.①龙… III.①院士 – 生平事迹 – 中国 IV.① K826.1

中国版本图书馆 CIP 数据核字（2016）第 117096 号

## 大国院士
DAGUO YUANSHI

龙巧玲 著

**人民出版社** 出版发行
（100706 北京市东城区隆福寺街 99 号）

北京中科印刷有限公司 新华书店经销

2016 年 8 月第 1 版 2016 年 8 月北京第 1 次印刷
开本：710 毫米 × 1000 毫米 1/16 印张：24.75
字数：240 千字

ISBN 978 – 7 – 01 – 016267 – 6 定价：56.00 元

邮购地址 100706 北京市东城区隆福寺街 99 号
人民东方图书销售中心 电话（010）65250042 65289539